LE DIEU COSMIQUE

Infographie : Johanne Lemay
Correction : Anne-Marie Théorêt et Linda Nantel

**Catalogage avant publication de Bibliothèque
et Archives nationales du Québec et Bibliothèque
et Archives Canada**

Languirand, Jacques
    Le Dieu cosmique : à la recherche du Dieu
    d'Einstein

1. Religion et sciences. 2. Scientifiques - Vie religieuse.
3. Einstein, Albert, 1879-1955 - Religion. I. Proulx, Jean.
II. Titre.

BL240.3.L36 2008   215   C2008-940490-4

Pour en savoir davantage sur nos publications,
visitez notre site : **www.edjour.com**
Autres sites à visiter : www.edhomme.com
www.edtypo.com • www.edvlb.com
www.edhexagone.com • www.edutilis.com

03-08

© 2008, Le Jour éditeur,
une division du Groupe Sogides inc.,
filiale du Groupe Livre Quebecor Média inc.
(Montréal, Québec)

Dépôt légal : 2008
Bibliothèque et Archives nationales du Québec

ISBN 978-2-89044-764-6

DISTRIBUTEURS EXCLUSIFS :

• Pour le Canada et les États-Unis :
  MESSAGERIES ADP*
  2315, rue de la Province
  Longueuil, Québec J4G 1G4
  Tél. : 450 640-1237
  Télécopieur : 450 674-6237
  * une division du Groupe Sogides inc.,
    filiale du Groupe Livre Quebecor Média inc.

• Pour la France et les autres pays :
  INTERFORUM editis
  Immeuble Paryseine, 3, Allée de la Seine
  94854 Ivry CEDEX
  Tél. : 33 (0) 4 49 59 11 56/91
  Télécopieur : 33 (0) 1 49 59 11 33
  Service commandes France Métropolitaine
  Tél. : 33 (0) 2 38 32 71 00
  Télécopieur : 33 (0) 2 38 32 71 28
  Internet : www.interforum.fr
  Service commandes Export – DOM-TOM
  Télécopieur : 33 (0) 2 38 32 78 86
  Internet : www.interforum.fr
  Courriel : cdes-export@interforum.fr

• Pour la Suisse :
  INTERFORUM editis SUISSE
  Case postale 69 – CH 1701 Fribourg – Suisse
  Tél. : 41 (0) 26 460 80 60
  Télécopieur : 41 (0) 26 460 80 68
  Internet : www.interforumsuisse.ch
  Courriel : office@interforumsuisse.ch
  Distributeur : OLF S.A.
  ZI. 3, Corminboeuf
  Case postale 1061 – CH 1701 Fribourg – Suisse
  Commandes : Tél. : 41 (0) 26 467 53 33
                     Télécopieur : 41 (0) 26 467 54 66
                     Internet : www.olf.ch
                     Courriel : information@olf.ch

• Pour la Belgique et le Luxembourg :
  INTERFORUM editis BENELUX S.A.
  Boulevard de l'Europe 117,
  B-1301 Wavre – Belgique
  Tél. : 32 (0) 10 42 03 20
  Télécopieur : 32 (0) 10 41 20 24
  Internet : www.interforum.be
  Courriel : info@interforum.be

Gouvernement du Québec – Programme de crédit
d'impôt pour l'édition de livres – Gestion SODEC –
www.sodec.gouv.qc.ca

L'Éditeur bénéficie du soutien de la Société de développement des entreprises culturelles du Québec
pour son programme d'édition.

Le Conseil des Arts du Canada
The Canada Council for the Arts

Nous remercions le Conseil des Arts du Canada de
l'aide accordée à notre programme de publication.

Nous reconnaissons l'aide financière du gouvernement du Canada par l'entremise du Programme
d'aide au développement de l'industrie de l'édition
(PADIÉ) pour nos activités d'édition.

JACQUES LANGUIRAND
JEAN PROULX

LE DIEU COSMIQUE

À LA RECHERCHE DU DIEU D'EINSTEIN

Le jour
Une compagnie de Quebecor Media

À Benoît Lacroix,
éternel chercheur sur le chemin de Dieu.

Prologue

e livre est en quelque sorte un prolongement de la série radiophonique intitulée *À la recherche du Dieu d'Einstein*, animée par Jacques Languirand et présentée à la Première chaîne de Radio-Canada en 2005-2006. Certes, comme le faisait la série, nous chercherons à préciser ici en quoi consistait ce sentiment religieux dont parlait Einstein et quel était ce Dieu auquel il disait croire. Mais la religiosité dont parlait Einstein et la représentation qu'il se faisait de Dieu sont en même temps pour nous un *symbole de l'ouverture possible de la science et de la philosophie modernes à une spiritualité** au cœur de laquelle s'exprime une certaine intuition du Divin. Nous partons donc nous-mêmes à la recherche de ces savants et de ces philosophes modernes en quête d'une religiosité naturelle et d'un Dieu qui, le plus loin possible de la mythologie et de l'anthropomorphisme, apparaîtra plutôt comme une sorte d'Axe vertical de l'univers.

Reprenant les grands thèmes de l'émission radiophonique et nous référant aux penseurs modernes et contemporains qui y étaient évoqués, nous tenterons donc de faire ressortir les diverses dimensions de ce qu'Einstein appelait le «*sentiment religieux cosmique**» et les principaux traits de ce que nous appelons *le Dieu cosmique* auquel renvoie ce sentiment.

Il est entendu que nous nous présentons nous-mêmes comme des enquêteurs qui, avec modestie et respect, cherchent à comprendre

---

* Les mots et expressions suivis d'un astérisque sont définis dans le glossaire à la fin du livre.

cette spiritualité ou cette religiosité qui émerge, depuis les débuts de la modernité* à la fin du xvᵉ siècle, de la pensée de plusieurs scientifiques et philosophes se situant en dehors de toute religion institutionnalisée. C'est dire que nous chercherons à clarifier pour nous-mêmes les concepts utilisés par tous ces penseurs, comme autant d'outils qui ouvrent des chemins vers la conscience de ce grand «mystère intelligible» qu'est l'Être.

Le présent livre devrait être reçu par ceux et celles qui le liront comme une invitation lancée à chacun à poursuivre pour lui-même une telle «enquête» intellectuelle, visant à nourrir en définitive sa propre «quête» spirituelle. C'est dans cet esprit que nous présenterons aux lecteurs et lectrices de larges extraits des écrits de scientifiques et de philosophes modernes.

On a beaucoup dit que la science et la philosophie modernes, avec leurs démarches enracinées dans une raison ayant conquis son autonomie au cours des cinq derniers siècles, ont contribué à «désenchanter» l'univers en son ensemble autant que l'existence humaine en particulier. On ne peut nier que la pensée moderne ait produit cela. Mais ce que nous voulons mettre de l'avant et ce que nous essayerons de clarifier, c'est qu'elle a également engendré chez nombre de scientifiques et de philosophes parmi les plus grands, tels Spinoza au xviiᵉ siècle et Einstein au xxᵉ siècle, cette onde souterraine qu'on peut appeler une religiosité naturelle, en laquelle justement peuvent renaître un enchantement du monde et un émerveillement de la conscience.

Et depuis que la physique nouvelle, dont les assises sont la théorie de la relativité* et la «mécanique quantique*», a révolutionné le regard sur le cosmos de l'infiniment petit jusqu'à l'infiniment grand, la conscience humaine s'élargit à nouveau, redécouvre la profondeur cosmique déjà évoquée par de nombreux scientifiques et philosophes et s'ouvre même à une dimension ou l'autre de la spiritualité cosmique que nous évoquerons en ces pages. Encore faut-il essayer de comprendre, en même temps, les principaux apports de la révolution qui s'est effectuée dans la vision scientifique de l'univers, et ce, depuis le début du xxᵉ siècle : c'est ce que nous avons tenté de faire et ce que nous vous ferons partager, en toute modestie, en cours de route.

Quand la science elle-même en arrive, comme elle le fait aujourd'hui, à «dématérialiser» la matière, une voie peut être à nouveau tracée en direction d'un *sentiment religieux cosmique* et d'un *Dieu cosmique*, que des penseurs de l'Antiquité avaient déjà évoqués et que les religions monothéistes elles-mêmes auraient sans doute avantage à redécouvrir au sein de leur propre héritage spirituel. C'est cette voie et cette direction que nous désirons emprunter, conscients que nous trouverons peut-être là l'une des sources spirituelles et l'un des fondements de toute religion authentique.

Nous savons bien, cependant, qu'un simple livre comme le nôtre ne peut épuiser la richesse et la profondeur d'un thème qui a pour objet la représentation à la fois d'un Dieu cosmique et de la religiosité qui lui rend hommage et en laquelle ce Dieu se révèle. Concernant les rapports entre l'univers et Dieu, notre étonnement et la quête rationnelle qui s'ensuit ne veulent en rien nier notre enchantement et l'émerveillement religieux qu'il contient. Nous sommes conscients qu'aucun concept (ni aucune religion, d'ailleurs) ne peut épuiser la richesse de l'Être cosmique et divin.

PREMIÈRE PARTIE

Einstein et sa religion

Chapitre 1

Einstein le savant : aussi un philosophe et un être religieux

On connaît Einstein pour sa théorie de la relativité et son génial apport à la science du xxᵉ siècle. Mais qui était ce personnage dont l'originalité a frappé ceux qui l'ont connu ? Et surtout, ce que l'on connaît beaucoup moins, que disait-il de la place de la philosophie et de la religion dans sa vie ?

Le personnage

Même si Einstein est pour nous le symbole d'une science qui reconnaît ses assises philosophiques et qui s'ouvre sur une spiritualité cosmique, cela ne doit pas nous empêcher de parler un bref instant du personnage lui-même, profondément humain et qui paraissait à plusieurs quelque peu fantaisiste et excentrique. On n'a qu'à se rappeler ce dessin caricatural où on le voit avec un visage comme entouré d'une aura de lumière, la chevelure ébouriffée, un vieux pull et un pantalon qui a l'air de ne tenir que par une corde.

Certains journalistes ont évoqué sa liberté vis-à-vis des convenances et son absence d'intérêt pour une chose aussi banale que la coiffure

(*Science et Vie Junior*, hors série n° 24). Cela accentuait son côté «saint juif» (il se nommait lui-même ainsi avec humour). Son front était ridé, dit-on, comme un pruneau qui aurait été macéré dans les alcools forts de la physique, par ses longues heures de réflexion et peut-être aussi par ses indéniables difficultés conjugales.

On parle également de sa pipe et de sa chambre enfumée, du fait qu'il «préférait l'ivresse des équations à celle de l'alcool» et de «sa brioche faisant partie des attributs du penseur qui ne fréquente les stades que pour des discours pacifistes». On dit aussi qu'il était financièrement à l'aise, mais que sa générosité lui laissait les poches vides. Ne retrouve-t-on pas ici l'image du savant désintéressé?

Ce génie à la vie amoureuse mouvementée semblait pourtant préférer «les courbes de la géométrie à celles de la gente féminine». Il serait bien allé en pantoufles au laboratoire, mais on l'obligeait à mettre des chaussures. Bien avant que ce soit la mode, il invente le chic négligé qui finira par faire fureur chez de nombreux chercheurs.

Dernier génie artisanal, il n'avait que des tableaux noirs avec une craie pour tout équipement. Un jour, on lui a demandé s'il avait un laboratoire. Il a levé son chapeau, en disant: «Sous mon chapeau.» Puis, il l'a remis sur sa tête. Et que dire de son amour du violon! Le violon, inséparable compagnon d'Einstein pendant presque toute sa vie, contribue aussi à asseoir son image de savant ouvert à toutes les richesses qu'offre la vie: l'amour, l'amitié, l'art, la philosophie et la mystique.

> «C'était un loup des steppes. Solitude et réflexion. Il n'avait pas besoin de plus. La nourriture et les vêtements? Simples et pesantes nécessités de la vie quotidienne. Il appréciait les femmes lorsqu'elles ne le perturbaient pas. Et la musique quand elle était de Bach ou de Mozart. [...] Il était comme il pensait. D'une simplicité séduisante et d'une complexité infinie.»
>
> GERO VON BOEHM, *Qui était Albert Einstein?*

Le savant ouvert à la philosophie

En 1905, alors employé de bureau, il publia dans une revue des articles qui allaient changer la vision scientifique de l'univers. Il y établissait l'existence des atomes et y développait aussi l'idée que la lumière devait être une onde mais pouvait également se comporter comme une particule (le photon).

Ces articles seront importants pour le développement de la physique quantique, qui sera mise au point par une équipe de scientifiques éminents — Planck, Heisenberg, Bohr, de Broglie, Schrödinger, par exemple — dans les années qui suivront. Einstein y montrait, en outre, que la masse et l'énergie sont convertibles, ce qui nous renvoie à sa célèbre formule : l'énergie est égale à la masse multipliée par la vitesse de la lumière au carré (300 000 kilomètres/seconde, vitesse constante et vitesse-limite dans l'univers). Enfin, l'espace et le temps y devenaient un continuum à quatre dimensions et l'un et l'autre perdaient leur caractère absolu. C'étaient là les premières bases de sa théorie de la relativité.

$$E = mc^2$$

Plus tard, soit en 1915, dans sa théorie de la relativité générale, il intégrera sa vision de la gravité, cette force qui a pour effet de courber l'espace et le temps désormais conçus comme ce qu'on appellera un continuum spatio-temporel. C'était affirmer du même coup que la géométrie euclidienne courante n'était plus valable dans un espace-temps courbé, épousant plutôt la forme d'une sphère. La courbure était due, effectivement, au champ de gravitation des corps massifs : le degré de courbure dépendait de la masse. Les notions d'espace et de temps absolus étaient donc abolies, car toutes les mesures de l'espace-temps deviennent, dans ce contexte, relatives.

Archétype du génie scientifique quelque peu excentrique, Einstein a voulu sonder les profondeurs cosmiques avec l'étonnement et l'émerveillement d'un enfant. Qu'il ait été le plus grand savant du XX\ :sup:`e` siècle, cela ne fait aujourd'hui aucun doute. Père, à lui seul, de la théorie de la relativité, il avait donc aussi dans ses équations certains fondements de la mécanique quantique et même de l'expansion de l'univers, deux grands chemins de la physique du XX\ :sup:`e` siècle qu'il a d'abord refusé d'emprunter, étant donné sa vision d'un univers déterministe et stable. Par la suite, et jusqu'à la fin de sa vie, il a cherché la grande équation qu'il n'a pas trouvée, qui fascine encore aujourd'hui plus que jamais de nombreux physiciens et qui confirmerait la théorie du champ unifié*, ce que certains appellent « la grande théorie unitaire de la relativité quantique ».

« La théorie de la relativité découle de cette capacité d'étonnement qu'Einstein a su conserver depuis son enfance. À seize ans déjà, il se posait la question : quelle impression cela peut-il faire de voyager avec un rayon lumineux à une vitesse de trois cent mille kilomètres à la seconde, de chevaucher dessus, de lui courir après ? »

Gero Von Boehm, *Qui était Albert Einstein ?*

« Le soleil passe ainsi le plus clair de son temps à transformer de la masse en énergie. »

Étienne Klein, *Il était sept fois la révolution.*
Albert Einstein et les autres

Mais ce que nous désirons surtout rappeler maintenant, c'est son intérêt pour la réflexion philosophique. Dans son autobiographie comme dans ses conférences ou ses lettres, il parle souvent, avec des accents nettement philosophiques, du sentiment de la responsabilité, des idéaux de beau, de bien et de vrai qui orientent l'action, de la nécessité de concilier l'indépendance personnelle et l'appartenance au groupe, du pacifisme auquel il adhère, de l'idéal démocratique qui lui tient à cœur, puis du sens de l'existence humaine et du progrès de l'Humanité.

« Ma condition humaine me fascine. Je sais mon existence limitée et j'ignore pourquoi je suis sur cette terre, mais parfois je le pressens... »

Einstein, *Comment je vois le monde*

« [...] on ne peut se passer de "métaphysique". »

Einstein, *Comment je vois le monde*

Qui plus est, Einstein aime se retrouver avec quelques amis pour discuter de questions de philosophie autant que de physique. Ils se penchent ensemble sur l'œuvre d'Henri Poincaré, grand mathématicien français de la fin du XIXe et du début du XXe siècle, qui s'intéressa entre autres à la mécanique céleste, aux liens entre l'espace et le temps, à l'électromagnétisme et à la philosophie des sciences. Il soutint également le rôle essentiel de l'intuition dans toute recherche scientifique, ce qui rejoint une conviction nette et profonde d'Einstein.

« En tant qu'homme, certains idéaux dirigent mes actions et orientent mes jugements. [...] Des idéaux ont suscité mes efforts et m'ont permis de vivre. Ils s'appellent le bien, le beau, le vrai. Si je ne me ressens pas en sympathie avec d'autres sensibilités semblables à la mienne et si je ne m'obstine pas inlassablement à poursuivre cet idéal éternellement inaccessible en art et en science, la vie n'a aucun sens pour moi. Or, l'humanité se passionne pour des buts dérisoires : ils s'appellent la richesse, la gloire, le luxe. »

Einstein, Comment je vois le monde

Les amis se nourrissent également de la pensée du philosophe allemand Emmanuel Kant, qui était l'un des grands penseurs de la philosophie des Lumières du xviiie siècle et qui a traité, par exemple, de l'espace et du temps comme conditions préalables ou *a priori* de l'expérience sensible. Ils ont en outre des échanges sur la pensée du philosophe empiriste anglais David Hume, du xviiie siècle lui aussi, qui a écrit sur l'entendement et la nature humaine et pour qui la religion vraiment utile est la « religion naturelle ». Ils s'intéressent de façon particulière à la pensée du philosophe juif hollandais du xviie siècle Baruch Spinoza, qui a développé une philosophie qui inspirera au plus haut point Einstein, qui se reconnaîtra dans son « panthéisme rationnel ». Ils n'ignorent pas non plus la pensée du grand Platon, pour qui derrière ou plutôt par-delà ce monde sensible existe le monde des idées éternelles et universelles. À ces grands noms encore faut-il ajouter ceux de Leibniz, Hegel, Schopenhauer ou Russell, par exemple. Comment ne pas reconnaître une certaine influence de la philosophie dans la pensée et dans les découvertes d'Einstein, influence qu'il a d'ailleurs lui-même très explicitement reconnue ?

« À la fin de sa vie, Einstein reconnaîtra que, sans la lecture de tels penseurs, il ne serait sans doute jamais arrivé à la "solution" (la relativité). »

Étienne Klein, Il était sept fois la révolution.
Albert Einstein et les autres

« Le monde est infini. La connaissance que l'on en a est limitée. Pourtant le monde est connaissable. »

Einstein, Comment je vois le monde

Einstein était un scientifique, ce que tout le monde connaît, mais un scientifique profondément ouvert à la philosophie, ce qui est beaucoup moins bien connu. N'est-il pas regrettable d'ailleurs que tant de scientifiques aujourd'hui s'en tiennent, au contraire d'Einstein, à leurs définitions scientifiques, le nez collé sur les formules, les calculs, les mathématiques, la géométrie ? Einstein, lui, s'était familiarisé avec la pensée des philosophes, ce qui a marqué ses propres recherches scientifiques et ce qu'il considérait comme l'un des plus précieux héritages de l'humanité.

Un être profondément religieux

Einstein était aussi un être profondément religieux : il importe cependant de préciser en quel sens. Son sentiment religieux n'était rattaché à aucune confession ou doctrine religieuse particulière. Il prenait naissance à la fois dans l'émotion qu'il éprouvait devant le mystère de la vie et dans le pressentiment que le cosmos était un grand tout intelligible. Toute sa recherche intellectuelle s'est nourrie de cet étonnement devant la fascinante et splendide harmonie des lois de la nature et de cette confiance émerveillée en la mystérieuse intelligibilité du monde.

Pour Einstein, à la base même du travail scientifique, il y a cette conviction d'un monde fondé en raison, conviction qui s'apparente pour lui à un sentiment religieux. Assurément, pour lui, la science fait reculer la superstition ; mais la démarche scientifique rationnelle a besoin de cette conviction profonde, voire de cette foi primordiale, qui la met en branle. En retour, la compréhension obtenue par la démarche scientifique nourrit la conviction que ce monde a un sens.

« La religion cosmique est le mobile le plus puissant et le plus généreux de la recherche scientifique. »
ALBERT EINSTEIN

On pense ici à ce qu'on peut appeler « le cercle philosophique ou le cercle scientifique ». C'est le théologien Anselme de Canterbury qui, au XIIe siècle, tentant de comprendre la foi chrétienne à la lumière de la raison, l'a formulé une première fois ainsi : « la foi cherchant à comprendre » (*fides quaerens intellectum*) et la compréhension obtenue approfondissant à son tour la foi.

Depuis, des philosophes ont écrit sur la foi philosophique, cette conviction qui se situe au départ de la quête philosophique et qui affirme que l'Être peut être compris, qu'il est intelligible. Le cercle se présente donc comme suit : plus la foi est profonde, plus elle cherche à comprendre ; et plus la compréhension est poussée, plus la foi s'enracine. En somme, croire pour comprendre et comprendre pour croire.

Disant reconnaître à la base de son travail scientifique rationnel cette conviction (ou cette foi) que le cosmos est intelligible, Einstein s'établissait donc dans un cercle scientifique, c'est-à-dire dans ce dialogue entre sa conviction, d'une part, sa raison ou sa quête intellectuelle, d'autre part. Il a dit clairement que cette conviction ou cette foi était à l'origine de sa recherche scientifique et il a dit tout aussi clairement que la science et l'art, d'ailleurs, devaient contribuer à éveiller et à maintenir éveillée cette conviction, que nous appellerons plus loin « une foi de la raison* ».

> « La religiosité (du savant) consiste à s'étonner, à s'extasier devant l'harmonie des lois de la nature dévoilant une intelligence si supérieure que toutes les pensées humaines et toute leur ingéniosité ne peuvent révéler, face à elle, que leur néant dérisoire. »
>
> EINSTEIN, *Comment je vois le monde*

> « Il est essentiel que le savant ait confiance dans l'harmonie de la nature. Il a besoin de croire que les lois physiques qui lui sont révélées sur la terre sont véritablement des lois universelles. Ainsi en reliant la chute d'une pomme au mouvement des planètes et au mouvement du soleil, Newton atteignit une loi universelle. »
>
> LINCOLN BARNETT, *Einstein et l'univers*

Einstein a appelé sa foi « une religiosité cosmique ». Cette religiosité du savant réside, pour lui, dans son étonnement face au mystère de la vie et dans son émerveillement devant l'intelligence supérieure qui se dévoile dans les lois et l'ordre du cosmos. Elle n'est liée à aucune doctrine, à aucun rite, à aucune confession. Cette religiosité représente pour lui l'ultime degré de la religion. Mais il reconnaît qu'elle porte en elle un sentiment qui se compare à celui qui anima les esprits créateurs religieux de tous les temps et qui s'apparente à l'émotion éprouvée par les artistes, les scientifiques et les philosophes devant la beauté ou la vérité.

« Les génies-religieux de tous les temps se sont distingués par cette religiosité face au cosmos. Elle ne connaît ni dogme ni Dieu conçu à l'image de l'homme et donc aucune Église n'enseigne la religion cosmique. »

EINSTEIN, *Comment je vois le monde*

« Le 5 février 1955, Einstein écrit : "Je ressens la mort comme une vieille dette que l'on rembourse enfin" [...]. Il s'abandonne alors à l'harmonie de la loi naturelle, cette métaphore qu'il a si souvent utilisée à la place du terme Dieu. »

GERO VON BOEHM, *Qui était Albert Einstein ?*

C'est aussi, certainement, cette profonde religiosité et l'éthique qui s'ensuit qui expliquent ses engagements pacifistes et humanitaires...

★ ★ ★

Autant le personnage Einstein demeure attachant, autant il suscite notre admiration par son génie scientifique, par son ouverture aux grandes questions soulevées par les philosophes et par son sens mystique d'une profondeur divine du cosmos. Voilà pourquoi il est aussi pour nous le symbole de tous ces scientifiques et de tous ces philosophes modernes en quête d'une religion et d'un Dieu qui ne fassent point injure à leur raison, ni à la religion ni à Dieu lui-même.

Chapitre 2

Le sentiment religieux cosmique

Qu'est-ce que ce sentiment religieux cosmique dont parlait Einstein? Il convient maintenant de s'essayer à « déplier » cette notion de « religiosité cosmique ». Les quelques propos d'Einstein sur ce sujet nous permettent de l'interpréter et de la préciser selon quatre polarités qui pourraient être présentées — nous pensons que le violoniste qu'il était aimerait cette image — comme autant de variations sur un même thème.

Étonnement et émerveillement

L a première polarité serait celle de l'étonnement et de l'émerveillement devant le cosmos. L'étonnement est cette expérience en laquelle l'esprit est tout à coup comme frappé, surpris, ébranlé par une interrogation nouvelle. Ce qui semblait aller de soi ne va plus de soi; ce qui était familier devient étrange; ce qui se présentait comme une évidence fait place au doute; ce qui paraissait tout ce qu'il y a de plus normal apparaît maintenant comme tout ce qu'il y a de plus insolite.

Alors, à ce point de jaillissement de la question, se met en branle le désir de savoir et s'amorce une recherche qui tentera de combler ce vide qu'a creusé en l'esprit l'étonnement. Les grandes conquêtes de la science, de la philosophie et de la culture en général sont nées de ces moments vécus avec ce que le bouddhisme zen appelle «l'esprit neuf du débutant», moments créateurs par excellence. La religiosité cosmique du savant, cet être par définition avide de connaissance, inclut donc nécessairement cette mutation du regard qu'on appelle un étonnement.

Mais il n'y aura point de religiosité cosmique s'il n'y a pas l'émerveillement devant le cosmos. Alors que l'étonnement creuse un vide dans l'esprit, l'émerveillement est plutôt proche d'un sentiment de plénitude. Si le premier crée une rupture ou une brisure dans le familier, le second apporte une paix et un acquiescement dans le mystère.

L'émerveillement est ici un saisissement de caractère extatique devant la beauté de l'univers. C'est un enchantement pénétré de respect devant ce tout cosmique qui semble posséder une valeur transcendante. L'émerveillement est comme une île de lumière dans la conscience qui le vit. Il y a en lui un appel à la contemplation admirative de l'univers perçu comme une œuvre ou une création accomplie. La religiosité cosmique du savant Einstein naît vraiment à ce point de rencontre de son étonnement et de son émerveillement devant l'univers.

Crainte et fascination

Une deuxième polarité de la religiosité cosmique dont parlait Einstein consisterait en cette expérience en laquelle s'entremêlent crainte et fascination. Toute religiosité, fût-elle la plus primitive ou la plus évoluée, semble d'ailleurs comporter cette expérience contradictoire.

Devant la grandeur cosmique qui s'impose à sa conscience, le savant éprouve un certain effroi. Sentant la distance qui sépare cette grandeur de sa propre petitesse, il est porté au recul; éprouvant cette suprême puissance qui se situe devant lui et l'enveloppe à la fois, il est tenté par le retrait; reconnaissant cette plénitude de l'être cosmique, il expérimente du même souffle le vertige de son propre néant. L'expérience qu'il fait du sublime au cœur de l'univers trouble les eaux profondes de sa conscience et le pousse à l'humilité.

Mais un tel recul devant l'extraordinaire ne va pas sans une attirance. Dans son élan de religiosité cosmique, le savant est fasciné par cette puissance et cette intelligence supérieures. Admiratif face à cette grandeur incommensurable de l'univers, il va chercher à se l'approprier par sa propre intelligence aussi loin qu'il le pourra. Tout en sachant que cette majesté qu'il reconnaît au cosmos lui demeure pour une grande part inaccessible, le savant voudra quand même s'en approcher pour saisir et dévoiler ce qu'il y a là d'intelligible et de compréhensible.

Expérience du vertige devant l'abîme qui sépare le cosmos de son être et de son intelligence, d'une part, expérience de l'attraction de cette mystérieuse puissance intelligente au fondement du cosmos, d'autre part: voilà, encore une fois, deux dimensions inséparables de la religiosité cosmique d'Einstein.

> « J'éprouve l'émotion la plus forte devant le mystère de la vie. Ce sentiment fonde le beau et le vrai, il suscite l'art et la science. Si quelqu'un ne connaît pas cette sensation ou ne peut plus ressentir étonnement ou surprise, il est un mort vivant et ses yeux sont désormais aveugles. Auréolée de crainte, cette réalité secrète du mystère constitue aussi la religion. Des hommes reconnaissent alors quelque chose d'impénétrable à leur intelligence mais connaissent les manifestations de cet ordre suprême et de cette Beauté inaltérable. Des hommes s'avouent limités dans leur esprit pour appréhender cette perfection. Et cette connaissance et cet aveu prennent le nom de religion. Ainsi, mais seulement ainsi, je suis profondément religieux. »
>
> EINSTEIN, *Comment je vois le monde*

Sentiment et raison

Sentiment et raison: voici donc une troisième polarité présente dans la religiosité cosmique d'Einstein. Le sentiment religieux est ici un mélange d'intuition et d'élan affectif. Cette intuition est immédiate et cet élan affectif est spontané. La présence du divin dans le cosmos est pressentie avec intensité et de manière quasi instinctive. Cette expérience a les traits d'une saisie originaire, par la conscience, d'un absolu au cœur du relatif ou d'un infini dans le fini. Peut-être même serait-il plus juste de parler ici du fait d'être saisi par l'absolu et l'infini.

> *« Reconnaissons, à la base de tout travail scientifique d'une certaine envergure, une conviction bien comparable au sentiment religieux, puisqu'elle accepte un monde fondé en raison, un monde intelligible. »*
>
> ALBERT EINSTEIN

Quoi qu'il en soit, il s'agit bel et bien d'une connaissance authentique ou d'une véritable éclaircie dans le grand ciel cosmique, mais davantage pénétrée d'émotion qu'habitée par une représentation précise.

Mais justement le savant ne délaissera point sa raison pour autant. Au contraire, il cherchera à utiliser les outils de sa raison pour « déplier » ou expliciter ce sentiment profond qu'il a expérimenté. Il reconnaît dès lors que ce sentiment religieux cosmique contient la perception d'une raison supérieure se dévoilant dans l'univers. C'est pourquoi son Dieu sera loin de toute représentation anthropomorphique et se nommera bien davantage « Ordre », « Harmonie », « Intelligence » ou « Raison ». Ce sera un Dieu supra-personnel et immanent au cosmos. La religiosité cosmique se définira, de ce fait, comme une sorte de « panthéisme rationnel ».

« Cette conviction, liée à un sentiment profond d'une raison supérieure, se dévoilant dans le monde de l'expérience, traduit pour moi l'idée de Dieu. »

EINSTEIN, *Comment je vois le monde*

Mystère et intelligibilité

La religiosité cosmique d'Einstein est imprégnée d'une quatrième polarité : celle entre le mystère et l'intelligible. Le savant a vécu une expérience en laquelle il s'est ouvert au mystère de l'univers, c'est-à-dire à son caractère impénétrable, profond et secret. À certains égards, on peut dire qu'il a connu une expérience de type initiatique, qui cependant ne le rattachera à aucun dogme, ni aucun rite ni aucune Église.

Le savant a découvert que le cosmos possède sans doute une face cachée et que par une part de lui-même il demeure inaccessible. Sa grandeur apparaît comme un au-delà de la raison humaine, comme un mystère.

Pourtant, avec toute la force de son intelligence et par l'ensemble de son travail scientifique, le savant va s'efforcer à comprendre cet univers. Ayant reconnu en ce monde la présence d'une Raison supérieure, il mettra en œuvre sa propre puissance rationnelle, utilisera les méthodes de la science et pensera rationnellement l'univers aussi loin qu'il le pourra, à l'aide de concepts et d'équations.

Le savant a cette conviction ou cette foi que les choses ont une raison et portent une lumière que sa propre intelligence peut saisir. D'un côté, sa spiritualité est rationnelle ; de l'autre, son intelligence porte une attention respectueuse au mystère. Il reconnaît que la chose la plus incompréhensible à propos du monde, c'est qu'il soit compréhensible. Pour tout dire, son sens du mystère et sa quête d'intelligibilité sont vraiment inséparables.

> «Je ne me lasse pas de contempler le mystère de l'éternité et de la vie. Et j'ai l'intuition de la construction extraordinaire de l'être. Même si l'effort pour le comprendre reste disproportionné, je vois la Raison se manifester dans la vie. »
>
> EINSTEIN, *Comment je vois le monde*

> «Quelle confiance profonde en l'intelligibilité de l'architecture du monde et quelle volonté de comprendre, ne serait-ce qu'une parcelle minuscule de l'intelligence se dévoilant dans le monde, devaient animer Kepler et Newton pour qu'ils aient pu éclairer les rouages de la mécanique céleste par un travail solitaire de nombreuses années. »
>
> EINSTEIN, *Comment je vois le monde*

> «Je veux comprendre comment Dieu créa le monde. Je ne suis pas intéressé par tel ou tel phénomène. Je veux pénétrer au fond de sa pensée. Le reste n'est que détail. »
>
> Propos d'Einstein
> cités dans Trinh Xuan Thuan,
> *Le destin de l'univers. Le Big Bang et après*

* * *

On peut donc entrevoir la profondeur et la complexité de ce sentiment religieux cosmique dont parlait Einstein. Comme Bach ou Mozart, Einstein a su écouter, en ce qui le concerne à travers ses équations, « le son » de l'univers, et y percevoir à l'œuvre un mystérieux Champ divin. N'y a-t-il pas en cette religiosité naturelle, qu'on rencontrera également chez d'autres scientifiques et philosophes, des éléments qu'on retrouve dans les expériences qui sont à la base même de toute démarche spirituelle personnelle comme de toute religion institutionnelle ?

Chapitre 3

Un panthéisme rationnel

Einstein s'est défini comme un panthéiste rationnel, se situant lui-même dans la lignée de Spinoza, disait-il. Mais qu'entend-on généralement signifier en parlant de panthéisme*?

On peut pour le moins affirmer que ce qu'il y a de commun à toute forme de panthéisme est cette perception de l'immanence du Divin dans le grand tout cosmique. Le mot lui-même tire son origine de la langue grecque : *pan* et *théos*, ce qui signifie «tout» et «Dieu». Compris littéralement, le panthéisme signifie donc que le Tout est Dieu. Mais il y a des formes diverses de panthéisme.

Un panthéisme intuitif

L'une de ces formes peut être nommée «un panthéisme intuitif ou instinctif». On retrouve une telle vision du Divin dans des groupes humains ou des sociétés proches de leurs racines archaïques. Cette vision panthéiste, par ailleurs imprégnée d'éléments animistes*, existe encore dans des régions du monde en lesquelles vivent des peuplades encore peu touchées par la civilisation occidentale ou par les grandes religions universelles.

Il y a en cette forme de panthéisme animiste une perception immédiate du mystère cosmique, en laquelle s'entremêlent de façon organique l'être humain, la nature et le Divin. Une transcendance divine est spontanément pressentie dans la pure immanence humaine et cosmique. À vrai dire, l'être humain y est vu comme profondément enraciné dans une nature habitée par le Divin en chacun de ses éléments ou en chacun de ses événements. Toute chose et tout être sont comme des prismes traversés par la lumière divine, intérieure au cosmos.

« Ne pourrait-on méditer ce vieil adage comanche : Dieu respire dans les plantes, rêve chez les animaux et s'éveille en l'homme ? »

JEAN-CLAUDE BARREAU, *Y a-t-il un Dieu ?*

On reconnaît quelque chose de cette vision panthéiste et animiste dans certaines de nos sociétés amérindiennes ayant conservé leur profonde tradition spirituelle. Leur spiritualité affirme, elle aussi, cette participation symbiotique de l'être humain à la nature, cette insertion dans une énergie cosmique inséparable du Grand Esprit, cette communion avec toute chose matérielle ou vivante, vue comme un être spirituel et comme l'enfant de la Terre-Mère.

La nature entière est elle-même imprégnée de cette psalmodie des âmes, qui n'est autre que le plain-chant du Dieu immanent. On remarquera en lisant le magnifique texte qui suit, d'origine amérindienne et à saveur panthéiste et animiste, une parenté avec certains écrits sacrés des traditions orientales, notamment ceux de l'hindouisme, du bouddhisme ou du taoïsme, de même que certaines accointances significatives avec le discours de l'écologie profonde, voire avec celui de la physique du XXe siècle.

« L'homme a perdu de vue les enseignements de notre mère la terre. C'est pourquoi nos eaux et notre ciel sont si pollués. On doit se rappeler la nécessité de l'harmonie de toutes choses avec la nature et de toutes choses entre elles. Notre futur est dans notre passé. Le futur n'est qu'une illusion. Nous n'avons jamais violé notre mère la terre. Pour nous la terre est sacrée. »

Extraits de *Voix indiennes* (Propos de Selo)

«Je vois l'homme blanc abattre un arbre sans une prière, sans un jeûne, sans respect d'aucune sorte, et pourtant l'arbre peut lui dire comment vivre, l'araignée aussi, ou le serpent, le raton laveur, l'ours, le saumon et l'aigle! Il faut que les peuples qui vivent sur cette planète en finissent avec le concept étroit de libération de l'homme et qu'ils commencent à voir que la libération est quelque chose qui doit être étendu à l'ensemble du monde naturel. Ce qu'il faut, c'est la libération de toutes choses qui entretiennent la vie: l'air, les eaux, les arbres, toutes choses qui entretiennent la trame sacrée de la vie. Les instructions originelles ordonnent que nous, qui marchons sur la terre, témoignions un grand respect, de l'affection et de la gratitude envers tous les esprits qui créent et entretiennent la vie. Nous saluons et remercions les nombreux alliés de notre propre existence: le blé, les haricots, les courges, les vents, le soleil. [...]

« Nous pensons que toutes les choses vivantes sont des êtres spirituels. Les esprits peuvent s'exprimer sous forme d'énergie traduite en matière: un brin d'herbe est une forme d'énergie qui se manifeste en matière. »

Extraits de *Voix indiennes* (Propos de Russell Means)

Le panthéisme rationnel

L'autre forme de panthéisme se présente comme un panthéisme rationnel. C'est de celui-là que se réclamait Einstein, ainsi que plusieurs scientifiques d'ailleurs. Jetons donc d'abord un regard sur les racines plus lointaines de ce panthéisme rationnel.

On peut remonter, notamment, à la philosophie stoïcienne de l'Antiquité grecque et romaine, elle qui représente si bien cette vision d'un «divin cosmos». L'univers y était vu comme un cosmos ordonné. Le monde était conçu comme un Grand Vivant et la Raison, partout présente, était considérée comme la substance même de toute chose.

Non seulement le cosmos était-il perçu, en sa totalité et en son unité, comme divin: en sa substance, il était Dieu lui-même. La pensée stoïcienne divinisait la Nature et naturalisait Dieu, en quelque sorte. On peut dire que les stoïciens voyaient l'univers comme le corps visible de la Divinité et la Divinité comme l'âme invisible du monde.

En ce tout cosmique et divin existait ce qu'on appelait une «sympathie universelle», une interaction mutuelle et une véritable conspiration entre l'ensemble des êtres. Tous les êtres étaient d'ailleurs habités par des «raisons séminales» ou des semences de raison, elles-mêmes reflets de la grande Raison universelle. Le sage stoïcien était donc convié à vivre en harmonie avec une Nature divinisée, pénétrée de cette Raison universelle et divine à laquelle l'être humain participait par sa propre raison.

«Tout me convient de ce qui te convient, ô Monde! Rien pour moi n'est prématuré ni tardif de ce qui est pour toi de temps opportun. Tout est fruit pour moi de ce que produisent tes saisons, ô Nature! Tout vient de toi, tout réside en toi et tout retourne en toi.»

MARC-AURÈLE, *Pensées pour moi-même*

Pensons aussi au Dieu de Parménide, ce philosophe qui était à la fois le chef et le plus illustre représentant de l'École d'Élée fondée plus de cinq siècles avant notre ère. Son Dieu, qui est l'Être même, est ce tout cosmique (*Pan*, en grec) incréé, indivisible et indestructible où règne une parfaite unité (*Hen*, en grec).

«L'Être est incréé, impérissable, car seul il est complet, immobile et éternel... Il est à la fois tout entier dans l'instant présent, un, continu. [...] L'Être n'est pas non plus divisible, puisqu'il est tout entier identique à lui-même.»

PARMÉNIDE, *La voie de la vérité*

On se souviendra aussi du dieu antique *Pan*, c'est-à-dire «le tout». C'était d'abord le Dieu des bergers d'Arcadie, d'où son culte se répandit dans toute la Grèce. Ce sont les Alexandrins qui, plus tardivement, firent du Dieu *Pan* l'incarnation même de l'univers. La voix qui, dans le récit de Plutarque, clame sur la mer: «Le grand *Pan* est mort» veut sans doute annoncer la fin du paganisme et du panthéisme. Mais il semble bien que le Dieu *Pan*, comme l'oiseau Phénix, renaisse constamment de ses cendres.

N'est-ce pas cette notion à saveur panthéiste de la Divinité comme Un et Tout (*Hen kai Pan*) qu'a reprise, à l'époque de la Renaissance, le philosophe Giordano Bruno, qui périra sur le bûcher en 1600 après avoir été pourchassé par la «sainte inquisition», notamment pour ses positions panthéistes et héliocentriques? Pour lui, nous portons en nous la même vie qui anime le Tout-Un.

Giordano Bruno avait transformé le sentiment cosmique qui l'habitait en un chant d'amour à l'infini cosmique, cet infini cosmique assumant le rôle d'un Dieu infini. Il appelait ce sentiment «un enthousiasme héroïque», une sorte d'émotion qui permet au sage tout autant de se fondre dans les forces cosmiques que de vibrer devant cette immense œuvre d'art qu'est l'univers. Avant Spinoza, Giordano Bruno a donné au Dieu panthéiste sa nature créatrice façonnant le monde.

Ce Dieu artiste, cette Raison universelle préfigurant le Dieu d'Einstein, est la sève même du grand arbre cosmique. Il est la force agissante, germinative et directrice présente dans l'ensemble des êtres de ce monde (on pense ici encore à l'héritage stoïcien). Il est aussi l'«Âme du monde* », évoquée par plusieurs philosophes depuis Pythagore, Platon, les stoïciens et Plotin, cette Divinité immanente qui imprègne la nature et la force à produire les formes variées, auxquelles elle communique un reflet de sa beauté et qu'elle assemble en un seul grand Tout universel, qui est la grandeur divine elle-même.

> «La Raison universelle est le pouvoir le plus intime, le plus réel, le plus particulier et une partie potentielle de l'Âme du monde... elle remplit le cosmos, éclaire l'univers et ordonne à la nature de produire les espèces telles qu'elles doivent être. [...] Nous appelons la Raison l'artiste intérieur parce qu'elle forme et modèle la matière de l'intérieur, parce qu'elle produit et développe de l'intérieur de la graine ou de la racine le tronc, de l'intérieur des rameaux les branches, de l'intérieur des branches les bourgeons, qu'elle forme comme à partir d'une vie interne les feuilles, les fleurs et les fruits, qu'elle les modèle et les entremêle et qu'elle reconduit à certaines époques déterminées la sève du feuillage et des fruits dans les branches, des branches dans les rameaux, des rameaux dans le tronc, du tronc dans la racine.»

GIORDANO BRUNO, *La cause, le principe et l'un*

Pour sa part, Einstein, bien qu'il n'ignorât sans doute pas ces penseurs de l'Antiquité ou de la Renaissance, rattachait plutôt son panthéisme rationnel à celui de Spinoza, ce philosophe du XVIIe siècle dont nous parlerons plus loin. Disons cependant d'ores et déjà que, comme le Dieu de Spinoza, de Giordano Bruno, des stoïciens, de Parménide ou de l'ancien culte grec, son Dieu n'était pas un Dieu personnalisé et extérieur au monde. Einstein refusait catégoriquement la représentation d'un Dieu anthropomorphe*, intervenant arbitrairement de là-haut dans les affaires humaines.

« Quand je porte un jugement sur une théorie, je me demande si, dans l'hypothèse où je serais Dieu, j'aurais aménagé le monde de cette manière-là. »

ALBERT EINSTEIN

On peut affirmer qu'Einstein concevait Dieu plutôt comme cette Raison supérieure impersonnelle, universelle et immanente à l'univers, dont parlaient déjà les stoïciens. Pour lui, Dieu était le nom donné à cette Raison objective se dévoilant dans les lois qui fondent le cosmos, le rendent intelligible et lui donnent ses caractères de totalité et d'unité. C'est ce Dieu qui, justement, éveillait en lui ce qu'il a appelé son « sentiment religieux cosmique ».

« [Cette] Raison supérieure se dévoilant dans le monde de l'expérience traduit pour moi l'idée de Dieu. En langage simple, on traduirait comme Spinoza par le terme panthéisme. »

EINSTEIN, *Comment je vois le monde*

Aujourd'hui même, dans la foulée d'Einstein, qui semble avoir transmis sa religiosité et son Dieu cosmiques, et dans l'esprit de cet héritage plus que millénaire, certains scientifiques développent de telles thèses d'allure cosmothéiste, voire panthéiste.

Qu'il suffise de nommer Rupert Sheldrake, scientifique anglais de renommée internationale, spécialiste de biochimie et de biologie cellulaire. Montrant que l'approche mécaniste du monde est aujourd'hui dépassée, Sheldrake, dont nous parlerons plus loin, se représente l'univers comme un Super-organisme vivant en développement. Pour lui, le « champ unifié » primordial de l'univers, objet de la quête d'Einstein jusqu'à la fin de sa vie, peut être rapproché de la notion de « l'Âme de la nature », rappelant ainsi la vieille notion cosmothéiste de « l'Âme du monde ».

« Il est intéressant de noter que la conception contemporaine d'un champ unifié primordial, un champ cosmique des champs, ressemble curieusement à la conception néo-platonicienne de l'Âme du monde... Dans la physique évolu-tionniste moderne, l'ancienne notion d'âme de l'univers a été remplacée par l'idée de champ primordial unifié duquel sont issus les champs connus de la physique et dont ceux-ci sont des aspects. De même, la notion de champ unifié de Gaïa est la mieux à même de traduire celle d'âme de la terre. »

RUPERT SHELDRAKE, *L'Âme de la nature*

« La science, comme la religion, croit en une unité fonda-mentale. Cette intuition était inhérente à la quête d'Einstein d'une théorie du champ unifié et c'est elle qui inspire aujourd'hui les tentatives de conception d'un champ pri-mordial du cosmos et d'une source d'énergie primordiale. Nous tenons là le point de jonction de la science et de la théologie. [...] De nouvelles formes de théologie sont ré-cemment nées d'une volonté de concevoir le Dieu d'un cosmos vivant et évolutif. »

RUPERT SHELDRAKE, *L'Âme de la nature*

Ne peut-on pas facilement entrevoir le caractère cosmothéiste et peut-être même panthéiste de sa vision du Divin dans le titre que Sheldrake donne à sa publication relativement récente parlant du cos-mos : *L'Âme de la nature* ?

*   *   *

Le Dieu antique *Pan* serait-il en train de renaître autrement sous l'égide d'une science nouvelle ayant remplacé sa vision mécaniste, matérialiste et fragmentaire par une vision organiciste, spiritualiste et holistique ? L'inspiration et l'intuition du panthéisme instinctif seraient-elles aujourd'hui également ressuscitées, dans la science et la philosophie modernes, sous la forme nouvelle d'un panthéisme rationnel ?

Dans la foulée du panthéisme rationnel d'Einstein, des physiciens et des biologistes du XXe siècle affirment, en tout cas, de plus en plus clairement et ouvertement ce qu'on peut appeler l'incarnation de l'Es-prit dans la matière et même la présence du Divin dans le cosmos. Ainsi, à travers leur conception cosmothéiste ou panthéiste, ils nous présentent l'un des visages authentiques du Dieu cosmique qui fait ici l'objet à la fois de notre enquête intellectuelle et de notre quête spirituelle.

Il semble donc possible, à celui qui veut bien prêter l'oreille, d'entendre non seulement Einstein, mais aussi les sciences et les philosophies issues de la modernité jouer à leur tour de la flûte de *Pan* en l'honneur, justement, d'un Dieu qui serait indissociablement l'Un et le Tout...

DEUXIÈME PARTIE

Scientifiques et philosophes modernes : religion naturelle et Dieu cosmique

Chapitre 4

Réforme et Renaissance
ou la modernité naissante

C'est vers la fin du xve et le début du xvie siècle qu'on peut situer la naissance de la modernité. Deux courants de fond d'ordre culturel se conjuguent alors non sans heurts pour former, en lien avec des transformations politiques, sociales et économiques, la matrice de la modernité naissante : ce sont la Renaissance* et la Réforme* protestante.

Ces deux courants visent une sorte de « refondation » de la civilisation occidentale : la Renaissance, par un retour à l'Antiquité grecque et latine, comme on revient à son pays natal ; la Réforme, par une replongée dans la Bible, comme on remonte à sa source originelle.

« Les fondements philosophiques de la modernité apparaissent en Europe au tournant des xve et xvie siècles avec la naissance de l'humanisme [...] et les Réformes protestantes qui ébranlent l'autorité de l'Église catholique. »

FRÉDÉRIC LENOIR, *Les métamorphoses de Dieu.*
La nouvelle spiritualité occidentale

La Renaissance

Rappelons donc simplement que la Renaissance fut ce mouvement qui, au cours des xve et xvie siècles, chercha à faire renaître dans la civilisation européenne les représentations et les valeurs de l'Antiquité grecque et romaine. En concomitance avec ce retour aux sources de l'art, des lettres et de la pensée s'opère une profonde transformation de la société. C'est le début d'une économie capitaliste, la création des premières usines, le temps des voyages et des découvertes autour du globe, l'apparition d'une bourgeoisie citadine.

La science et la technique prennent en même temps leur essor. C'est alors, par exemple, que Copernic développe sa théorie de l'héliocentrisme* : il y aurait un double mouvement des planètes sur elles-mêmes et autour du Soleil ; la Terre n'occuperait donc plus le centre du monde. Les preuves de ce qu'on appellera par la suite « la révolution copernicienne » seront apportées plus tard par Kepler, montrant que les planètes décrivent des ellipses autour du Soleil, et par Galilée, qui construisit une lunette lui permettant d'observer les planètes et la rotation du Soleil autour de son axe.

C'est aussi à cette époque que Gutenberg inventa l'imprimerie par caractères métalliques mobiles : inutile de dire à quel point cette invention modifia les échanges intellectuels, favorisa le rayonnement des idées tant des humanistes de la Renaissance que des promoteurs de la Réforme et contribua à l'éveil d'une démocratie qui commençait à s'affirmer au sein d'États en train de se consolider.

Mais ce sur quoi nous aimerions insister ici, c'est ce grand courant de l'humanisme spirituel que la Renaissance porte comme une pure flamme de l'esprit. Tous les penseurs humanistes, de Marsile Ficin et Jean Pic de la Mirandole jusqu'à Érasme, affirment la dignité de l'être humain, une dignité qui réside dans la conscience autonome et la libre volonté de chaque individu. Avec eux, l'être humain prend conscience de son autonomie.

Cette affirmation de la grandeur humaine, qui revêt ici le manteau des philosophes grecs de l'Antiquité, si elle s'oppose à l'autorité et à l'hégémonie de l'Église catholique, n'est pas pour autant un plaidoyer en faveur de l'athéisme*. Pour nombre de penseurs de la Renaissance, c'est Dieu qui a créé l'homme libre. Pour Tommaso Campanella, par exemple, la première vérité philosophique est l'existence d'un Être suprême, créateur de l'univers. Et l'être humain possède un « tact interne », une sorte de «sens intérieur» qui l'amène à reconnaître Dieu en lui-même et dans le cosmos. On n'est pas si loin, ici, d'une religiosité cosmique.

> «Les animaux tirent du giron maternel tout ce qu'il leur faut. [...] Toi, homme, tu as une évolution, tu te développes selon ta libre volonté, tu portes en toi les germes de la vie innombrables.»

JEAN PIC DE LA MIRANDOLE,
Discours sur la dignité de l'homme

> «Connais-toi toi-même, ô race divine déguisée en homme!»

MARSILE FICIN, *Théologie platonicienne*

Cette centration sur le sujet humain n'empêche donc pas les philosophes de la Renaissance de considérer la beauté de la création en son ensemble. Pour Campanella, comme pour Giordano Bruno, toute la création est animée et vivante. Tout se tient dans l'univers qui est le reflet et le miroir de l'unité divine. L'univers est donc encore vu, ici comme au cours du Moyen Âge, dans une perspective organique et holistique.

Ce n'est qu'au cours du XVIIᵉ siècle, notamment avec Galilée d'abord, pour qui la nature est écrite par Dieu dans un langage mathématique, puis plus tard avec Isaac Newton, le père de la théorie de la gravitation, que la science adoptera clairement la pensée mécaniste et analytique dont le règne s'étendra jusqu'au début du XXᵉ siècle. Mais pour Newton, comme pour Copernic et Kepler d'ailleurs, l'exploration scientifique confirmera cette conviction que Dieu est l'auteur de l'harmonie, de la cohérence et de la mécanique interne de cet univers.

> «Trois idéaux ont éclairé ma route et m'ont souvent redonné le courage d'affronter la vie avec optimisme: la bonté, la beauté et la vérité.»
>
> ALBERT EINSTEIN

> «Pour Marsile Ficin [...] le sacré, le sublime, le mystérieux, l'inconnaissable, l'au-delà se révèlent à nous dans la beauté de ce monde; c'est la beauté qui nous apporte le témoignage de la lumière, qui nous montre que le monde est régi par des forces merveilleuses.»

ERNST BLOCH, *La philosophie de la Renaissance*

La Réforme protestante

Née d'une volonté de mettre fin aux compromissions jugées immorales de l'Église médiévale avec le « siècle », la Réforme protestante porta également un profond désir de s'émanciper de l'emprise de la papauté, comme d'ailleurs de toute forme d'autoritarisme et de servitude. Autant devant la débauche de nombreux prêtres et moines que face au trafic des indulgences ou au commerce des reliques, un besoin de régénération religieuse et de retour aux sources bibliques se faisait sentir.

C'est peut-être, d'ailleurs, dans cette protestation plutôt éthique que la Réforme trouve d'abord ce souffle prophétique, qui la mènera bientôt sur le terrain doctrinal du salut et de la prédestination, de la justification et de la foi, des sacrements et de la communauté ecclésiale.

Par la primauté qu'elle accorde à la conscience personnelle, d'une part, et par ses attaques menées avec un esprit rationaliste contre les pratiques de l'Église officielle, d'autre part, la Réforme protestante a donc elle aussi contribué à la naissance et à l'essor de la modernité. Une fois ces forces promotrices d'individualité et de rationalité libérées, il devenait difficile de les arrêter.

Ces piliers de la Réforme, que sont l'intériorité individuelle et la critique rationnelle, se sont en quelque sorte alliés à l'humanisme de la Renaissance, qui faisait l'éloge de la dignité et de la liberté de chaque être humain. Réforme et Renaissance ont ainsi contribué à l'essor de la science, de la technologie et d'une économie capitaliste. L'une et l'autre prônaient également, comme on l'a signalé, un retour aux sources : la première, à l'Écriture sainte comme seule autorité légitime de la foi chrétienne que tous avaient le droit de lire ; la seconde, à l'Antiquité grecque et latine comme fondement de l'humanisme nouveau. Comme deux fleurs perçant au printemps sous l'épaisse couche de neige apportée, pour ainsi dire, par l'hiver médiéval...

« Au risque d'être accusé de manier le paradoxe, je crois que sans l'Église catholique la science ne se serait pas développée en Occident, mais que, à cause d'elle, elle s'est beaucoup mieux épanouie dans le monde protestant que catholique. [...] Dans le monde protestant, la volonté de comprendre la nature pour comprendre Dieu a donné aux sciences de la nature la priorité. Par ailleurs, le désir d'aider le développement de la société a stimulé l'intérêt pour la technologie comme il a stimulé l'intérêt pour la finance. »

CLAUDE ALLÈGRE, *Dieu face à la science*

Mais des heurts entre humanisme et protestantisme devaient bientôt apparaître. Qu'on se rappelle simplement qu'à la publication par l'humaniste Érasme de son livre *De libero arbitrio*, faisant l'éloge du libre arbitre de l'être humain, Luther répond en écrivant un livre qu'il intitule *De servo arbitrio*, insistant sur l'esclavage de la raison humaine ployant sous le poids du péché originel. D'ailleurs, l'humanisme saura par la suite retourner la critique iconoclaste du catholicisme, mise de l'avant par la Réforme, contre la foi protestante elle-même.

La foi de Luther souligne la distance infinie qui sépare Dieu de l'être humain. Fidèle à l'héritage de saint Augustin, Luther insiste sur la condition désespérée de l'homme, ce pécheur qui ne peut être justifié que par la grâce de Dieu accueillie dans la foi. C'est par la foi seule (c'est la célèbre formule : « *sola fide* ») que le juste vivra éternellement. La pauvre raison humaine, obscurcie par la faute originelle, semble donc bien incapable d'une authentique religiosité naturelle. Par elle-même, elle ne peut ni connaître ni même admirer Dieu dans les œuvres de la création.

« On ne peut appeler à bon droit théologien celui qui prétend comprendre par les œuvres de Dieu ses perfections invisibles... Saint Paul appelle "insensés" ceux qui ont utilisé cette connaissance naturelle de Dieu. [...] Cette sagesse qui prétend saisir les perfections invisibles de Dieu en comprenant ses œuvres est une sagesse qui enfle, aveugle et endurcit l'homme. »

MARTIN LUTHER, *Controverse tenue à Heidelberg*

Calvin, pour sa part, ne va pas aussi loin, malgré le rigorisme et le radicalisme qu'on lui reconnaît généralement. Au contraire, il affirme que Dieu a donné à l'homme un moyen naturel de le connaître dans l'univers créé. Il parle même d'une semence de religion dans l'esprit des hommes, ce qui leur permet de percevoir l'existence de Dieu et certains de ses attributs. Pour lui, les sciences de la nature peuvent conduire à l'admiration de l'univers comme œuvre de Dieu.

« Parce que la souveraine félicité et le but de notre vie gisent en la connaissance de Dieu, afin que nul n'en fût forclos, non seulement Dieu a engravé cette semence de religion que nous avons dite en l'esprit des hommes, mais aussi il s'est tellement manifesté à eux en ce bâtiment tant beau et exquis du ciel et de la terre, et journellement s'y montre et s'y présente, que les hommes ne sauraient ouvrir les yeux qu'ils ne soient contraints de l'apercevoir. Son essence est incompréhensible, tellement que sa majesté est cachée bien loin de tous nos sens, mais il a imprimé certaines marques de sa gloire en toutes ses œuvres, voire si claires et notables, que toute excuse d'ignorance est ôtée aux plus rudes et hébétés du monde. »

JEAN CALVIN, *L'institution chrétienne*

Ces deux attitudes face à la religiosité cosmique ont été relayées au XXe siècle par deux grands théologiens protestants : la position de Luther a été reprise par Carl Barth ; sans être pour autant calviniste, Paul Tillich se rapproche davantage, quant à lui, de la position de Calvin.

« On peut se demander pourquoi la science s'est développée dans le monde protestant. Ni Luther ni Calvin n'ont été des sympathisants de la science. [...] Ce qui va modifier l'attitude protestante, c'est un double mouvement, intellectuel d'une part, structurel d'autre part. D'abord, la Réforme est historiquement liée à l'humanisme et aux nouveaux savoirs. La motivation de ceux qui rejoignent la religion protestante n'est pas tant de suivre Luther ou Calvin dans leur intransigeance théologique que la perspective de se libérer du joug catholique et papal. Le protestantisme est d'abord une libération. Cette aspiration est favorisée par un second facteur : le morcellement de l'Église en luthériens, calvinistes, anglicans, etc., qui vont eux-mêmes se subdiviser en chapelles multiples. Ce morcellement a favorisé les initiatives intellectuelles. Puis Locke, Bayle, Kant et d'autres valoriseront cette liberté et du même coup en imprégneront les universités protestantes, qui vont devenir elles-mêmes aussi multiples et diverses. »

CLAUDE ALLÈGRE, *Dieu face à la science*

En somme, que la Réforme protestante ait contribué dès sa naissance, par l'affirmation de la conscience individuelle et de la rationalité critique, à l'essor de la modernité et notamment de la science, de la technologie et du capitalisme, la chose paraît incontestable. Mais, en même temps, au cours des siècles, elle a engendré une lecture littérale de la Bible, voire un fondamentalisme, qui s'oppose parfois farouchement à la modernité, comme on peut l'observer dans le conservatisme américain actuel.

« Après la reprise en main catholique par les Stuart de l'Angleterre du XVIIᵉ siècle, un certain nombre de protestants dissidents puritains vont quitter l'Europe pour l'Amérique afin de bâtir "l'Israël américain de Dieu". [...] Les protestants qui arrivent en Amérique du Nord se pensent comme le nouveau peuple de Dieu, dont le destin est de bâtir dans ce continent "vide" la Cité céleste, et même la préfiguration du Royaume. [...] La naissance et le développement des groupes protestants radicaux nord-américains sont intimement liés à cette volonté de réactiver la mémoire quasi biblique des États-Unis. [...] Le "born again" — le né de nouveau — a déjà rencontré le Christ dans sa vie personnelle, il est donc sauvé. Entre sa renaissance intérieure et sa mort, le protestant fondamentaliste ne vit plus un temps d'attente, mais un temps de mission, de prosélytisme. Après avoir été sauvé par Jésus, que puis-je faire d'autre que d'annoncer la Bonne Nouvelle à l'humanité entière ? [...] L'attitude vis-à-vis du monde moderne est, on peut l'imaginer, également assez négative. [...] La Fédération évangélique de France précise que l'un de ses objectifs est "de faire face à un modernisme négateur, subtilement destructeur de la foi chrétienne, d'endiguer la marée montante d'un athéisme militant, d'une confusion doctrinale, d'un œcuménisme* équivoque". »

FRÉDÉRIC LENOIR, *Les métamorphoses de Dieu.
La nouvelle spiritualité occidentale*

* * *

Renaissance et Réforme ont donc favorisé, chacune à sa manière, la naissance de la modernité. Mais il faut noter l'ambivalence observable au sein du protestantisme, comme sans doute dans l'ensemble des grandes institutions religieuses. L'ouverture à la science et à la philosophie liées à la modernité, d'une part, l'accueil de la spiritualité ou de la religiosité que scientifiques et philosophes y développent, d'autre part, ne constituent point des acquis fixés une fois pour toutes dans une tradition religieuse.

Contrairement au grand héritage d'ouverture du protestantisme à la modernité, dans les milieux du conservatisme protestant actuel la révélation semble pouvoir se passer de la science et de la philosophie ; la foi chrétienne y a en outre bien peu de rapport avec la religiosité cosmique ; et le Dieu de la Bible auquel croient ces milieux fondamentalistes n'a pratiquement rien à voir avec le Dieu d'Einstein ou avec le Dieu cosmique de tout autre scientifique ou philosophe de la modernité.

Chapitre 5

Dieu ou la Nature

À plusieurs reprises, Einstein a choisi de s'en référer au Dieu de Spinoza pour présenter le Dieu auquel il croyait lui-même. Il précisait alors qu'il professait, comme ce dernier, une sorte de panthéisme rationnel, qu'on ne pouvait rattacher à aucune religion institutionnelle se présentant avec sa vision d'un Dieu personnel, sa mythologie et ses rituels.

Comme Spinoza, Einstein s'opposait à la représentation d'un Dieu trop humain, un Dieu construit à notre image, un Dieu anthropomorphisé pour ainsi dire. Mais qu'en est-il, au juste, de ce panthéisme rationnel de Spinoza?

Spinoza, le libre penseur

Le philosophe Baruch Spinoza est né en 1632 à Amsterdam, dans le quartier juif. Très tôt, il a appris l'hébreu, le grec et le latin. S'étant progressivement éloigné du judaïsme, il a fréquenté libres penseurs et chrétiens libéraux. Prétendant remplacer la révélation par les lumières naturelles de la raison, il fut excommunié de la Synagogue d'Amsterdam, accusé d'athéisme. Il dut quitter Amsterdam, voyagea à travers quelques pays d'Europe, se lia d'amitié avec Leibniz, refusa un poste à l'Université de Heidelberg afin de préserver sa liberté de penser et gagna un temps sa vie à polir des lentilles optiques.

Lorsqu'il mourut, en 1677 à l'âge de 45 ans, il avait déjà réussi à publier ses œuvres majeures, à l'exception de son livre, sans doute aujourd'hui le plus connu et le plus percutant, intitulé *Éthique*. C'est principalement en ce livre qu'on trouve la vision la plus achevée du Dieu auquel il croit et celle de la religion qu'il prône. Ce qui nous intéresse ici, c'est de savoir en quoi consistait, chez Spinoza, ce panthéisme rationnel auquel fait allusion Einstein ; et comment il se représentait « le Dieu cosmique » et « la religiosité cosmique » évoqués par Einstein, ce Dieu et cette religiosité qui font l'objet de notre présente recherche.

> « Einstein, comme Spinoza d'ailleurs, avait toujours pris soin d'affirmer qu'il n'était pas athée, et qu'à bien y penser il était même un "homme profondément religieux". [...] Lorsqu'il rappelle son credo à Edouard Büsching (qui est l'auteur d'un ouvrage qui s'intitule *Dieu n'existe pas*), Einstein dit : Nous autres, disciples de Spinoza, nous voyons notre Dieu dans la merveilleuse ordonnance et régularité de ce qui existe. Autre est la question de savoir si la croyance en un Dieu personnel doit être combattue. Freud a défendu ce point de vue dans son dernier écrit. Pour moi, je ne m'engagerai pas dans une telle polémique, car une telle croyance est toujours meilleure que le manque de toute conception transcendantale de la vie. »
>
> DAVID RABOUIN, *Einstein ne jouait pas avec Dieu*

Dieu ou la Nature

Spinoza livre la représentation de son Dieu dans une formule lapidaire devenue célèbre : « Dieu ou la Nature » (*Deus sive Natura*), écrit-il. Ce « ou », ce « *sive* », n'indique pas une alternative ; c'est littéralement un « ou », un « *sive* », signifiant une équivalence. Dieu est la Nature, envisagée comme une sorte de Grand Vivant ou d'organisme infini qui s'autoproduit. C'est l'Être même ou l'Esprit universel qui anime le cosmos, un peu à la manière de l'Âme du monde dont avait parlé Giordano Bruno près d'un siècle plus tôt, à la suite d'ailleurs de grands penseurs, tels Pythagore, Platon, les stoïciens, Plotin et Nicolas de Cues.

Le Dieu de Spinoza est la Nature dans sa puissance créatrice (*Natura naturans*), cette Nature active, productrice, dynamique, cause de la variété et de la multiplicité des êtres qui sont en elle. Ce Tout qui est un et unique engendre ses propres parties. Tout ce qui existe est conçu et créé par lui. Tous les êtres, à la fois multiples et unifiés, se présentent ainsi comme un effet ou comme un produit qui n'existe que grâce à l'activité créatrice permanente de ce Dieu immanent : c'est ce que Spinoza appelle la Nature créée, qui n'existe pas par elle-même et qui est donc entachée de finitude (*Natura naturata*). Cette Nature créée, fruit de la Nature créatrice, est donc véritablement de bout en bout le temple de Dieu. Comment ne pas reconnaître déjà ici un certain panthéisme, comme l'affirmait Einstein ?

> « Dieu est la cause immanente de toutes les choses. [...] Il agit en lui et non hors de lui, puisque rien n'existe hors de lui. »
>
> BARUCH SPINOZA, *Éthique*

Qui plus est : l'Être spinoziste ne joue pas plus aux dés que le Dieu d'Einstein. La Nature créatrice est en effet une Pensée parfaite à laquelle participent toutes les essences créées, qui sont autant d'idées existantes découlant d'elle naturellement et nécessairement. C'est dire que la Nature créatrice est une cause intelligible, qui produit toutes choses selon la nécessité de sa propre Pensée ; et c'est dire également que ces êtres créés expriment, par l'idée qui les habite au plus profond d'eux-mêmes, quelque aspect de cette Raison universelle et divine. Les créatures sont, comme le verre, pourrait sans doute dire Spinoza, traversées par cette lumière divine. Comment ne pas reconnaître déjà ici que ce panthéisme est rationnel, comme l'affirmait encore Einstein ?

> « *Ma conviction, liée à un sentiment profond d'une Raison supérieure se dévoilant dans le monde de l'expérience, traduit pour moi l'idée de Dieu. En langage simple, on traduirait comme Spinoza, par le terme panthéisme.* »
>
> ALBERT EINSTEIN

« Tout ce qui est est en Dieu et est conçu par Dieu ; car Dieu
est l'être et le seul être. Et puisque Dieu est infini, il n'y a
aucune raison de limiter le nombre et la variété des êtres qui
sont en lui et sont conçus par lui, c'est-à-dire qui résultent
nécessairement de sa nature. »

ALAIN, *Spinoza*

Dieu ou la Substance cosmique

Spinoza utilise un autre concept fondamental pour nommer son
Dieu. C'est le concept de Substance, qui justement fait contrepoids
à la représentation trop humaine et anthropomorphique d'un Dieu
personnel, semblant intervenir plutôt arbitrairement dans les affaires humaines. Dieu est donc vu comme l'unique Substance cosmique qui est l'Être total et parfait. Cette Substance infinie se cause
elle-même. On dira que son essence enferme son existence nécessairement. Mais cette Substance unique, qui est Dieu, crée et tota-
lise également en son être même la multiplicité et la variété de ce
qui existe.

« Par Substance j'entends ce qui est en soi et est conçu par
soi. [...] Par attribut j'entends ce que l'entendement perçoit de
la Substance comme constituant son essence. [...] Par mode
j'entends toute affection de la Substance, c'est-à-dire ce qui
est dans une autre chose par laquelle il est aussi conçu. [...]
Par Dieu j'entends un être absolument infini, c'est-à-dire une
Substance constituée par une infinité d'attributs dont chacun exprime l'essence éternelle et infinie. »

BARUCH SPINOZA, *Éthique*

Cette Substance cosmique et divine s'exprime et se dévoile dans
plusieurs attributs infinis, bien que nous n'en connaissions que deux :
l'étendue (l'ordre des corps et de la matière) et la pensée (l'ordre des
idées et de l'esprit). Étendue et pensée sont deux manières de considérer la Substance unique : tantôt la Substance est vue comme la source,
l'unité et la totalité des corps, entités ou organismes matériels ; tantôt
elle est envisagée comme la source, l'unité et la totalité des essences,
âmes ou idées de ces êtres matériels.

Tous les êtres particuliers de ce monde, Spinoza les nomme des modes de la Substance, indiquant par là qu'ils n'ont aucune existence autonome en dehors de l'activité créatrice éternelle de la Substance. Chaque mode est un effet, une créature de la Substance et, de ce fait, il apparaît comme le manteau visible de l'essence invisible de Dieu. Ainsi, considérés sous l'attribut « étendue », les modes ou êtres particuliers naissent, se transforment et meurent ; envisagés sous l'attribut « pensée », ils sont reconnus dans leur essence spirituelle, éternelle et divine.

> « D'après Spinoza, il n'existe qu'une Substance à laquelle tout se ramène et qui est à la fois pensée, Dieu et Nature. Il s'agit d'une Nature infinie, parfaite en elle-même, donc divine. [...] une Nature qui est en même temps infiniment sage et qui se reconnaît en notre pensée. Tout est Nature, tout est Dieu et l'être humain en fait partie. [...] Les croyants, adversaires de Spinoza, qui le stigmatisaient comme athée n'avaient pas entièrement tort, puisque le Dieu impersonnel d'une telle pensée "panthéiste" ne correspond guère à ce qu'on entend communément par "Dieu". »
>
> Edmund Jacoby, *Philosophes.*
> *Les plus grands philosophes de notre temps*

Aussi bien à travers l'idée de Nature créatrice qu'à travers celle de Substance unique, le Dieu de Spinoza apparaît donc comme un Dieu cosmique purement immanent et nécessairement lié au produit de son acte créateur. Lui seul existe par lui-même ; toutes choses n'existent que par lui et en lui. Et tous les êtres résultent nécessairement de l'essence de Dieu, ne pouvant être produits autrement que de la manière ordonnée dont ils l'ont été. Le panthéisme de Spinoza montre bien, ici, en quoi consistait le panthéisme rationnel d'Einstein.

La vraie religion

La critique spinoziste d'un Dieu trop humanisé conduit-elle également à une représentation différente de ce que peut être une vraie religion ? Comment rejoint-on, dès lors, le Dieu cosmique évoqué par Spinoza et qui paraît assez éloigné du Dieu personnel de toutes les révélations monothéistes ? Et en quoi peut bien consister, en conséquence, le salut dont parle Spinoza ? Répondre à ces questions nous met effectivement sur la piste d'une religiosité tout à fait naturelle, qui nous semble se manifester sous trois aspects fondamentaux.

Accomplir son être propre

Le premier aspect de cette religiosité naturelle se rattache au profond désir d'être de l'être humain. Il semble normal qu'une telle philosophie de l'Être trouve dans le désir humain le plus radical l'un des fondements de la religion qu'elle cherche à mettre de l'avant comme étant la vraie religion. Pour Spinoza, ce qui est premier en l'être humain, comme en tout être d'ailleurs, est ce désir et cet effort pour persévérer en son être (c'est le sens du terme *conatus* employé par Spinoza).

Ce *conatus** est tendance, force, puissance visant chez chaque être l'affirmation de son être propre. La persévérance n'a ici rien d'une lutte pour la simple survie. Au contraire, il s'agit plutôt de la volonté la plus profonde de vivre en plénitude, du désir le plus intérieur d'accomplir son être ou de l'effort le plus singulier pour exprimer concrètement dans l'existence la richesse de son être essentiel. Ainsi, la vraie religion, qui est en cela une religion naturelle, consiste d'abord à tenter de vivre à la hauteur de son essence, à obéir en quelque sorte à sa nécessité intérieure.

> « L'effort (*conatus*) par lequel chaque chose persévère dans son être n'est rien en dehors de l'essence actuelle de cette chose. »
>
> BARUCH SPINOZA, *Éthique*

Ce *conatus*, ou ce désir d'être et cet effort pour être, exprime non seulement la force intérieure de toute vie, mais également la créativité de Dieu ou de la Nature en elle. C'est dire que la Source divine coule là où se manifeste le désir d'être de chaque être. Cet élan pour affirmer son essence est du même coup un élan vers Dieu, puisque l'essence est en nous-mêmes une idée de Dieu. Ainsi, la présence de chacun à soi-même en profondeur devient présence à Dieu et la réalisation par chacun de son être essentiel n'est autre qu'une expression de Dieu.

Il n'y a donc pas de plus grand hommage ou de plus grand culte à rendre à Dieu, et donc pas de plus grande religiosité, que de vivre intensément cet élan vers l'accomplissement de son être. La religion spinoziste consiste ainsi pour chacun, d'abord et avant tout, à faire exister concrètement, ici et maintenant, ce joyau intérieur qu'est son propre être essentiel.

> « L'effort pour persévérer dans l'être n'est autre que la puissance de Dieu manifestée par un mode (ou être particulier). [...] Avant de désirer quoi que ce soit, je désire être. Tout désir qui n'enferme point celui-là ne vient pas de moi ; il est un faux désir ; il m'est imposé par les choses extérieures. »
>
> ALAIN, *Spinoza*

La connaissance du troisième genre

Le deuxième aspect de la religion naturelle spinoziste réside en la connaissance, mais plus précisément en l'usage de la raison présente au cœur de notre être. Cette philosophie, en laquelle Dieu est l'Être total, la Nature créatrice ou la Substance de toute chose, nous a renvoyés à une religion dont l'un des fondements est le désir naturel d'accomplir son être. Mais cette philosophie est également une philosophie en laquelle Dieu est la Raison ultime, le dépositaire et la source de toutes les idées qui définissent les essences des choses et des êtres de ce monde. La Pensée y est en effet un attribut de Dieu.

C'est dans ce contexte que Spinoza distingue trois niveaux ou, selon son expression, trois genres de connaissance humaine. Le premier genre de connaissance a trait à l'expérience sensible. À ce palier, on connaît les choses et les événements comme des faits, dans leur simple existence en quelque sorte, sans connaître pour autant leur essence. C'est le monde de la connaissance expérimentale et de l'opinion plus ou moins vague sur les choses. Ici domine la puissance des images, et c'est pourquoi Spinoza lui donne le nom de connaissance imaginative. Les choses, tout comme soi-même d'ailleurs, y sont appréhendées dans leur finitude, leur singularité et leur corporéité. Cette connaissance du premier genre, même si le désir d'être et l'effort pour être se déploient déjà en elle, demeure donc partielle et inadéquate, voire purement utilitaire. On est porté à évoquer ici Platon et ses prisonniers, ne connaissant que les ombres des choses et d'eux-mêmes reflétées sur les parois de la caverne où ils sont enchaînés depuis leur enfance.

La connaissance du deuxième genre est celle de la raison discursive et déductive. À ce niveau, la conscience a nettement franchi un seuil, accédant à l'essence des choses et des événements, c'est-à-dire au monde des idées. On est ici dans l'ordre des concepts, des explications causales et des raisonnements, par lesquels les choses et les événements singuliers sont connus dans une certaine universalité et en lien les uns avec les autres. La raison discursive et déductive construit ainsi les idées ou essences les unes à l'aide des autres. Si les rapports établis par la raison sont corrects, rigoureux et clairs comme on en trouve dans les traités de géométrie, il en résulte des idées vraies. Malgré son indéniable grandeur et son profond enracinement dans le désir d'être et l'effort pour être, cette connaissance du deuxième genre demeure insuffisante. Chez Platon, cette connaissance fait partie de la remontée du prisonnier vers la lumière, mais ne constitue elle aussi qu'une étape vers la vraie connaissance.

La connaissance du troisième genre, la plus élevée, est celle de la raison intuitive. En fait, la raison discursive suppose déjà en elle cette saisie intuitive et immédiate des idées ou essences des êtres particuliers. Au principe de toute démonstration, n'y a-t-il pas une telle intuition ? Mais cette connaissance du troisième genre va beaucoup plus loin, car elle se présente comme une appréhension de l'essence des êtres particuliers, y compris notre propre essence, comme expression de Dieu. En cette connaissance, nous savons que toutes choses et nous-mêmes sommes en Dieu. Il y a en elle une sorte de révélation intérieure qui nous fait saisir tout être et notre être particulier dans sa relation à Dieu, Nature créatrice et Substance unique du monde. La raison intuitive connaît les êtres singuliers dans leur essence comme étant une idée de Dieu. L'identité de la nature des êtres avec la Nature créatrice qui est Dieu devient évidente.

« Puisqu'il y a une révélation intérieure, nous n'avons besoin de rien d'autre chose, pour atteindre la vraie religion et le vrai bonheur, que de nous servir comme il faut de notre raison. Comme dit l'Apôtre : "C'est par ce que Dieu nous a donné de son Esprit que nous savons que nous sommes en lui et qu'il est en nous." C'est donc en cherchant l'esprit de Dieu en nous que nous serons sauvés. C'est par la philosophie que nous serons sauvés. La philosophie est la vérité de toute religion. »

ALAIN, *Spinoza*

La connaissance du troisième genre est donc véritablement une profonde éclaircie de l'être, c'est-à-dire une science intuitive de Dieu, de soi-même en Dieu et de tout être en Dieu. C'est pourquoi, à ce palier de connaissance, plus nous nous comprenons nous-mêmes et plus nous comprenons les êtres singuliers, plus nous comprenons Dieu (ou la Nature créatrice ou la Substance cosmique) et plus nous l'aimons d'un amour pénétré d'intelligence. Cette connaissance intuitive de Dieu, et de toute chose en Dieu, apparaît aussi chez Platon comme la vraie connaissance à laquelle parvient le prisonnier libéré, contemplant la lumière même du Soleil, c'est-à-dire la lumière de l'Être. Ces trois degrés de la connaissance ne sont pas sans nous rappeler, également, les trois lumières dont parlait saint Augustin. Dans la lumière du soir, disait-il, on connaît les êtres sans Dieu; dans la lumière du matin, on pressent Dieu dans les créatures; dans la lumière du midi, on connaît toutes les créatures en Dieu.

> « Partout où il y a un homme raisonnable, là est déjà le germe de la cité heureuse. [...] L'homme qui est conduit par la raison est plus libre dans la cité, où il obéit aux lois, que dans un désert, où il n'obéirait qu'à lui-même. »
>
> <div align="right">ALAIN, <i>Spinoza</i></div>

Vertu, *liberté et joie*

Si le sentiment religieux cosmique s'exprimait, dans un premier temps, dans le pur désir et l'incessant effort visant à accomplir son être, que Spinoza nommait *conatus*, on le voit se manifester ici par l'entremise de la raison intuitive, ce plus haut degré d'affirmation de la raison, que Spinoza appelle la connaissance du troisième genre. Mais la vraie religiosité naturelle possède également un troisième aspect fondamental: c'est justement l'agir selon sa nature profonde, ce en quoi l'on reconnaît la vertu et ce en quoi l'on trouve la liberté et la joie.

La vertu, pour Spinoza, consiste à agir selon la loi de sa nature, c'est-à-dire selon la raison. Elle n'est en rien une quelconque négation de la vie. Bien au contraire, elle est puissance, force et affirmation de l'essence même de son être. Puisque la raison humaine est une expression de la Raison divine, c'est dire que l'homme raisonnable et vertueux est en quelque sorte le lieu de la vraie religion naturelle. Et puisque l'affirmation de son essence est en même temps une adhésion à la nécessité cosmique et au pouvoir divin présents au plus profond de soi-même, c'est dire également que c'est là l'hommage religieux le plus digne qu'on puisse rendre à Dieu.

> «Agir conformément à la vertu, c'est donc agir conformément à la raison; c'est agir d'après les lois de sa nature propre; c'est faire des actes dont on est la cause suffisante et adéquate. La raison ne peut donc nous conduire à autre chose qu'à comprendre, et c'est dans l'acte de comprendre que se réalise le mieux et le plus complètement notre effort pour persévérer dans l'être.»

> ALAIN, *Spinoza*

À sa fine pointe la vertu, qui ne cherche pas une récompense extérieure mais qui est elle-même sa propre récompense, touche à Dieu, connaît Dieu, aime Dieu. À vrai dire, elle relie à Dieu, Nature créatrice infinie et Substance cosmique unique. Elle est donc, elle aussi, un aspect de la religiosité cosmique et du véritable salut.

> «Une connaissance adéquate n'est possible que par l'idée de Dieu, car tout est en Dieu et est conçu par lui. Il suit de là que le souverain bien de l'âme est la connaissance de Dieu, et la suprême vertu de l'âme est de connaître Dieu.»

> ALAIN, *Spinoza*

L'homme vertueux et raisonnable connaît la liberté qui est beaucoup plus que le simple libre arbitre. La vraie liberté est celle du sage, qui accorde peu d'importance aux honneurs, aux richesses et aux plaisirs, qui ne se livre pas à la servitude des passions et dont l'âme se détermine à partir de sa plus profonde intériorité et non selon les événements ou les réalités extérieures. En somme est libre celui qui agit selon la nécessité ou l'exigence intérieure de son être, en laquelle s'exprime la pensée même de Dieu. Aimant et accomplissant en outre le destin que la Nature lui réserve (on retrouve ici *l'amor fati* des stoïciens), le sage trouve en Dieu la cause ultime de ses actions.

En cette liberté, qui repose sur une conversion du désir d'être, le sage poursuit l'accomplissement de son être comme expression de l'être même de Dieu; en cette liberté, qui repose sur une conversion de la connaissance, il prend conscience de son essence comme pensée de Dieu ; en cette liberté, qui repose sur une conversion de l'amour, il vit, ici et maintenant, au diapason de l'amour intellectuel de Dieu. La liberté ainsi comprise, c'est la psalmodie de l'âme, c'est la vraie religion et c'est aussi le salut authentique.

> « Les sentiments de l'âme se ramènent à deux grandes espèces : les sentiments agréables et les sentiments désagréables, c'est-à-dire la joie et la tristesse. Dès lors il est évident que la joie est le sentiment d'un passage à une plus grande perfection, et la tristesse le sentiment d'un passage à une moindre perfection. »

> ALAIN, *Spinoza*

La psalmodie de l'âme est également la joie, ce sentiment de l'atteinte d'une perfection et d'un certain accomplissement de son être. La joie est le signe que l'être s'est épanoui selon sa nature profonde. En vérité, elle est liée à la connaissance, à la vertu et à la liberté. Elle s'oppose à tous ces sentiments que sont par exemple la haine, le remords, la crainte ou la pitié, et qui sont des visages différents de la tristesse, ce fruit de l'attachement aux choses périssables et extérieures et cette conscience douloureuse d'une imperfection ou d'un moindre accomplissement de soi. Manifestant la puissance intérieure de notre désir d'être tout autant que la hauteur de notre connaissance et de notre amour, la joie fait également partie de notre salut, elle qui nous fait sentir notre participation à l'éternité et à la divinité.

> « Francesca Pini : Quelle est la thèse de Spinoza ?

> « Jean Guitton : Que nous sommes déjà une partie de Dieu, que nous sommes déjà éternels, que nous sommes déjà heureux, qu'il n'y a rien à attendre après la mort, que nous avons déjà tout dans cette vie, dans la mesure où nous sommes vraiment philosophes. Par exemple, Spinoza disait que tous les hommes cherchent la béatitude, le bonheur, mais que c'est idiot de les chercher puisque nous les avons. Il disait : "La béatitude, le bonheur, n'est pas la récompense de la vertu, c'est la vertu elle-même." »

> JEAN GUITTON, *Une recherche de Dieu.*
> *Entretiens avec Francesca Pini*

* ★ ★

Le panthéisme de Spinoza se reconnaît à son Dieu cosmique, qui est Substance unique universelle et Nature créatrice immanente à l'univers. La religiosité naturelle qu'appelle ce Dieu emprunte par ailleurs trois chemins inséparables : elle passe par le désir d'être, par la raison intuitive et par la joie accompagnant la vertu et la liberté.

Ce sentiment religieux cosmique exprime une grandeur, une exigence, une beauté et une sagesse telles qu'on le rencontre trop peu souvent. Il ne faut pas s'en étonner outre mesure. Car, comme le disait Spinoza, à la dernière ligne de son *Éthique*, « ce qui est beau est difficile autant que rare ». C'est aussi ce sentiment religieux et cette vision d'un Dieu cosmique qui fit dire à Ernest Renan : « C'est d'ici peut-être que Dieu a été vu de plus près »...

Chapitre 6

Un Dieu concepteur et créateur d'un monde-machine

C'est au cours du XVIIe siècle que s'amorce une véritable révolution scientifique. Ses figures scientifiques les plus marquantes ont pour nom Francis Bacon, Galilée, Johannes Kepler et Isaac Newton. Animés d'une ferveur semblable à celle des conquérants du feu, ils ont allumé, pour leur part, les nouveaux feux de la raison scientifique.

Avec ceux-ci, auxquels on peut adjoindre le philosophe René Descartes, est donc inaugurée la grande marche triomphale que connaîtra la science dans les siècles à venir à travers tout l'Occident. Quelle image du monde et de Dieu se sont-ils donnée?

La nouvelle approche scientifique

Cette révolution scientifique réside d'abord et avant tout dans une nouvelle approche méthodique théorisée par Francis Bacon qui vécut à Londres de 1561 à 1626. Bacon conçut en effet un projet de rénovation de la méthode scientifique, qui cherchait à rompre avec l'héritage aristotélicien et scolastique et qui devait permettre d'atteindre à la vraie science. Pour lui, la science nouvelle se devait d'être une science du concret. C'est dans ce contexte qu'il formula les principes de base de la méthode inductive et expérimentale, méthode que Galilée s'empressera de mettre en œuvre.

La vraie science ne pouvait, de l'avis de Bacon, que se fonder sur l'étude des faits d'expérience et les procédés d'observation des phénomènes. Il invitait donc à multiplier et à diversifier les observations et les expériences, seuls moyens de découvrir les lois de la Nature. Il comparait cette démarche méthodique, en laquelle on se laisse aussi guider par son flair scientifique, à « la chasse de Pan », qui par sa sagacité a pu découvrir la déesse Cérès. Se nommant lui-même « l'initiateur » des sciences nouvelles, il pensait en outre que le savoir scientifique auquel on aurait accès conduirait à une plus grande maîtrise de la nature, et donc à des progrès techniques et à des applications bénéfiques pour la vie humaine.

> « Il n'y a de vraie science que du concret. [...] La voie pour découvrir la vérité part des sensations et des faits particuliers : mais s'élevant avec lenteur par une marche graduelle et sans franchir aucun degré, elle n'arrive que bien tard aux propositions les plus générales ; cette dernière méthode est la véritable, mais personne ne l'a encore tentée. »
>
> FRANCIS BACON, *Novum organum*

> « On ne triomphe de la nature qu'en lui obéissant. »
>
> FRANCIS BACON, *Novum organum*

Mais c'est Galilée, physicien et astronome italien qui vécut de 1564 à 1642, grand défenseur du système astronomique de Copernic, qui allia concrètement les mathématiques à la description des phénomènes physiques. À partir de ce moment, les progrès en mathématiques et ceux que connaîtra la physique vont marcher de pair. Johannes Kepler, astronome allemand qui vécut de 1571 à 1630, reconnaîtra lui aussi que l'harmonie mathématique peut être décelée dans les choses par la nouvelle science. Sur la base d'observations empiriques, il proposera une description exacte et cohérente du mouvement elliptique des corps célestes.

C'est Isaac Newton, mathématicien, physicien et astronome anglais qui vécut de 1642 à 1727, inventeur entre autres du calcul différentiel et de la théorie de la gravitation, qui poussa à son accomplissement le polissage de la démarche scientifique, en réalisant le mariage de la méthode inductive et expérimentale promue par Francis Bacon et la méthode mathématique et déductive soutenue par Descartes. On croyait peut-être avoir trouvé cette fameuse pierre philosophale que recherchaient les alchimistes et qui devait permettre de transformer les métaux en or. La pierre philosophale est cependant ici la méthode scientifique qui donne accès à cette chose plus précieuse encore que l'or: la vérité.

> *« L'esprit scientifique, puissamment armé en sa méthode, n'existe pas sans la religiosité cosmique. »*
> ALBERT EINSTEIN

La vision mécaniste de l'univers

L'application rigoureuse de cette méthode à la fois empirique et rationnelle a conduit à une façon de voir le monde qu'on appelle «la vision mécaniste». Dans cette vision, l'univers est un énorme système mécanique fonctionnant selon des lois mathématiques exactes et immuables. Ici, ce sont les parties qui, assemblées, forment le tout. L'espace et le temps, conçus comme absolus, y sont d'ailleurs séparés.

Ce monde-machine*, gouverné par des lois rigoureuses et universelles que l'homme peut découvrir par la méthode scientifique, est littéralement déterministe: en lui, la spontanéité et l'imprévisibilité n'existent pas. Tout a une cause définie et tout effet est déterminé. La chaîne des causes et des effets laisse donc peu de place au hasard. Une fois posées les conditions d'apparition d'un phénomène, celui-ci ne peut pas ne pas se produire.

En outre, cette vision mécaniste porte en elle un indéniable dualisme, dont Descartes demeure le représentant le plus représentatif. Lorsque les végétaux, les animaux et même les corps humains sont conçus comme des machines inertes, on est en présence de l'affirmation d'une profonde dualité existant entre la matière et l'esprit, puis entre l'homme et la nature. On s'éloigne ici de plus en plus du monde vivant et animé de la pensée aristotélicienne et de la conception antique de l'univers comme un tout organique, pensée et conception généralement endossées par la philosophie et la science médiévales.

«L'homme qui concrétisa le rêve cartésien et paracheva la révolution scientifique s'appelait Isaac Newton. Il est né en

61

Angleterre en 1642, l'année où mourut Galilée. Newton développa une formulation mathématique complète de la vision mécanique de la nature et accomplit ainsi une grande synthèse des œuvres de Copernic, Kepler, Bacon, Galilée et Descartes.»

FRITJOF CAPRA, *Le temps du changement*

«Le livre de la nature est écrit dans un langage mathématique.»

GALILÉE, *L'essayeur*

Déisme et théisme

Pour ces grands innovateurs scientifiques du XVIIe siècle, Dieu demeure à l'horizon de leur univers mécanisé et déterministe. Mais tantôt il s'agit plutôt d'un Dieu transcendant, Être suprême qui a créé l'univers, lui a donné ses lois et regarde de haut les événements qui s'y déroulent sans vraiment y prendre part : on caractérise cette vision de Dieu comme une forme de «déisme*» indépendant de toute religion révélée. Tantôt, cet Être absolu, ce Dieu créateur de l'univers, prend une part plus active aux événements cosmiques et humains à titre de providence du monde et même, pour certains, comme l'affirmera plus tard le philosophe Emmanuel Kant par exemple, il se manifeste également comme le justicier d'une vie future : cette vision de Dieu est davantage caractérisée comme une forme de «théisme*», mais indépendant lui aussi des croyances, dogmes et rites d'une religion révélée.

Ainsi, pour Francis Bacon, la coïncidence qui existe entre le déploiement des causes efficientes dans la nature et le sens des causes finales s'explique par l'action d'une Intelligence ordonnatrice suprême. En somme, l'unité et l'ordre du monde viennent de ce Dieu transcendant. Bacon reconnaît également que, par la considération des œuvres cosmiques, on en arrive à établir l'existence de Dieu et à découvrir ses attributs.

«Si je considère combien de choses merveilleuses les hommes ont comprises, explorées et réalisées, je ne reconnais et ne comprends que trop clairement que l'esprit humain est une œuvre de Dieu et l'une de ses créations les plus distinguées.»

GALILÉE, *Dialogue sur les deux grands systèmes du monde*

Pour Kepler, aussi savant que mystique, cet univers bien ordonné est gouverné par un Dieu transcendant à la fois mathématicien et géomètre. L'harmonie mathématique et géométrique est en effet décelable dans les choses. Il en va à peu près de même pour Galilée, qui pense que le Dieu créateur a doté le monde de sa nécessité et de son ordre mathématique, et pour Descartes, qui affirme que les lois mathématiques et mécaniques de la nature sont des vérités métaphysiques d'origine divine.

Pour Newton, enfin, ce monde-machine parfait a reçu son impulsion initiale d'un Dieu créateur externe et transcendant, d'un Dieu monarque qui le gouverne de haut et d'un Seigneur qui lui impose ses lois. Ainsi, la force de gravité, tout comme les lois fondamentales du mouvement, ont été créées par Dieu et sont soumises à la volonté de ce grand Architecte suprêmement intelligent.

> « Il me semble probable que Dieu, au commencement, a formé la matière à l'aide de particules solides, massives, dures, impénétrables, mobiles, dotées de formes et de tailles et d'autres propriétés, et dans un rapport tel à l'espace qu'elles réalisent le mieux le dessein en vue duquel il les a formées [...] aucun pouvoir ordinaire n'étant capable de diviser ce que Dieu lui-même a fait unique dans la création initiale. »

> ISAAC NEWTON, *Optique*

> « Nombreux sont ceux, même parmi les croyants, qui en sont venus à rejeter comme manifestement mythique l'image anthropomorphique du Dieu biblique et, néanmoins, se disent déistes. Pour eux, le concept de Dieu est assimilé à celui de Créateur, de grand Architecte, d'Horloger divin. Les images varient, mais le contenu est le même : un Être suprême qui a créé le monde et existe en dehors de lui. »

> CHRISTIAN DE DUVE, *À l'écoute du vivant*

La transcendance de Dieu

On peut voir ici la différence de teinte de ce qu'on peut appeler « la théologie naturelle » de ces philosophes et savants, et il en va de même du sentiment religieux cosmique qui s'y rattache. La théologie naturelle veut, en quelque sorte, inférer Dieu à partir d'un profond regard de la raison humaine jeté sur le cosmos. Elle croit qu'on peut lire Dieu dans le grand livre de la nature; qu'on peut le connaître grâce à la lumière qui existe dans la raison. En somme, elle reconnaît une révélation cosmique. Mais, dans cette entreprise de lecture théologique du cosmos, chaque penseur développe sa propre vision du Divin, non sans être influencé par la représentation du monde qui flotte alors dans l'air du temps.

Dans le panthéisme de Spinoza, par exemple, l'accent était placé sur l'immanence de Dieu et l'univers était envisagé bien davantage comme une totalité organique. Dieu était proche de ce monde; il en était la substance même et, de ce fait, il n'était pas si éloigné de l'antique conception, plutôt féminine et d'allure panthéiste, qui affirmait qu'il était «l'Âme du monde». Avec le théisme de Newton, par ailleurs, l'accent est nettement mis sur la transcendance de Dieu, par rapport à un univers devenu une machine. Dieu est au-dessus de ce monde et il en est le Seigneur tout-puissant; ce qui le rattache à une vision plutôt masculine du divin.

> «Cet Être infini gouverne tout, non comme l'âme du monde, mais comme le Seigneur de toutes choses. Et à cause de cet empire, le Seigneur Dieu s'appelle le "Pantocrator", c'est-à-dire le Seigneur universel. Car on doit entendre par divinité la puissance suprême, non pas seulement sur des êtres matériels, comme le pensent ceux qui font de Dieu uniquement l'âme du monde, mais sur des êtres pensants qui lui sont soumis. »
>
> ISAAC NEWTON, *Principes mathématiques de philosophie naturelle*

* * *

Quoi qu'il en soit, que l'univers soit vu tantôt comme «un organisme», tantôt comme «une machine», ces savants et ces philosophes ont perçu en lui la lumière d'une création divine. Bien qu'Einstein ait explicitement affirmé que son Dieu ressemblait à celui de Spinoza et qu'il se soit reconnu dans son panthéisme rationnel, ne peut-on pas penser qu'il a aussi retenu quelque aspect de ce Dieu transcendant que Newton appelait le «Seigneur de la création»?

La chose est en tout cas très claire en ce qui concerne les penseurs du XVIIIe siècle : la représentation de l'univers-machine de la science du XVIIe siècle sera recueillie comme un héritage et le déisme ou le théisme qui s'y rattache sera au cœur de la théologie naturelle des Lumières. Qui plus est, cette vision sera même le ferment de la conception scientifique du monde qui se développera jusqu'au début du XXe siècle.

Chapitre 7

Les Lumières : l'apologie de la raison

Le XVIIIe siècle est aujourd'hui appelé et s'est reconnu lui-même « le Siècle des lumières ». Les Lumières* sont un vaste mouvement culturel qui a traversé l'Europe entière et qui touche à la politique, l'économique, l'art, la littérature, la philosophie et la religion.

Certes, ce mouvement hérite des avancées de la Renaissance et de la Réforme réalisées au XVIe siècle, d'une part, et de l'incroyable essor des sciences amorcé tout spécialement au XVIIe siècle, d'autre part. Mais on peut affirmer qu'il constitue le véritable tremplin de la modernité. Ce qui nous importe ici est d'évoquer ce qu'on peut nommer « l'âme des Lumières », son esprit et, pour ainsi dire, les grandes idées qui l'expriment comme autant de trouées lumineuses.

La raison autonome

La première de ces idées, celle qui en quelque sorte fonde toutes les autres, est l'idée même de « la raison autonome » de chaque individu. On aura compris que l'entreprise des Lumières, si on la considère par son côté négatif, contient une révolte explicite contre toute forme d'hétéronomie ou de tutelle concernant la personne, qu'il s'agisse de celle de l'Église, du pouvoir politique ou de toute autorité institutionnelle. Par son côté positif, la pensée des Lumières affirme le principe de l'usage autonome de la raison individuelle, voire la prise en main de son destin par l'Humanité en son ensemble.

> «Ce qui, à chaque époque, marque le véritable terme des Lumières n'est pas la raison particulière de tel homme de génie, mais la raison commune des hommes éclairés.»

> CONDORCET, *Cinq mémoires sur l'instruction publique*

> «Le bon citoyen, écrit Rousseau, est celui qui sait agir selon les maximes de son propre jugement. [...] À la fin du siècle, Kant confirmera que le principe premier des Lumières réside dans cette adhésion à l'autonomie. Aie le courage de te servir de ton propre entendement! Voilà la devise des Lumières. La maxime de penser par soi-même est les Lumières.»

> TZVETAN TODOROV, *L'esprit des Lumières*

S'il y a une foi inébranlable qui habite les Lumières, c'est bien la foi en la raison humaine, qui fonde l'autonomie tout autant de la connaissance et de la morale que du religieux et du politique. Et s'il y a un courage à l'origine des Lumières, c'est bien le courage de penser par soi-même, comme l'a cristallisé le philosophe Emmanuel Kant dans sa formule : *sapere aude*, c'est-à-dire «ose penser par toi-même».

> «Plus vous trouverez de raison dans un homme, plus vous trouverez en lui de probité. Au contraire, où règnent le fanatisme et la superstition, règnent les passions et l'emportement. Le tempérament du philosophe, c'est d'agir par esprit d'ordre ou par raison. [...] La Nature est plus forte que les chimères, il semble qu'elle soit jalouse de ses droits, elle se retire souvent des chaînes où l'aveugle superstition veut follement la tenir. Le seul philosophe, qui sait en jouir, la règle par la raison.»

> *Encyclopédie ou Dictionnaire raisonné des sciences,*
> *des arts et des métiers*

«Retenons trois idées de Kant. La première : les Lumières sont une audace de la pensée, *sapere aude*, ose penser par toi-même. [...] Deuxième idée de Kant : la pensée critique ne débouche pas sur un corps de doctrine universel. Troisième idée : le travail pour éclairer l'humanité est toujours à recommencer. »

DANIEL ROCHE, *Une révolution totale*

L'universalité et la fraternité

Fait également partie de l'âme des Lumières cette idée « de l'universalité et de la fraternité humaine ». Tous les êtres humains partagent une même dignité, par-delà leurs différences. Tous sont liés par cette corde d'humanité qui les attache par ce qu'il y a de plus profond en leur être. Ce que les hommes ont en commun est plus profond et plus essentiel que ce qui les différencie. Aucun être humain ne devrait être traité comme un simple moyen, mais toujours en même temps comme une fin, selon la formule du philosophe Kant.

C'est l'Humanité tout entière qui peut être éclairée par les lumières de la raison et qui peut être éduquée. C'est l'Humanité tout entière qui est sujet de droits et qui est apte à participer au contrat social. Du seul fait d'être un homme, chacun possède le droit naturel à l'usage de sa liberté. Ici s'enracine l'idée même de démocratie qui tracera son chemin au cours des siècles à venir.

«Nous ferons voir que par un choix heureux, et des connaissances elles-mêmes, et des méthodes de les enseigner, on peut instruire la masse entière d'un peuple de tout ce que chaque homme a besoin de savoir... »

CONDORCET, *Esquisse d'un tableau historique
des progrès de l'esprit humain*

La tolérance

L'idée de « tolérance » anime aussi la philosophie des Lumières. Fondée autant sur l'universelle dignité humaine surmontant les différences entre les hommes que sur l'usage de la raison dominant la véhémence des passions, la tolérance est d'abord le refus de tout fanatisme, de tout sectarisme et de tout zèle aveugle.

Sur le plan individuel, la tolérance s'oppose à toute forme de persécution idéologique, elle affirme la liberté de conscience et elle vise le respect des libertés d'expression en matière de morale, de religion et de politique. Entre les peuples, elle cherche à éviter les conflits et les guerres, puis à établir ce que Kant appellera «un projet de paix perpétuelle».

> «La seule paix perpétuelle qui puisse être établie chez les hommes est la tolérance.»
>
> VOLTAIRE, *De la paix perpétuelle, par le docteur Goodheart*

Le progrès

L'idée de «progrès» imprègne également la pensée du Siècle des lumières, le parcourant à la manière d'une véritable flèche lumineuse qui, elle aussi, traversera les siècles. Avec l'optimisme rationaliste de l'époque, certains concevront ce progrès de façon plutôt mécanique et linéaire, croyant parfois que le progrès dans la connaissance rationnelle constitue une sorte de garantie du progrès moral et religieux. Jean-Jacques Rousseau sera le plus circonspect à cet égard. Il insistera davantage sur l'idée de perfectibilité, c'est-à-dire sur cette capacité qu'a l'être humain de choisir de se rendre meilleur et d'améliorer le monde.

«L'activité morale implique l'éducation des pulsions profondes et la religion se trouve ainsi purifiée de ses superstitions.»

ALBERT EINSTEIN

Aucun progrès moral et humain n'est donc acquis une fois pour toutes dans l'Humanité. Il est une avancée qu'il faut sans cesse reconquérir du fond même de la liberté humaine: ainsi en est-il, d'ailleurs, de l'ensemble des idées qui constituent l'âme des Lumières. La grande éclaircie qui s'est manifestée est toujours menacée par l'obscurité des superstitions, des fanatismes et des passions destructrices. Elle est elle-même une irradiation ou un éclairement sur lequel il importe de veiller, de génération en génération.

Voilà pourquoi l'éducation de tout être humain est également tellement importante pour plusieurs penseurs des Lumières: Condorcet, par exemple, souhaitera qu'on donne à tous une instruction suffisante qui l'aide à devenir libre et indépendant.

« Pour Jean-Jacques Rousseau, le trait distinctif de l'espèce humaine n'est pas la marche vers le progrès, mais la seule perfectibilité, c'est-à-dire une capacité de se rendre meilleur, comme d'améliorer le monde, mais dont les effets ne sont ni garantis ni irréversibles. Cette qualité justifie tous les efforts, elle n'assure aucun succès. »

TZVETAN TODOROV, *L'esprit des Lumières*

« La raison nous enseigne les lois de la nature. [...] Parce que nous connaissons par la raison ce que veut la loi de la nature, un homme raisonnable n'a pas à s'inquiéter d'une autre loi, mais du fait de la raison, il est soi-même sa propre loi. [...] Puisque la nature nous fait obligation de faire ce qui nous rend nous-mêmes et notre état plus parfaits, et d'éviter ce qui nous rend nous-mêmes et notre état plus imparfaits, la règle suivante — Fais ce qui te rend toi-même et ton état plus parfait et évite ce qui te rend toi-même et ton état plus imparfaits — est une loi de la nature. »

WOLFF, *Morale allemande*

La laïcité

L'idée d'autonomie et d'émancipation porte en elle cette autre idée de la « laïcité ». Il y va ici de l'autonomie tant de la société que des Églises. En général, les penseurs des Lumières s'opposeront donc autant à la théocratie — domination de l'Église sur l'État et la société — qu'au césaro-papisme — domination de l'État sur l'institution religieuse. La plupart d'entre eux seront favorables à une sorte de neutralité de l'État et ils prôneront donc, en conséquence, la séparation du pouvoir spirituel et du pouvoir temporel, permettant à chacun de disposer de l'autonomie dont il a besoin dans son domaine propre.

*   *   *

« L'Assemblée nationale reconnaît et déclare, en présence et sous les auspices de l'Être suprême, les droits suivants de l'homme et du citoyen : I. Les hommes naissent et demeurent libres et égaux en droits ; les distinctions sociales ne peuvent être fondées que sur l'utilité commune. [...] IV. La liberté consiste à pouvoir faire tout ce qui ne nuit pas à autrui. [...] VI. La loi est l'expression de la volonté générale. [...] XI. La libre communication des pensées et des opinions est un des droits les plus précieux de l'homme [...]. »

Déclaration des droits de l'homme et du citoyen, 1791

« Les Lumières sont à l'origine de l'Europe telle que nous la connaissons aujourd'hui. On peut même affirmer sans exagérer : sans Europe, pas de Lumières et sans Lumières, pas d'Europe. »

TZVETAN TODOROV, *L'esprit des Lumières*

« Nous considérons comme absolues ces vérités : que les hommes sont créés égaux, qu'ils sont investis par leur Créateur de certains droits inaliénables parmi lesquels figurent la vie, la liberté et l'aspiration au bonheur. »

JEFFERSON, *Déclaration d'Indépendance*, 1776

Chapitre 8

Les Lumières : religion naturelle et déisme

On pourrait croire que les penseurs des Lumières étaient des athées, plusieurs d'entre eux rejetant explicitement la religion historique et institutionnelle*. Pourtant, la plupart ne se sont pas définis comme athées.

Ils ont plutôt professé une religion naturelle enracinée dans la raison et soutenu une théologie à la fois naturelle et rationnelle dont les deux piliers, pour ainsi dire, étaient l'ordre moral et l'ordre cosmique.

« Le grand courant des Lumières se réclame non de l'athéisme, mais de la religion naturelle du déisme, ou d'une de ses nombreuses variantes. »

TZVETAN TODOROV, *L'esprit des Lumières*

Le pilier moral de la théologie naturelle

En ce qui concerne le pilier moral de cette théologie naturelle*, on se souviendra de l'appel de Jean-Jacques Rousseau à s'en remettre à l'infaillibilité de la conscience: «Conscience! Conscience! Instinct divin, immortelle et céleste voix!... Rentrons en nous-mêmes!»

Contrairement à la façon de voir traditionnelle, c'est ici la morale qui fonde la religion ou la vertu qui mène à la foi. Il existe donc une sorte de nécessité morale antérieure à la religion et c'est cette exigence éthique qui, pour ainsi dire, institue la religion naturelle.

Pour les penseurs des Lumières, l'ordre moral dont il est question trouve son origine dans l'usage de la raison autonome. C'est Dieu lui-même qui a donné à l'être humain la raison comme principe de vertu et cette vertu est, avant tout dogme, tout rite ou toute révélation, ce qui apparaît comme la religion morale souhaitable pour l'humanité et même comme l'essence de toute religion authentique.

Cette religion morale est une religion naturelle, puisque la raison qui en est le principe permet à chacun de retrouver en lui-même les lois de la nature et de s'y conformer. Consulter en soi-même la lumière naturelle de la raison est donc au cœur de la religion et de la théologie des Lumières. Suivre sa raison et agir vertueusement constitue également le vrai culte à rendre à Dieu.

Par exemple, pour Montesquieu, dans quelque religion qu'on vive, l'observation des lois, l'amour des hommes et la piété envers les parents sont les premiers actes de religion. Le plus sûr moyen de plaire à Dieu est vraiment d'accomplir les devoirs qu'impose l'humanité en soi-même. Pour Voltaire, également, le culte authentique consiste à faire le bien et à voir en tout être humain une créature de Dieu qui demande respect et amour.

> « Le moyen le plus sûr pour parvenir à plaire à Dieu est sans doute d'observer les règles de la société et les devoirs de l'humanité. »
>
> Montesquieu, *Lettres persanes*

> « Voltaire lui-même écrira, dans son Dictionnaire philosophique, la morale vient de Dieu, comme la lumière. »
>
> Jean-Claude Guillebaud, *La trahison des Lumières*

> « Je vous dis qu'il faut regarder tous les hommes comme nos frères. Quoi ! Mon frère le Turc ? Mon frère le Chinois ? Le Juif ? Le Siamois ? Oui, sans doute ; ne sommes-nous pas tous enfants du même père, et créatures du même Dieu ? »
>
> Voltaire, *Traité sur la tolérance*

Le pilier cosmique de la théologie naturelle

Le second pilier de la religion et de la théologie naturelle des Lumières réside à la fois dans la contingence des êtres et dans l'ordre de la Nature. Si, en effet, existent des êtres contingents, c'est-à-dire des êtres conditionnés qui comme l'homme sont périssables et peuvent exister ou non, ils ont besoin d'une cause qui transcende le monde des causes naturelles. Cette cause est l'Être nécessaire qui existe par lui-même : Dieu, l'Être suprême par lequel justement toute chose existe. Ce chemin d'allure platonicienne vers l'existence de Dieu est recueilli, par les Lumières, de l'époque médiévale elle-même.

L'autre voie qui mène à Dieu, remontant elle aussi au Moyen Âge et de là jusqu'à la pensée grecque antique, est celle de l'ordre du monde. Cet ordre sensible est partout présent dans le monde et il peut être appréhendé par la raison humaine. Mais, à la différence de l'univers organique que se représentait le Moyen Âge, l'univers des Lumières est un monde-machine de type newtonien qui fonctionne selon une mécanique admirable et est agencé selon des lois mathématiques.

> *« Je vois la Raison se manifester dans la vie... »*
>
> ALBERT EINSTEIN

« Tout se fait mécaniquement dans la nature, c'est-à-dire selon des lois mathématiques fixes, prescrites par Dieu... »

> LEIBNIZ, *Lettre à Conring*

« Mais encore que l'existence de Dieu soit la vérité la plus aisée à découvrir par la raison, et que son évidence égale, si je ne me trompe, celle des démonstrations mathématiques, elle demande pourtant de l'attention. »

> JOHN LOCKE, *Essai philosophique concernant l'entendement humain*

« Le monde avec tout ce qu'il renferme est par destination un instrument de Dieu, par le moyen duquel il réalise ses desseins. Mais sa nature en fait une machine. [...] Par conséquent, celui qui explique toute chose dans le monde aussi clairement que l'on peut le faire pour des machines nous met sur la voie de la sagesse de Dieu. »

WOLFF, *Métaphysique allemande*

Un Dieu transcendant

Pour certains penseurs des Lumières, qu'on nomme déistes, Dieu est la cause lointaine du monde, le créateur d'un univers qu'il laisse fonctionner selon les lois qu'il lui a données. Pour les autres, qu'on appelle théistes, ce Dieu a créé l'univers et continue de le gouverner et de veiller sur lui comme une Providence bonne et sage. Ce déisme ou ce théisme naturaliste, adopté par les philosophes des Lumières tout comme il le fut par les savants du XVIIe siècle, refusant du même souffle de s'en remettre aux religions révélées, était déjà latent dans les œuvres des grands humanistes de la Renaissance.

* * *

Quoi qu'il en soit, tous ces philosophes voient en Dieu l'Artisan infiniment intelligent et habile qui a réalisé ce monde admirable ; le grand Architecte ayant tracé le plan de l'univers et en ayant dirigé l'exécution ; l'Horloger méticuleux ayant conçu et faisant fonctionner cette complexe horloge cosmique ; le Premier Moteur de ce monde-machine que l'homme arrive à comprendre tant bien que mal grâce à cet instrument extraordinaire qu'est sa raison.

Et la raison humaine, est-il nécessaire de le rappeler, est elle-même une véritable œuvre solaire, un instrument lumineux sublime, une flamme pure, don de ce Créateur généralement reconnu comme « puissant, sage et bon », selon l'expression de Jean-Jacques Rousseau.

« Les dogmes de la religion civile doivent être simples, en petit nombre, énoncés avec précision, sans explications ni commentaires. L'existence de la Divinité puissante, intelligente, bienfaisante, prévoyante et pourvoyante, la vie à venir, le bonheur des justes, le châtiment des méchants, la sainteté du contrat social et des lois : voilà les dogmes positifs. Quant aux dogmes négatifs, je les borne à un seul : c'est l'intolérance. »

JEAN-JACQUES ROUSSEAU, *Du contrat social*

« La raison, plus que tous nos autres dons, s'apparente à Dieu. C'est par là qu'elle s'élève au-dessus de tout ce qui existe sur terre. Elle est le plus noble et le plus magnifique des présents que Dieu nous a faits. La machine humaine, celle de toutes les œuvres du Créateur qui démontre le mieux la sagesse et l'art avec lesquels il a composé le monde, est équipée d'instruments remarquables et merveilleux, non seulement pour connaître la nature qui nous entoure, mais encore pour agir et pour réaliser des œuvres qui sont un objet d'émerveillement pour ceux-là mêmes qui les font... »

GENOVESI, *L'objet véritable des lettres et des sciences*

Chapitre 9

La religion dans les limites de la simple raison

Emmanuel Kant est, sans aucun doute, le plus grand philosophe du Siècle des lumières. Né en 1724 à Königsberg, en Allemagne, élevé dans une forme de protestantisme qu'on appelle le piétisme et qui est reconnue pour son insistance sur le perfectionnement moral, profondément influencé par Hume en ce qui a trait à la connaissance théorique et par Rousseau en ce qui touche la morale (il dira de Rousseau qu'il est le Newton de la morale), il passa sa vie entière dans l'enseignement universitaire, publia quelques œuvres majeures qui marquèrent son époque et influencèrent largement la suite de la pensée philosophique. Il mourut en 1804, à l'aube du siècle qui allait voir fleurir la pensée romantique.

Kant a développé, comme il disait, une religion dans les limites de la simple raison, qui se présentait également comme une religion naturelle*. Nous tenterons ici d'en tracer les contours.

Kant, l'homme des Lumières

Einstein admirait Kant, le reconnaissait comme un maître spirituel et moral et le plaçait aux côtés de Spinoza ou de Goethe et dans la mouvance du Christ lui-même. Il reconnaissait en lui une grande probité intellectuelle et disait souhaiter que les principes de sa haute moralité s'imposent dans la vie publique autant que dans la conscience de chaque individu. On peut penser que l'indéniable intérêt d'Einstein pour les grandes questions morales de son époque trouve chez Kant une part de son inspiration.

«Sans culture morale, aucune chance pour l'homme.»

ALBERT EINSTEIN

« J'espère que des relations saines se rétabliront en Allemagne et qu'à l'avenir des génies comme Kant ou Goethe n'offriront pas l'occasion rituelle d'une fête culturelle, mais que les principes essentiels de leur œuvre s'imposeront concrètement dans la vie publique et la conscience de tous. »

EINSTEIN, *Correspondance avec l'Académie des sciences de Prusse*

Kant est, par excellence, un homme des Lumières. C'est lui qui exprimera le mieux, dans une formule très succincte, l'essence de ce qu'elles représentaient pour le XVIIIe siècle : *sapere aude*, c'est-à-dire ose penser par toi-même, cherche à comprendre, utilise ta propre raison. C'est lui également qui affirmera avec force, dans la foulée de Rousseau, la foi profonde des Lumières en un progrès moral de l'Humanité, jamais acquis une fois pour toutes mais toujours possible, et c'est lui aussi qui formulera le grand projet de paix perpétuelle qui inspirera la création de la Société des nations au XXe siècle. Mais ce qui importe ici est de montrer en quoi réside sa morale et comment elle en arrive à fonder une religion naturelle.

« Qu'est-ce que les Lumières ? La sortie de l'homme de sa minorité, dont il est lui-même responsable. Minorité, c'est-à-dire incapacité de se servir de son entendement sans la direction d'autrui, minorité dont il est lui-même responsable, puisque la cause en réside non dans un défaut de l'entendement, mais dans un manque de décision et de courage de s'en servir sans la direction d'autrui. *Sapere aude !* Aie le courage de te servir de ton propre entendement. Voilà la devise des Lumières. »

KANT, *Réponse à la question :*
« Qu'est-ce que les Lumières ? »

Une morale qui sourd de la raison autonome

Fidèle en cela à l'esprit des Lumières, Kant fonde sa morale sur la raison elle-même. Chaque être humain possède en lui cette raison, qu'il appelle « la raison pratique », qui se présente comme une législatrice morale. La raison de chacun est productrice de lois morales universelles, c'est-à-dire de règles de conduite qui valent pour tout être raisonnable doué de volonté libre. Comme l'affirmait déjà Luther, l'homme est seul avec sa conscience, elle qui pourtant établit une légalité morale qui concerne tout le monde.

La règle morale se manifeste dans la raison de chacun comme un impératif catégorique qui prescrit ce qui doit être non seulement pour lui-même, mais pour tous les êtres raisonnables. Cet impératif est une exigence absolue et universelle. L'action qu'il commande est donc objectivement nécessaire. Elle s'impose, du plus profond de la conscience, comme un devoir incontournable. Qui plus est, ce devoir concerne tous les hommes et vaut pour toute situation. C'est dire que chacun, par les maximes de ses actions, crée la moralité pour tous. Il doit par conséquent agir de telle sorte que son action puisse devenir une règle universelle, autrement dit se donner une maxime dont il puisse faire du même coup une loi morale universelle.

> « Deux choses remplissent l'esprit d'une admiration et d'une vénération toujours nouvelles et croissantes, à mesure que la réflexion s'y attache et s'y applique : le ciel étoilé au-dessus de moi et la loi morale en moi. [...] Le premier spectacle anéantit mon importance, en tant que je suis une créature animale qui doit rendre la matière dont elle est formée à la planète. [...] Le second, au contraire, élève infiniment ma valeur, comme celle d'une intelligence, par ma personnalité dans laquelle la loi morale me manifeste une vie indépendante de l'animalité... »

KANT, *Critique de la raison pratique*

En ceci réside l'autonomie de la conscience et de la volonté raisonnables : elles sont législatrices ; elles sont les auteurs de la loi à laquelle elles doivent obéir. En ce pouvoir de se déterminer et en cette faculté de la volonté raisonnable de se donner sa propre loi résident la liberté et la dignité humaine. La bonne volonté est celle qui choisit de faire ce qu'elle doit faire ; celle qui manifeste l'intention de se soumettre au devoir qui s'impose de l'intérieur ; celle qui accomplit son devoir par devoir, de façon désintéressée, simplement parce que la raison l'exige.

Dans ce contexte, le mal est le fruit d'un renversement de l'ordre des motifs : on n'agit plus alors par respect de l'ordre moral qu'exige la raison, mais par intérêt ou pour satisfaire un désir ; on n'agit plus par devoir, mais par passion. Et ce mal est radical puisqu'il corrompt le fondement même de la moralité : la bonne volonté, c'est-à-dire l'intention de respecter les lois universelles que promulgue la raison autonome.

> « Agis uniquement d'après la maxime qui fait que tu peux vouloir en même temps qu'elle soit une loi universelle. [...] L'autonomie de la volonté est cette propriété que possède la volonté d'être à elle-même sa loi. Le principe de l'autonomie est donc : choisir toujours de telle manière que les maximes de notre choix constituent des lois universelles, dans notre vouloir. »
>
> KANT, *Fondement de la métaphysique des mœurs*

Une religion morale et naturelle

Pour Kant, contrairement à la pensée traditionnelle, c'est la morale qui fonde la religion. Dans cette façon de voir qu'il qualifie lui-même comme étant sa « théologie philosophique », c'est-à-dire une théologie dans les limites de la simple raison, la morale mène tout droit à la religion. Mieux : la religion réside dans la morale que dicte la raison autonome. C'est une religion de la bonne volonté et de la bonne conduite.

Plus précisément, cette religion naturelle consiste, d'abord et avant tout, à reconnaître comme commandement divin ce que la raison affirme être un devoir. On peut donc dire que la loi morale, inscrite au cœur de la raison humaine, se révèle comme étant la volonté même du Législateur divin. L'impératif moral, qui jaillit du plus profond de la conscience, devient ainsi l'enseignement le plus sacré de la raison. Lui obéir exprime la foi pure, la foi rationnelle, la foi morale, la seule en définitive qui puisse plaire à Dieu. Là s'exprime la piété telle que Dieu la souhaite.

> « La morale conduit immanquablement à la religion, s'élargissant ainsi jusqu'à l'idée d'un législateur moral tout-puissant, extérieur à l'homme, en la volonté duquel est la fin dernière de la création du monde, ce qui peut et doit être également la fin dernière de l'homme. »
>
> KANT, *La religion dans les limites de la simple raison*

Le culte véritable réclamé par Dieu passe donc par l'intention d'accomplir ses devoirs comme commandements divins. La loi morale objective est sainte et elle appelle la sainteté subjective des maximes qui fondent l'action de chacun. Elle invite l'homme au vrai culte en esprit et en vérité, le culte du respect de l'Humanité sainte qui est en lui et le culte de la bonne conduite soumise aux impératifs de sa raison.

En somme, chacun est convié à s'élever jusqu'à ce palier, que Kant appelle « l'archétype de l'intention morale » : accomplir l'ensemble de ses devoirs humains comme un authentique service divin ; répondre, par son action, au Dieu qui se révèle, non d'abord comme Présence universelle dans le monde comme chez Spinoza, mais plutôt comme Exigence éthique au plus profond de soi-même. Cet archétype est présent au cœur même de la raison de chacun, mais le Christ en est certes l'exemple le plus pur et le plus parfait.

> « Toute religion consiste à considérer Dieu par rapport à tous nos devoirs comme le législateur qu'il faut honorer. [...] Chacun peut par lui-même, grâce à sa raison propre, reconnaître la volonté de Dieu sur laquelle se fonde sa religion. [...] L'accomplissement de tous nos devoirs humains en tant que commandements de Dieu constitue l'essentiel de toute religion. [...] La religion naturelle est la connaissance de tous nos devoirs comme commandements divins. »
>
> KANT, *La religion dans les limites de la simple raison*

« Une religion morale, qu'il ne faut pas mettre dans des dogmes et des observances, réside dans l'intention sincère de remplir tous les devoirs de l'homme comme des commandements divins. »

KANT, *La religion dans les limites de la simple raison*

Par ailleurs, s'il y a une Église qui doit être reconnue comme universelle, c'est bien celle de tous ces hommes de bonne volonté, qui acceptent de vivre sous le règne du bon principe. Ils forment ensemble l'Église invisible, la société établie sur les vertus de justice et de respect de la dignité humaine qu'exige la raison. Ils sont le peuple de Dieu régi par ces lois éthiques rationnelles qui sont des lois divines, puisque le Dieu créateur de l'univers est aussi le Dieu législateur qui parle par la raison humaine. Cette Cité éthique universelle est, à vrai dire, le véritable Royaume de Dieu sur terre, fondé sur la pure foi rationnelle par-delà toute croyance historique. Dieu ne s'adresse-t-il pas aux hommes par le seul ministère qui s'institue en juge de tous les autres, le ministère de leur raison morale, cette véritable lance lumineuse qui fend la nuit humaine ?

La religion naturelle et rationnelle considère les lois de la raison comme des commandements de l'Être suprême, créateur et législateur, de qui on peut espérer l'accomplissement du souverain bien. En quoi ce souverain bien consiste-t-il pour chacun ? En l'union de la vertu et du bonheur, répond Kant. L'Être suprême que postule la raison — cet Être puissant, juste et bon — peut réaliser l'harmonie d'une volonté sainte conforme à la loi morale et d'un désir de bonheur pleinement satisfait. Bien sûr, un tel accord postule à son tour l'immortalité d'une âme qui peut poursuivre son progrès moral à l'infini.

« Parce que la puissance de l'homme ne suffit pas pour réaliser dans le monde l'harmonie de la félicité avec le mérite d'être heureux (ce qui est le souverain bien), il faut admettre un Être moral tout-puissant comme Maître du monde, par les soins duquel cela s'accomplira, c'est-à-dire que la morale conduit infailliblement à la religion. »

KANT, *La religion dans les limites de la simple raison*

* * *

Telle est donc la religion naturelle telle que la conçoit Kant. C'est une religion de la raison, et plus particulièrement de la raison morale, qui se situe en droite ligne de l'héritage des Lumières. C'est aussi une religion qui prend racine dans l'autonomie, au plus profond de l'intention humaine, s'opposant ainsi à toute forme de religion hétéronome et extérieure. Kant reconnaît que la religion chrétienne, une fois dépouillée de ses aspects hétéronomes et autoritaires, se rapproche de cette religion morale, rationnelle et naturelle. Le Christ n'a-t-il pas dit : «Le Royaume de Dieu est en vous» ?

Kant, philosophe d'une intériorité absolue refusant quelque forme d'extériorité, mourut en 1804. Sur sa tombe à Königsberg est gravée cette célèbre réflexion, que nous avons évoquée plus haut : «Deux choses ne cessent de remplir mon cœur d'admiration et de respect plus ma pensée s'y attache et s'y applique : le ciel étoilé au-dessus de ma tête et la loi morale en moi.»

Ne retrouve-t-on pas déjà ici «la pensée et le cœur» d'Einstein, aussi admiratifs devant les lois de l'univers que respectueux de l'universelle loi morale ?

Chapitre 10

Le romantisme : le réenchantement de la nature

Dès la fin du XVIIIᵉ siècle et jusqu'au milieu du XIXᵉ siècle se développe, en réaction au rationalisme des Lumières, un courant culturel né en Allemagne mais qui envahit rapidement plusieurs pays européens et s'étend même à l'Amérique : le romantisme*. L'accent y est mis sur le sentiment, l'imagination et l'expérience sensible plutôt que sur la raison. Son influence se fait sentir autant en littérature et en art qu'en philosophie et en science.

Ce courant culturel crée d'ailleurs une atmosphère qui favorise une collaboration d'ordre intellectuel autant que spirituel, philosophes et poètes contribuant par leurs intuitions au progrès des sciences de la nature et celles-ci nourrissant à leur tour la pensée cosmique et mystique des philosophes et des poètes.

L'Orient mythique

Le romantisme n'est assurément pas sans traits communs avec la Renaissance qui accordait une place centrale à l'art et à la littérature, et avec la pensée de Jean-Jacques Rousseau prônant un retour de l'Humanité à la pure Nature. Il se nourrit également de la mystique orientale, notamment de la tradition hindoue en laquelle il reconnaît l'affirmation de l'autre moitié de l'esprit humain.

Cette représentation mythique et rêvée de l'Orient indien a profondément influencé les poètes et les philosophes romantiques. La poésie de l'Inde aux racines millénaires, son mysticisme, sa vision hautement spiritualiste, son inspiration panthéiste font croire à plusieurs que l'âge d'or de l'Humanité ou le point polaire de l'Histoire, et donc le véritable progrès humain, se situe quelque part en arrière dans le temps, au cœur de cet Orient originel.

> « Berceau de l'humanité, patrie des sages nus, monde témoin de la pureté des origines, antique d'aujourd'hui et de toujours, l'Inde répond au rêve romantique d'un âge d'or de l'humanité perpétué jusqu'à nos jours dans une civilisation radicalement différente de la nôtre : sauvage primitive et pure de tout matérialisme. C'est pourquoi, en 1800, Friedrich Schlegel peut affirmer : c'est en Orient que nous devons chercher le romantisme suprême. »
>
> Frédéric Lenoir, *La rencontre du bouddhisme et de l'Occident*

La Nature ou le Grand Vivant

Pour ses grands poètes et penseurs, tels Goethe, Novalis ou Friedrich Schlegel, tout autant que pour son principal représentant philosophique, Schelling, la Nature est bien loin de cet univers mécaniste et désenchanté que les Lumières avaient recueilli de la science du XVIIe siècle. La Nature est elle-même plutôt comme un poète laissant s'exprimer son imagination créatrice à travers la multiplicité et la variété des formes. Elle est également un tout organique, une sorte de Grand Vivant, en lequel se dévoile quelque chose de l'indicible, voire du mystère même de l'Être divin.

Pour le romantisme, le cosmos possède une profondeur inaccessible, mais dont on peut s'approcher tout spécialement par l'entremise d'une poésie philosophique ou d'une philosophie poétique. Le romantisme articule, de fait, sa vision scientifique et philosophique de la

« Pour moi, le rôle le plus important de l'art et de la science consiste à éveiller et à maintenir éveillé le sentiment religieux cosmique en ceux qui lui sont réceptifs. »
Albert Einstein

Nature avec sa quête spirituelle. On retrouve ici une religiosité et une Divinité différentes de celles des Lumières et, en réalité, beaucoup plus près de celles de Giordano Bruno ou de Baruch Spinoza.

> « Le romantisme va opérer, à l'aide de la *Naturphilosophie*, la réhabilitation d'une conception de la Nature qui doit largement aux théosophes, alchimistes et astrologues des siècles antérieurs. Vivante, la Nature n'est pas assimilable au monde matériel, au monde sensible, au monde objectivable par la rationalité. Elle est en réalité l'Âme du monde (l'*Anima mundi* des Anciens). L'Âme du monde est le concept théologique qui permet aux romantiques de dépasser le dualisme cartésien entre objet et sujet, transcendance et immanence. »
>
> FRÉDÉRIC LENOIR, *Les métamorphoses de Dieu*

Schelling, le philosophe romantique

Friedrich Schelling, philosophe allemand né en 1775 et mort en 1854, est le penseur par excellence du romantisme. Sa philosophie de la nature, au cœur même de sa pensée, donne le ton : c'est une Nature pénétrée de part en part par l'Esprit. Elle est intelligente et artiste ; elle se présente comme un Tout habité par l'Un ; elle est traversée d'un mouvement incessant d'opposition et d'unité des contraires ; et l'Âme du monde, recelant un Dieu caché, est son essence lumineuse.

Une nature intelligente

D'abord, la Nature est intelligente ; son étoffe est spirituelle. Partout, on observe en elle la finalité ; partout, on constate en elle l'auto-organisation. La matière est douée d'une vie immanente qui se déploie selon des lois. Profondément, ces lois sont celles d'un Esprit intelligent qui habite la Nature comme étant son essence cachée. En elles, c'est donc l'Esprit qui émerge de son engourdissement au sein de la matière, pour se développer et se réaliser.

> « La Nature est l'Esprit visible ; l'Esprit, la Nature invisible. [...] La matière est de l'intelligence ensommeillée. »
>
> SCHELLING, *Idées pour une philosophie de la nature*

Une nature artiste

Cette Nature intelligente est également une artiste. Tout génie, et même toute activité artistique, trouve son enracinement et son modèle dans la Nature créatrice. Ainsi, la Nature se dévoile elle-même comme l'activité poétique de l'Esprit, aussi primitive que mystérieuse, et la philosophie possède cette tâche de la déchiffrer. Pour tout dire, l'univers se manifeste à la fois comme un artiste créateur et sage, et comme une véritable œuvre d'art.

Le Tout habité par l'Un

Pour Schelling, tout comme pour Goethe d'ailleurs, la Nature est un Grand Tout organique et dynamique. C'est le Tout qui fait exister chacune de ses parties et qui existe, à son tour, grâce aux actions réciproques entre les parties. Chaque partie ne peut se réaliser sans le Tout et le Tout s'accomplit lui-même par chacune de ses parties.

De même que chaque partie apparaît comme une création, un microcosme et un reflet du Tout, de même le Tout n'est devenu tel qu'à partir de l'Un qui lui a donné son existence, qui est présent en lui et qui l'attire de l'intérieur. «*Hen kai Pan*», disaient les anciens Grecs. Autrement dit: l'Un est dans le Tout; le Tout est dans l'Un.

Le mouvement des contraires

Autre dimension de la pensée romantique de Schelling: ce Grand Tout est animé d'un mouvement incessant d'opposition des contraires. Sans cette lutte, il n'y aurait pas de vie en lui. Mais, par-delà l'éternelle opposition existe, inséparable, l'éternelle unité. Ce qui veut s'élever en hauteur doit commencer par se retirer vers ses racines. Toute expansion est liée à une contraction et toute contraction, à une expansion.

En ce mouvement d'alternance ou de systole et de diastole s'exprime la force originelle de la vie du Grand Tout. La négation attend son affirmation, les ténèbres désirent la lumière, le repliement appelle le dépliement, la rentrée en soi prépare le don de soi. Toujours l'opposition des contraires; et toujours l'unité des contraires. Car il n'y a qu'un seul et incessant mouvement, qu'une seule et éternelle pulsation. Et c'est le battement du cœur de Dieu lui-même se reflétant dans l'univers; c'est la pulsation de l'Un qui, émergeant de ses propres ténèbres vers la lumière, a créé le Tout à son image. Ainsi, en son jeu d'alternance et d'union des contraires, la Nature livre-t-elle le secret de la vie divine.

> « Un mouvement alternant anime toute la Nature visible : éternelle contraction et éternelle expansion, flux et reflux éternels. Dans ses détails et en son ensemble, la Nature visible est une image de ce mouvement incessant de recul et de progression. [...] Ainsi, toute l'activité de la plante consiste à donner naissance à la graine, pour recommencer, à partir de celle-ci, son développement, sa progression jusqu'à la nouvelle production de la graine et ainsi de suite. [...] La vie est une alternance incessante de contraction et d'expansion, et l'unité des deux mouvements n'est pas autre chose que la première palpitation du cœur divin. »

SCHELLING, *Les âges du monde*

L'Âme du monde

Le Grand Tout, la Nature ou le Cosmos est habité en son centre même par une formidable puissance spirituelle que les philosophes de la lignée platonicienne, dont Nicolas de Cues au xve siècle et Giordano Bruno au xvie siècle, ont eux aussi appelé « l'Âme du monde ». C'est la flamme pure de l'Esprit qui anime l'univers ; c'est l'Âme créatrice universelle, immanente au Tout et à chacune de ses parties. C'est elle, le sage cosmique, qui organise et structure le Tout comme une œuvre harmonieuse. C'est elle, l'artiste cosmique, créatrice et intelligente, unifiant les contraires. C'est elle, l'essence lumineuse, essence de toutes les essences de la Nature, qui pousse le bourgeon à s'épanouir afin de se contempler en lui.

À vrai dire, l'Âme du monde est le visage cosmique de la Divinité qui reconnaît en la Nature sa propre nature éternelle. Elle est la Mère créatrice de la multiplicité des formes, ces microcosmes variés qui chantent, pourtant comme d'une seule voix, ce grand poème héroïque qu'est le cosmos. Elle est l'Âme du Tout, ce Souffle unique qui anime l'organisme cosmique, cette Conscience involuée dans l'espace pour y évoluer dans le temps.

En somme, si la Divinité est bien l'Âme immatérielle du monde, la Nature est bien son corps matériel. Ce monde déiforme ressemble véritablement à un prisme décomposant l'unique lumière divine en une infinité de couleurs et de formes...

« L'essence lumineuse, en laquelle se résout la totalité des choses [...] renvoie à l'antique conception de l'Âme du monde. [...] Toutes choses se trouvent unies dans l'essence lumineuse comme dans un centre intérieur. L'essence lumineuse fait participer les choses de l'éternité qui lui est immanente. [...]Le mouvement d'une chose n'est que l'expression du lien divin qui la rattache à d'autres choses, l'essence lumineuse faisant de cette chose un reflet du Tout. On reconnaît là l'action de l'Âme universelle qui imprègne le temps. »

SCHELLING, *L'Âme du monde*

* * *

Ne trouve-t-on pas ici, avec leur coloration romantique, quelques-uns des grands thèmes que développera la physique tout au cours du XXe siècle : par exemple, l'intelligence de la Nature, l'unité du Grand Tout cosmique, le caractère évolutif de l'univers et le mouvement par opposition et unité des contraires ?

Chapitre 11

L'élévation de l'esprit humain du fini à l'infini

Le philosophe allemand Hegel naît en 1770 et meurt en 1831, c'est-à-dire au moment même où le grand courant des Lumières cède la place au romantisme. Imprégné de la pensée de Kant et de celle de Schelling, il développera pourtant une pensée aussi magistrale qu'originale dont on dira qu'elle est un pur idéalisme objectif, un rationalisme intégral et une vision dialectique du monde comme marche et réalisation de l'Esprit divin à travers les résistances de la nature et les contradictions de l'esprit humain.

Ce qui nous intéresse ici plus particulièrement est sa compréhension de la religion et sa conception du Divin, toutes deux inséparables du cœur même de sa philosophie. Quels sont donc la religion naturelle et le Dieu cosmique de Hegel?

L'Esprit du monde

Pour Hegel, l'univers est une totalité organique en mouvement, en laquelle tous les phénomènes sont liés. Autant chaque partie n'existe que par le Tout, autant le Tout est immanent à chaque partie. Le mouvement de ce grand organisme vivant n'est autre que le dynamisme même de la Raison universelle ou de ce que Hegel nomme « l'Esprit du monde ». Cet Esprit du monde, envisagé par lui comme prisonnier dans la matière inerte et même dans les manifestations de la vie infrahumaine, trouve le véritable chemin de sa réalisation au sein de la conscience individuelle (l'esprit subjectif) et de l'histoire collective de l'homme (l'esprit objectif), tout comme à travers l'art, la religion et la philosophie qui en sont indéniablement les expressions les plus hautes (l'esprit absolu), puisqu'elles sont tournées vers le divin.

« La Nature n'est que le Dieu caché ne se manifestant pas encore comme Esprit. »

HEGEL, *Logique*

Tout le sens du travail de l'Esprit du monde est de rendre la nature elle-même et surtout l'histoire humaine les plus transparentes possible à la Raison. Tout être ou tout événement devrait donc en arriver à manifester cette présence et cette intériorité de l'Esprit universel, qui est son essence même ou sa profondeur. À la limite, aucune extériorité ne devrait exister par rapport à l'Esprit. En ce sens, l'Esprit devrait finir par « être chez lui partout en ce monde » et « que plus rien ne lui soit étranger », comme l'affirme Hegel. Ce serait le règne de l'intériorité et de la transparence universelles. Cela témoignerait de l'avènement de la rationalité et de la liberté, qui constituent le pur jaillissement de cet « Esprit du monde » dont le vrai nom est en réalité « l'Esprit divin ».

> « J'ai une foi profonde en l'intelligibilité de la Nature. »
>
> ALBERT EINSTEIN

Le dépassement des contradictions

Le développement de l'Esprit du monde comme de l'esprit humain se produit selon un incessant processus dialectique*. Ce mouvement infini réside dans l'apparition et le dépassement des contradictions. De fait, l'Esprit universel ou l'esprit individuel ne parvient à l'unité avec lui-même qu'en passant par la séparation ; il n'atteint la paix qu'en traversant le conflit. Son véritable mouvement se caractérise, selon Hegel, par cette triade bien connue maintenant : thèse, antithèse, synthèse. Il y a là un cercle, ou plutôt une spirale, qui marie à la fois une vision cyclique du mouvement affirmant le « retour éternel du même » et une vision progressiste du devenir menant au dépassement dans une nouveauté.

C'est donc dire également qu'il n'y a pas d'esprit qui s'affirme sans surmonter sa propre contradiction et que le déchirement est un moment essentiel et inévitable de son affirmation. Tout dépassement de soi (synthèse nouvelle) inclut donc un moment d'affirmation (thèse) et de négation (antithèse). La force d'un esprit consiste ainsi à s'affirmer soi-même et à se dépasser soi-même dans sa lutte contre ce qui tend à le nier. Et sa grandeur se mesure finalement à la force de l'opposition qu'il a dû surmonter pour retrouver son unité.

> « L'Absolu est Esprit, c'est là le concept le plus sublime, qui appartient à l'époque moderne et à sa religion. Seul le spirituel est réel. Il est l'essence profonde de l'univers... »
>
> HEGEL, *Philosophie de l'Esprit*

> « Le mouvement est la contradiction même. [...] Une chose n'est donc vivante que pour autant qu'elle renferme une contradiction et possède la force de l'embrasser et de la soutenir. »
>
> HEGEL, *La science de la logique*

L'élévation naturelle vers le Divin

Dans la religion, l'esprit humain tente justement de surmonter sa propre finitude en cherchant à s'unir à l'Infini qui le fonde, l'anime et l'attire. En fait, la religion, c'est l'infinité du désir et la conscience d'appartenir à l'Infini, désir et conscience qui permettent de surmonter la platitude d'une humanité enfermée dans sa finitude. Ceux qui croient assouvir ce désir infini dans des objets, des activités ou des plaisirs limités se trompent : ils se mettent sur la piste sans fin de la « course aux faux infinis » où la satisfaction demeure impossible. Dans la religion, un être fini veut se dépasser et s'identifier à l'Infini, tentant ainsi de franchir la limite des buts et des actions purement profanes qui s'enferment dans la sphère de la finitude.

« La religion est l'esprit conscient de son essence [...] l'élévation du fini à l'Infini. [...] L'homme s'élève du fini à l'Infini. »

HEGEL, *Philosophie de la religion*

La religion est l'élévation naturelle de l'esprit humain vers l'Infini
auquel il se sait appartenir. Elle témoigne de la profonde soif de l'Être
présente au cœur même de l'esprit. Comme une aiguille aimantée est
attirée vers le pôle, l'esprit est fasciné par ce rapport à l'Absolu qui
confère un sens ultime et donne une âme aux activités et buts variés
de la vie. L'homme possède en effet ce *sensus divinitatis* qui l'incite à
gravir cette montagne intérieure qui le mène à la source de son esprit,
c'est-à-dire jusqu'au Divin en lui-même.

Pour Hegel, le vrai culte ou la véritable offrande au Divin consiste
à monter ainsi intérieurement vers l'essence de son esprit, d'y rejoindre
l'Esprit du monde qui est l'Esprit même de Dieu et de redescendre
l'incarner dans la vie concrète. Il y a en cette ascension spontanée de
l'esprit un authentique mouvement de la pensée humaine, où se mê-
lent intuition, sentiment et imagination. L'homme y rejoint intérieurement, en esprit et en vérité, la ligne méridienne qui rattache son être
à Dieu. L'esprit y monte déjà naturellement et spontanément du
contingent au nécessaire, du fini à l'infini et du temporel à l'éternel,
comme il tentera de le faire rationnellement et philosophiquement en
élaborant des preuves de l'existence de Dieu.

« La destination capitale de la religion est d'élever l'individu à
la pensée de Dieu, de provoquer son union avec lui et de l'as-
surer de cette unité. »

HEGEL, *Propédeutique philosophique*

« Si les choses sont déterminées comme finies, l'esprit s'élève
à partir d'elles jusqu'à l'Infini. [...] Si les choses sont déterminées comme parties, l'esprit s'élève à Dieu qu'il considère
comme le Tout. [...] Si elles sont des effets, Dieu sera leur
Cause. Toutes ces déterminations sont conférées aux choses
par la pensée; de même on emploie les catégories Être, Infini,
Idéel, Essence, Fondement, Totalité, Force, Cause pour dési-
gner Dieu. Or si ces catégories s'appliquent bien à lui, elles
n'épuisent cependant pas sa nature. Il est plus riche et plus

profond que ces déterminations ne peuvent l'exprimer. [...]
La théologie métaphysique contemple l'évolution de l'idée de
Dieu dans l'éther de la pensée pure. »

HEGEL, La science de la logique

La religion pure, rationnelle et universelle

Hegel reconnaît cependant que cette élévation immédiate, spontanée
et intérieure de l'esprit vers l'Infini ne s'effectue, dans les religions
historiques, que par l'entremise de représentations concrètes. La conscience du Divin dans ces religions passe par l'expression symbolique.
Certes, l'homme y est conscient de sa nature divine, mais il se réfère,
pour nourrir sa prise de conscience, à des événements historiques et
il utilise pour la nommer le langage imagé des représentations symboliques et mythiques.

Bien que l'art et la religion aient, pour Hegel, le même objet que
la philosophie — soit le rapport de l'homme à l'Esprit du monde, à la
Totalité cosmique et au Divin —, seule la philosophie est le pur miroir
de cette conscience qu'a l'homme de la présence de l'Infini au cœur
de la finitude. Mais « le jeune aigle de la raison » philosophique, écrit
Hegel dans ses *Leçons sur l'histoire de la philosophie*, s'est d'abord
élancé comme un oiseau de proie cherchant à combattre cette religion
mythique. Puis, en sa maturité, il a fini par comprendre que la religion
mythique était une alliée et qu'elle portait une vérité qu'il fallait dévoiler dans l'ordre de la pensée pure.

C'est pourquoi la philosophie entreprend de transposer le
contenu mythique de la religion dans la sphère de la pensée philosophique et, en conséquence, de l'élever de la représentation sensible jusqu'au concept rationnel. La religion ainsi purifiée se dépasse
elle-même dans la vraie démarche philosophique, qui apparaît alors
comme une théologie rationnelle, voire comme un authentique service divin.

En somme, il s'agit de substituer aux religions historiques, avec
leurs images symboliques et leurs représentations mythiques, une
religion purement rationnelle et universelle, qui en conserve la substance et la vérité tout en utilisant le langage de la pensée pure, c'est-
à-dire celui de la philosophie avec ses concepts.

« La philosophie veut connaître le contenu, la réalité de l'idée divine, car la raison est l'intelligence de l'ouvrage divin. »

HEGEL, *La Raison dans l'histoire*

« Le contenu de la religion et de la philosophie est le même. [...] La philosophie s'efforce de substituer des pensées pures aux représentations des religions. »

HEGEL, *Encyclopédie*

La relecture des dogmes chrétiens

C'est donc dans l'esprit d'une telle religiosité pure, rationnelle et universelle que Hegel procède à une relecture des grandes croyances et dogmes chrétiens. Il n'accepte qu'un christianisme intelligible, c'est-à-dire un christianisme qui doit se défendre au tribunal de la raison humaine.

Ainsi, le dogme de la Trinité apparaît comme la manifestation de l'Être (le Père) qui, se pensant lui-même, engendre le Logos (le Fils), auquel il s'unit par un lien d'amour (l'Esprit saint). Telle est la Totalité et tel est l'Esprit du monde, puisqu'ils ne sont en leur fondement que l'Esprit créateur divin. Le dogme trinitaire parle donc d'un Dieu vivant ou d'un Dieu en mouvement qui sort de soi pour retourner à soi.

La Chute originelle rappelle, pour sa part, l'histoire éternelle de l'esprit humain : elle exprime le moment du déchirement au cœur de l'être de l'homme entre son essence pure et son existence concrète, puis elle évoque inséparablement l'éveil de la conscience morale cherchant à distinguer le bien et le mal.

L'Incarnation devient à son tour, à la suite de son passage au tribunal de la raison, la révélation de l'unité de l'universel et du particulier, de l'union du divin et de l'humain, de la réconciliation de l'infini et du fini. Elle est aussi le suprême effacement divin, le nécessaire moment de négation et d'involution en vue de l'affirmation et de l'évolution de l'Esprit divin en ce monde.

L'incarnation porte déjà en elle cette autre vérité dont témoignent symboliquement la mort et la résurrection du Christ : l'Infini vient en quelque sorte s'abaisser dans le fini pour que le fini s'ouvre sur l'Infini ; il y a une mort de Dieu en l'homme pour que l'homme fasse renaître en son esprit et dans le cours de l'Histoire le Dieu qu'il porte en lui-même et qui se tient derrière le devenir collectif de l'humanité.

«Il faut m'unir à Dieu en moi-même, me savoir en Dieu et savoir Dieu en moi. »

HEGEL, *Leçons sur la philosophie de la religion*

* * *

On aura sûrement pu noter au passage une vision cosmothéiste du Divin, voire à dominante panthéiste, que Hegel partage entre autres avec Giordano Bruno, Baruch Spinoza et Friedrich Schelling, dont nous avons parlé précédemment. Dans le même acte éternel, libre et nécessaire, Dieu se pose et pose le monde. Il est l'Esprit divin ou l'Esprit du monde, à la fois caché dans la nature et en marche dans les consciences individuelles et dans l'Histoire humaine. Il s'identifie à la totalité de l'Être, en train de s'actualiser à travers son propre mouvement dialectique. On est donc ici en présence d'un nouveau cosmothéisme*.

«Si nous nous demandons – Qu'est-ce que Dieu? – nous devons répondre: Dieu est l'Esprit universel, absolu et essentiel. »

HEGEL, *Leçons sur l'histoire de la philosophie*

Pour tout dire, Dieu seul existe, mais immergé dans la totalité vivante de l'univers, cet univers dont il est l'essence, l'âme, le mouvement ou le principe ordonnateur immanent. En ce monisme spiritualiste, la religion fondée sur une révélation historique extérieure et sur la transcendance de Dieu est en quelque sorte niée. Elle ne trouvera son dépassement et sa vérité que dans une religiosité enracinée dans les profondeurs de l'intériorité de la raison et prônant l'immanence totale du Divin dans le monde.

«L'éternel Esprit enveloppe et roule dans les flots de son fleuve étincelant toutes les choses finies. »

HEGEL, *Encyclopédie*

«Sans le monde, Dieu n'est pas Dieu. [...] La nature divine et la nature humaine en soi ne sont pas différentes: Dieu se manifeste sous forme humaine. La vérité est qu'il n'y a qu'une seule Raison, qu'un seul Esprit. [...] L'Infini ne peut se passer du fini, ne se manifeste qu'en lui. [...] Il n'y a qu'une Raison, il n'en est pas une seconde ; elle est le Divin en l'homme. »

HEGEL, *Philosophie de la religion*

Chapitre 12

Dieu et le mal : l'opposition

«Est-il possible de concilier l'existence de Dieu et la présence du mal dans le monde?» La première position philosophique, développée dans une théodicée* rationaliste, tend à justifier Dieu et à nier la réalité du mal dans le monde. Son principal représentant est Leibniz.

La deuxième, qui se déploie dans le contexte de l'athéisme, affirme exactement le contraire : le mal est bien omniprésent en ce monde et constitue un argument contre l'existence de Dieu. Le philosophe contemporain André Comte-Sponville exprime aujourd'hui clairement cette position.

Une théodicée rationaliste qui justifie Dieu

La première position est donc celle des philosophes rationalistes modernes qui ont tenté de concilier leur vision de la religiosité et de la Divinité avec la présence du mal dans le monde. C'est ainsi que sont apparues des «théodicées». En somme, une théodicée est une entreprise de justification rationnelle de l'existence et de la bonté de Dieu malgré la présence du mal dans le monde. Elle se présente comme un plaidoyer, et c'est la cause de Dieu qu'on plaide ici, un Dieu accusé, pour le moins, de tolérer le mal dans sa création. Elle est aussi une réponse philosophique au cri lancé vers Dieu par l'homme qui souffre et, en ce sens, elle cherche pour lui la raison d'être du mal, en quelque sorte son «pourquoi» et son «pour quoi».

> « Si Dieu existe, d'où vient le mal ? Si Dieu n'existe pas, d'où vient le bien ? »

LEIBNIZ, Théodicée

Leibniz

Le philosophe et savant allemand Wilhelm Leibniz (1646-1716) est celui qui a inventé la théodicée moderne et l'a systématiquement mise en application. Sa première tâche a consisté à répertorier le mal présent dans l'univers. Il évoque donc d'abord le mal physique, c'est-à-dire toutes ces douleurs et souffrances causées par les cataclysmes naturels, les fléaux ou les maladies. Puis, le mal moral, ce fruit de la liberté et cette faille présente dans la raison, par lesquels l'homme introduit dans le monde la force destructrice du crime, de l'injustice ou de la haine. Enfin, le mal métaphysique, qui englobe les deux formes précédentes du mal et qui est à proprement parler la finitude inévitable de toute créature, son caractère limité, sa faillibilité et sa mortalité.

Leibniz, certes, reconnaît l'existence du mal dans le monde. Mais c'est un savant et un philosophe rationaliste qui entreprend de «justifier» Dieu et le mal : il innocente Dieu, en expliquant sa conduite fondée sur les attributs de son être même, d'une part (c'est le «pourquoi» du mal) ; il légitime l'existence du mal, en le montrant nécessairement au service du bien, d'autre part (c'est le «pour quoi» du mal). Cette justification emprunte trois grandes avenues qu'on a caractérisées ainsi : l'«optimisme métaphysique* », le «principe de raison suffisante* » et l'«harmonie préétablie* ».

Ce qu'on a appelé «l'optimisme métaphysique», c'est la représentation d'un Dieu qui ne peut que créer le meilleur des mondes possibles. Cette création divine est magnifique, d'abord parce que tout simplement elle existe, et également par ce qu'elle est essentiellement. En elle, le mal est toujours au service du bien, même si la chose ne semble pas évidente aux hommes. Fondant son acte créateur sur sa sagesse, sa bonté et sa puissance, Dieu a choisi et réalisé le meilleur des univers possibles ; il l'a doté du maximum de perfection, de cohérence et d'ordre. En son entendement, fondement de toutes les essences intelligibles, il entrevoit les univers possibles. En sa bonté, il choisit l'univers le meilleur possible. En sa puissance, il le fait exister. Et l'ordre divin, au sein de cette totalité, fait que chaque être ou substance qui l'habite reçoit toute la perfection dont il est capable et occupe la place qui lui revient.

> « Comme il y a une infinité d'univers possibles dans les idées de Dieu, et qu'il n'en peut exister qu'un seul, il faut qu'il y ait une raison suffisante du choix de Dieu, qui le détermine à l'un plutôt qu'à l'autre. Et cette raison ne peut se trouver que dans la convenance ou dans les degrés de perfection que ces mondes contiennent ; chaque possible ayant droit de prétendre à l'existence à la mesure de la perfection qu'il enveloppe. Et c'est ce qui est la cause de l'existence du meilleur, que sa sagesse fait connaître à Dieu, que sa bonté le fait choisir et que sa puissance le fait produire. »
>
> LEIBNIZ, *Monadologie*

Un autre aspect de la pensée rationaliste de Leibniz apporte une réponse à la question soulevée par l'existence du mal en ce monde. Il s'agit du « principe de raison suffisante ». Selon ce principe, d'inspiration mathématique, de toute chose il y a une raison pour laquelle elle est ainsi plutôt qu'autrement. Tout ce qui est et tout ce qui arrive a donc une raison d'être suffisante. À commencer par l'univers lui-même.

À la question que pose Leibniz, devenue maintenant célèbre, « Pourquoi y a-t-il quelque chose et non pas rien ? », ce dernier répond que l'univers trouve en quelque sorte sa raison suffisante en Dieu, cause première nécessaire, indépendante et libre. Et en ce qui a trait au mal, Dieu le tolère ou le permet afin que se réalise un plus grand bien. Comme le dit Leibniz, la dissonance est nécessaire pour faire apprécier les accords, comme l'ombre l'est pour la lumière, la laideur pour la beauté ou la souffrance pour le bonheur.

> « Le principe de raison suffisante est le principe en vertu duquel nous considérons qu'aucun fait ne saurait se trouver vrai ou existant, aucune énonciation véritable, sans qu'il y ait une

raison suffisante pour qu'il en soit ainsi et non pas autrement. Quoique ces raisons le plus souvent ne puissent point
nous être connues. »

LEIBNIZ, *Monadologie*

« Il faut que la raison suffisante ou dernière soit hors de la
suite ou série des contingences. [...] C'est ainsi que la dernière raison des choses doit être dans une Substance nécessaire, dans laquelle le détail des changements ne soit qu'émi-
nemment, comme dans sa Source : et c'est ce que nous
appelons Dieu. »

LEIBNIZ, *Monadologie*

« [Pour Leibniz], seul le principe de raison suffisante qui se
formule sous une forme générale et métaphysique avec la
question — Pourquoi y a-t-il quelque chose et non pas rien ? —
peut induire la découverte de la cause première et nécessaire,
indépendante et libre. »

FRÉDÉRIC SERROR, *Quand les philosophes ont dit... Dieu existe*

Le troisième aspect de cette pensée rationaliste s'exprime dans le
concept de « l'harmonie préétablie » entre les substances ou les êtres
individuels appelés par Leibniz des monades*. Encore ici, la mathématique leibnizienne conduit à la représentation
d'un univers aussi géométrique qu'intelligible. En cet ordre cosmique, chaque être particulier ou monade, véritable microcosme
spirituel, possède sa place propre dans la hiérarchie, est inséparable de l'univers entier et
en est littéralement un miroir. Rien n'est
donc isolé et chaque être est le résumé de tous
les autres. L'harmonie préétablie par Dieu lie
vraiment toutes les monades entre elles, selon un ordre universel en
lequel le mal est toujours en rapport avec un bien supérieur.

« La nostalgie d'une vision de cette "harmonie préétablie" persiste en notre esprit. »
ALBERT EINSTEIN

On peut affirmer que la théodicée de Leibniz, qui témoigne
d'une très haute vision de la Divinité, tend à nier par ailleurs la
réalité objective du mal. Dans cette pensée rationaliste, la laideur,
l'injustice et la souffrance ont une existence toute relative. Le mal

y est expliqué. Dieu y est justifié : il a créé le meilleur des mondes possibles, en lequel toute chose trouve sa raison suffisante ; et une harmonie profonde existe, même s'il n'est pas toujours possible de la percevoir.

Le jeune Kant

Le jeune Kant a d'abord été séduit par cet optimisme métaphysique, comme on peut le constater dans l'extrait qui suit. Mais il s'en est profondément distancié plus tard et a présenté un autre regard sur le mal, qui se rapproche davantage de la troisième position philosophique que nous évoquons plus loin. Peut-être le philosophe le plus près de la théodicée rationaliste de Leibniz est-il Friedrich Hegel, dont la pensée a été évoquée plus haut.

« Depuis que l'on s'est fait de Dieu une idée pertinente, il n'y a pas eu, peut-être, de pensée plus naturelle que celle-ci : Dieu, lorsqu'il choisit, ne choisit que le meilleur. [...] On peut tenir pour acquis qu'un monde de la plus haute excellence constitue, parmi toutes les choses finies possibles, le plus grand bien fini possible, et qu'un tel monde est vraiment digne d'être choisi par l'Être suprême pour former, avec l'Infini, la plus grande somme possible. [...] Restons assurés que ce monde est le plus parfait de tout monde possible. En effet, la création de ce monde prouve qu'aucun autre monde ne s'accordait aussi bien avec les attributs du vouloir divin. [...] J'apprendrai de plus en plus à reconnaître que l'ensemble est au mieux, et que tout est bon par rapport à l'ensemble. »

EMMANUEL KANT, *Considérations sur l'optimisme*

Hegel

Pour Hegel, le monde est tissé de raison, comme on l'a montré. Il affirme souvent que le rationnel est réel et que le réel est rationnel. Tout mouvement, dans la vie des individus comme dans le cours de l'Histoire universelle, comporte certes un déchirement, une contradiction, un conflit, une souffrance, voire une faute, mais ce côté tragique de la vie n'est qu'un moment d'un devenir imprégné de raison. Sans cesse, la contradiction est surmontée et la négativité se résout dans une affirmation.

« C'est la fin de l'histoire que le monde soit rationnel. »

FRIEDRICH HEGEL, Histoire de la philosophie

Qui plus est, l'individu qui cherche à satisfaire ses propres besoins personnels cherche, souvent sans en avoir conscience, la satisfaction des besoins des autres, dans ce monde qui est un grand tout organique en lequel tout est ultimement lié rationnellement. Ainsi, des activités égoïstes servent, inconsciemment, des fins universelles. De grands hommes assoiffés de pouvoir personnel ont vraiment fait avancer l'humanité, ne désirant pas nécessairement le faire et, parfois, ne sachant pas qu'ils le faisaient. C'est ce que Hegel appelle « la ruse de la raison ». Autrement dit, toujours, la rationalité et l'universalité l'emportent, agissant comme une nécessité interne dans la conscience individuelle et collective, comme en tout devenir.

Cette nécessité interne est celle de l'Infini en train de s'accomplir dans le fini. C'est celle de la Raison universelle, à l'œuvre à travers les actions même erronées ou fautives des hommes afin d'y réaliser finalement sa propre transparence en toute chose. C'est celle de l'Esprit du monde, sans cesse mourant dans la finitude et renaissant à l'Infini. En fait, pour Hegel, c'est la force totalement immanente de Dieu lui-même surmontant toutes les contradictions. Alors, même le mal et la souffrance peuvent être envisagés comme des moments en lesquels Dieu est en train de se faire et de s'achever lui-même en ce monde. Ne sommes-nous pas ici devant un autre visage de cet optimisme métaphysique dont Leibniz faisait preuve ?

« L'individualité peut bien s'imaginer agir seulement pour soi ou égoïstement, mais elle est meilleure qu'elle ne croit, car son opération est en même temps une opération universelle. [...] L'homme singulier, dans son travail singulier, accomplit déjà un travail universel, mais sans en avoir conscience. [...] C'est là la ruse de la raison dans l'histoire humaine. »

FRIEDRICH HEGEL, Phénoménologie de l'esprit

« La contradiction est la racine de tout mouvement et de toute manifestation vitale. [...] La négativité est la pulsation immanente du mouvement autonome, spontané et vivant. Le déchirement et son dépassement, c'est la loi du monde en sa marche vivante. »

FRIEDRICH HEGEL, *Logique*

Un mal qui nie l'existence de Dieu

La deuxième position philosophique reconnaît la dure réalité du mal en ce monde, et même son omniprésence et sa démesure. Cette position, clairement formulée par le philosophe athée contemporain André Comte-Sponville et déjà exprimée dès l'Antiquité par Épicure, conduit, au contraire de la première, à la négation de l'existence même de Dieu.

L'argument est relativement simple : comment un monde si imparfait peut-il être d'origine divine ? Comment un monde où existe tant de mal peut-il être créé par un Dieu puissant, sage et bon ? Le mal est ici reconnu comme un véritable scandale et un incontournable obstacle à la croyance en Dieu.

Douleurs et souffrances sont omniprésentes, de la naissance jusqu'à la mort, notait d'ailleurs avec beaucoup d'acuité le Bouddha. Des justes souffrent l'injustice (rappelons-nous Job, ce juste souffrant dont parle l'Écriture sainte elle-même), des enfants meurent prématurément, des cataclysmes naturels engendrent des malheurs. Et que dire des maladies de toutes sortes, génératrices de douleur et de souffrance, qui accablent les êtres humains tout autant que l'ensemble des êtres vivants d'ailleurs.

À cela s'ajoute la médiocrité de l'homme. L'homme, supposément créé à l'image de Dieu, tombe si souvent dans la petitesse, la mesquinerie, l'égoïsme et la méchanceté. S'il est une copie de Dieu, il fait douter de l'original. Certes, ce que l'homme fait de mieux, aucune bête ne pourrait le faire ; mais ce qu'il fait de pire, aucune bête non plus ne le ferait.

Tout ce mal est une véritable pierre d'achoppement pour la foi en Dieu. Il conduit le philosophe Comte-Sponville à un athéisme positif : il « croit », pour ainsi dire, que Dieu n'existe pas. Dans cette confrontation entre Dieu et le mal, ce n'est donc pas ici le triomphe de Dieu qui s'affiche, comme chez Leibniz, mais plutôt celui du mal.

« J'en viens aux arguments positifs qui m'amènent non seulement à ne pas croire en Dieu (athéisme seulement négatif,
très proche en cela de l'agnosticisme), mais à croire que Dieu
n'existe pas (athéisme positif ou *stricto sensu*). Le premier de
ces arguments est le plus ancien, le plus banal, le plus fort :
c'est l'existence du mal, ou plutôt son ampleur, son atrocité,
sa démesure. »

ANDRÉ COMTE-SPONVILLE, *L'esprit de l'athéisme. Introduction
à une spiritualité sans Dieu*

* * *

L'opposition semble bien ici irréductible. D'un côté, le mal tend à
disparaître dans une pensée de type profondément rationaliste. De
l'autre, le mal est si injustifiable que Dieu n'existe pas. Considérons
maintenant une troisième position qui tente vraiment de concilier
l'existence d'un Dieu bon et sage avec la dure et incontournable réalité
du mal.

Chapitre 13

Dieu et le mal : la réconciliation

Il existe une troisième position philosophique qui affirme bel et bien l'existence d'un Dieu bon et la présence réelle et tragique du mal dans le monde, acceptant à la fois le caractère «insondable» du mal et la possibilité d'en fournir une certaine «raison d'être»: nous dirons qu'elle se situe dans le paradoxe d'un «mystère intelligible*».

Kant: la «foi de la raison»

Cette réponse à la question du mal n'entend nier ni Dieu ni le mal. Son prototype moderne est probablement le vieux Kant qui, ayant connu ce qu'il appelle son «éveil ou la sortie de son sommeil dogmatique» grâce au philosophe David Hume, prend ses distances par rapport à l'optimisme métaphysique de Leibniz et à son principe de raison suffisante. Cette pensée leibnizienne est alors devenue pour Kant le symbole même de la métaphysique dogmatique et du rationalisme triomphant.

Kant affirme, à l'encontre de ce rationalisme, que la raison doit d'abord commencer par sa propre autocritique et par la reconnaissance de ses limites. Elle ne peut tout connaître ni tout expliquer rationnellement. Elle n'a accès qu'aux phénomènes, les choses en soi ou le fond du réel lui échappant. C'est l'orgueil et l'erreur de la raison d'outre-passer son pouvoir. Bien sûr, elle accueille la diversité des concepts et les unifie autour de grandes idées, telles celles de Dieu, de l'univers et de l'humanité, mais ces idées sont inépuisables, transcendantales ; leur horizon est au-delà des capacités cognitives de la raison.

La raison s'ouvre ainsi sur une foi que Kant nommera « foi de la raison ». Cette dernière n'est ni un savoir rationnel ni une religion révélée ; elle se présente plutôt comme une adhésion à la Divinité, dont la raison théorique a montré l'existence possible et que requiert la raison pratique (c'est-à-dire la morale).

Ainsi en est-il du mal, qui demeure un scandale pour la raison. Tout comme l'Être, en sa profondeur le mal est insondable. Tout spécialement, le mal moral ou le mal commis par l'homme, que Kant appelle « le mal radical », ne peut s'expliquer à l'aide du principe de raison suffisante leibnizien. Le mal vient en nous, au cœur de nos intentions, d'un penchant qui semble étranger à notre humanité profonde. Il y a là un mystère. On peut donc emprunter ici l'expression, aussi belle que paradoxale, du philosophe Jacques Maritain parlant de l'Être : c'est un « mystère intelligible » qui appelle une foi de la raison. Tels sont ultimement, pour Kant, Dieu et le mal.

> « La théodicée est plutôt affaire de foi (de la raison) que de science. La théodicée authentique nous a fait comprendre qu'en pareille matière il s'agit bien moins de raisonnements subtils que de loyauté dans l'aveu de l'impuissance de notre raison. »
>
> EMMANUEL KANT, *Sur l'insuccès de tous les essais de théodicée*

Hans Jonas : Dieu dépouillé de sa toute-puissance

Le philosophe juif Hans Jonas a voulu, lui aussi, concilier l'existence de Dieu et la réalité tragique du mal dans le monde. Il a réfléchi sur cette question fondamentale, en se demandant quelle représentation on peut se donner de Dieu après Auschwitz. Car, à Auschwitz, Dieu était muet. Quel est donc ce Dieu qui a pu laisser se commettre un tel crime contre l'humanité ? La question elle-même nous oblige à repenser le concept traditionnel de Dieu, affirme Hans Jonas.

« Quand on ne veut pas se séparer du concept de Dieu, on est obligé, pour ne pas l'abandonner, de le repenser à neuf et de chercher une réponse, neuve elle aussi, à la vieille question de Job. Dès lors, on devra certainement donner congé au "Seigneur de l'Histoire". Donc : quel Dieu a pu laisser faire Auschwitz ? »

HANS JONAS, *Le concept de Dieu après Auschwitz*

Il faut, dit le philosophe, renoncer au concept d'un Dieu tout-puissant et donner congé à l'idée d'un Seigneur de l'Histoire. S'inspirant de la doctrine juive de la kabbale, il développe et réactualise une représentation du Dieu créateur, aussi reprise dans la tradition chrétienne par des penseurs comme Nicolas de Cues, Simone Weil et Jürgen Moltmann : celle d'un Dieu qui accepte en quelque sorte de s'effacer pour qu'existe la création ; celle de l'Infini qui se dépouille dans le fini.

> « *Voilà désormais notre labeur quotidien et notre inébranlable décision : lutter contre la racine du mal et non seulement contre les effets.* »
>
> ALBERT EINSTEIN

Ainsi, Dieu renonce à soi, abandonne sa toute-puissance pour alors créer, à partir du néant, un cosmos autonome. Dans son acte créateur, Dieu se contracte, se retire en lui-même, pour faire apparaître le monde à partir du néant. Sans ce dépouillement divin, rien d'autre ne pourrait exister. C'est cette autolimitation divine (le « tsimtsoum* » de la kabbale juive et la « kénose » de la pensée chrétienne) qui ouvre dans l'Être un territoire qui permet à l'univers d'exister.

Alors, Dieu n'est plus seul et il accepte, par son acte créateur, de se livrer au grand risque et à la grande aventure de l'espace et du temps cosmiques. Risque d'être défiguré et aventure dans le devenir, effectivement ! Car par cette autolimitation, Dieu confie son sort à l'univers ; il accepte de retourner à lui-même et de retrouver sa spiritualité et son éternité divine à travers l'odyssée de la matière, de l'espace et du temps. Possibilité donc d'un Dieu souffrant du mal qui s'insinue par la brèche ainsi ouverte et éventualité d'un Dieu inquiet du pouvoir de décision confié à ses créatures !

Puisque le mal existe réellement en cette création, la représentation d'un Dieu tout-puissant et Seigneur de l'Histoire doit être abandonnée. Face au mal, l'idée d'un Dieu tout-puissant ne peut coexister avec celle d'un Dieu bon (bienveillant) et celle d'un Dieu compréhensible (intelligible). Un Dieu bon et tout-puissant est incompréhensible, si le mal existe. Un Dieu bon et compréhensible ne peut être tout-puissant, si le mal existe. Seul un Dieu bon et compréhensible ayant renoncé à sa toute-puissance apporte donc quelque raison d'être à la présence du mal dans la création. Seul un tel Dieu permet de prendre au sérieux le mal, sans pour autant mettre en cause la bonté et le caractère compréhensible de la Divinité.

> « Après Auschwitz, nous pouvons affirmer, plus résolument que jamais auparavant, qu'une Divinité toute-puissante ou bien ne serait pas toute-bonne, ou bien resterait entièrement incompréhensible (dans son gouvernement du monde, qui seul nous permet de la saisir). [...] Dieu, pour que le monde soit et qu'il existe de par lui-même, a renoncé à son Être propre ; il s'est dépouillé de sa Divinité (et de sa toute-puissance)... »

> HANS JONAS, *Le concept de Dieu après Auschwitz*

Dans ce contexte, affirme Hans Jonas, l'homme créé à l'image de Dieu détient une immense responsabilité. Le sort du monde est entre ses mains. Sa dignité réside dans sa vocation d'artisan de la beauté du monde. Sa tâche est d'aider Dieu à retrouver, incarnée dans l'Histoire humaine, la plénitude de sa Divinité. C'est à l'homme de permettre à Dieu de se réjouir de sa décision de l'avoir créé. C'est à lui de faire reculer, en ses moindres gestes, les frontières du mal ; c'est à lui de faire entendre les accords harmoniques qu'appelle la dissonance du mal.

> « Il y a nécessité pour Dieu de s'autolimiter, de se contracter, de se retirer ou de retenir sa puissance, pour libérer un espace dans lequel le monde puisse prendre place et les hommes jouir de la liberté. Hans Jonas souligne les conséquences terribles de cette limitation (tsimtsoum) : obscurité, silence et retrait de Dieu conditionneraient l'existence du monde, mais dans cette brèche s'engouffreraient bientôt toutes les forces mauvaises. [...] C'est à l'homme de permettre à Dieu de se réjouir de sa décision de créer le monde. »

> HANS JONAS, *Le concept de Dieu après Auschwitz*
> *(Propos de Catherine Chalier)*

Ainsi, ce que chacun pense, dit ou fait et ce que chacun ne pense pas, ne dit pas ou ne fait pas devient important, puisque c'est en lien avec le destin divin de l'humanité et du cosmos. Ici est retrouvée, en plus du « principe de responsabilité » dont parle le philosophe Hans Jonas, cette « foi de la raison » dont parlait le philosophe Emmanuel Kant.

Il s'agira d'abord, aujourd'hui, de croire qu'il est possible d'extraire la beauté du mal et d'assumer cette responsabilité d'œuvrer en ce sens. De croire également que la souffrance peut être un chemin vers l'Être et de lutter pour que tout obstacle se transforme en occasion de dépassement. De croire enfin que la vie humaine de chacun a un sens profond, celui de participer activement, d'une manière unique et irremplaçable, au grand projet d'achèvement de la création, c'est-à-dire d'une transparence de la Divinité en toute chose, en tout événement et en tout être.

> « Simone Weil osa dire : "La création pour Dieu n'a pas consisté à s'étendre mais à se retirer. Il a cessé de commander partout où il en avait le pouvoir." [...] Dieu ne peut apparaître que dans la discrétion (la brise du prophète Élie) et même dans l'absence décrite et vécue par tous les mystiques. »
>
> JEAN-CLAUDE BARREAU, *Y a-t-il un Dieu ?*

Joseph Campbell : vie et mort inséparables

Joseph Campbell, ce savant et ce sage, grand spécialiste de la mythologie comparée qui a enseigné pendant près de quarante ans au Sarah Lawrence College à New York, a lui aussi développé une pensée originale sur les rapports entre Dieu, la vie et le mal. Il l'a fait à partir de sa fréquentation assidue et de sa profonde connaissance de la mythologie universelle, depuis la plus lointaine Antiquité jusqu'à nos jours.

Pour Campbell, les mythes véhiculent des symboles qui sont de véritables archétypes, racontant à chacun de nous sa propre quête spirituelle. En ce sens, ils dévoilent mon destin, m'apprennent à vivre à tous les stades de ma vie et constituent une exploration en profondeur de mon potentiel humain. Authentiques enseignements spirituels, ils m'offrent des modèles de vie, puis me disent qui je suis et qui je puis devenir au cours de mon voyage intérieur.

« Les mythes nous aident à explorer notre potentiel spirituel profond ; ils peuvent nous conduire au bonheur, à l'illumination, à l'extase. [...] Nous n'écoutons guère la voix de la raison, le chemin philosophique suggéré par les symboles mythologiques. [...] Les mythes révèlent ce que tous les êtres humains ont en commun. Ils nous content l'histoire de notre quête à travers les âges, quête de la vérité, du sens, de la portée de notre vie. »

JOSEPH CAMPBELL, *Puissance du mythe*

Ces récits symboliques nous renvoient à l'origine même de la vie. Ils évoquent ce plan invisible qui se tient derrière le plan visible, quotidien et banal de notre vie. En leur plus grande profondeur, ils nous plongent dans le mystère, aussi terrifiant que fascinant, de l'Être et ils nous rappellent que l'Éternité est au cœur de ce temps éphémère. C'est dire qu'ils ont une dimension cosmique, voire mystique. Campbell affirme même qu'ils sont « un masque de Dieu », ou mieux, de cette divinité cachée en nous-mêmes, au plus profond de nos potentialités spirituelles. L'important est toujours de « démasquer » en quelque sorte un mythe, c'est-à-dire d'en comprendre le message philosophique essentiel pour notre vie.

À vrai dire, les mythes contiennent tous les grands thèmes de la vie humaine. Par exemple, le mythe de l'Éden n'est-il pas une métaphore de notre soif d'innocence et de dépassement de la dualité ? Combien de mythes ne renvoient-ils pas, tel le récit de Télémaque parti à la recherche d'Ulysse, à l'universelle recherche du père ? Et la quête du Graal n'est-elle pas le symbole du désir, qui habite celui qui s'est engagé sur la voie intérieure, d'accomplir ses plus hautes potentialités spirituelles ? Et tous ces récits anciens et modernes d'initiation ne nous rappellent-ils pas que la vie humaine est faite de seuils à franchir ?

C'est ainsi que tous les grands mythes évoquent le thème incontournable de la souffrance humaine. Et ils nous disent toujours que c'est du fond de l'abîme que retentit la voix du salut, que des ténèbres les plus épaisses jaillit la lumière et que dans l'obscurité l'œil commence à voir. Tous affirment, en quelque façon, l'inséparabilité de la mort et de la vie, qui ne sont que les deux faces du même être en perpétuel devenir. Des couches de feuilles et de bois mort émergent de jeunes pousses. Le travail de la naissance à soi-même, comme tout chemin vers la lumière, est toujours pénible et souffrant.

Ces cycles de départ et de retour, de mort et de renaissance, de souffrance et de joie, de lutte périlleuse et d'accomplissement de son être, ce sont les voyages universels des grands héros mythologiques, qui ne font que symboliser les cycles de notre propre existence. La mythologie nous rappelle que l'existence est une incontournable épreuve, que la souffrance est un guide inévitable en cette vie et qu'on ne parvient à la lumière d'une vie nouvelle qu'en acceptant le difficile voyage au bout de la nuit. Et jusqu'à la mort physique, afin de passer sur un autre plan d'existence.

> « Les mythes nous disent que c'est du fond de l'abîme que retentit la voix du salut. Le moment le plus sombre est celui qui précède la véritable transformation. C'est des ténèbres que jaillit la lumière. »
>
> JOSEPH CAMPBELL, *Puissance du mythe*

Il nous faut accepter ce destin. Un vieux proverbe romain dit : « Le destin conduit celui qui veut bien le suivre. Il traîne celui qui ne le veut pas. » On ne peut nier ce passage par la souffrance, puisque vivre c'est nécessairement souffrir, comme l'affirmait déjà le Bouddha. Il faut aimer ce destin humain (les romains disaient : *amor fati**) en lequel se mélangent inextricablement la souffrance et la joie.

Ce monde est très bien tel qu'il est, affirme Campbell ; il faut donc l'accepter tel qu'il est, puisqu'on ne peut faire que la souffrance ou la mort n'existent pas. L'attitude qui permet d'atteindre la paix la plus profonde consiste à prendre ce que la vie nous présente comme si nous l'avions voulu ; à surmonter la peur de la souffrance et de la mort pour retrouver la joie de vivre ; à ressentir l'exaltation de la vie qui s'offre à nouveau après une épreuve et à éprouver le ravissement d'être vivant ; à s'ouvrir à la compassion, cet éveil du cœur à la souffrance d'autrui ; puis à harmoniser notre mélodie individuelle avec l'universelle mélodie cosmique et divine qu'une oreille attentive peut entendre.

> « La vie se dévore elle-même. Elle vit grâce à d'autres vies. [...] Il faut tuer et dévorer pour vivre. [...] La vie tue, la vie dévore, elle rejette la mort comme une dépouille et elle renaît comme la lune. [...] La vie et la mort doivent s'équilibrer car elles sont les deux faces du même être, en perpétuel devenir. C'est dans toutes les histoires mythiques. [...] Le monde est ainsi, il est

très bien tel qu'il est. Vous ne l'améliorerez pas. Personne n'a jamais pu l'améliorer. Il est tel qu'il est. Vous l'acceptez ou non. [...] On ne comprend pas la mort. On ne peut que l'accepter. Surmontant la peur de la mort, on retrouve la joie de vivre. On ne peut ressentir cette exaltation de la vie qu'après avoir accepté la mort, non pas comme le contraire de la vie, mais comme l'un de ses aspects. »

JOSEPH CAMPBELL, *Puissance du mythe*

« Nous voulons nous sentir vivants. Nous voulons goûter, une fois au moins, la plénitude de cette expérience : la sensation extatique d'être vivant. [...] Nous sommes si occupés à agir pour atteindre un but extérieur que nous oublions la valeur intérieure, ce ravissement d'être en vie et d'en avoir conscience... »

JOSEPH CAMPBELL, *Puissance du mythe*

La vraie religion, au fondement de toutes les religions institutionnalisées, est intérieure et universelle. Les différents symboles et mythes religieux* ne devraient jamais être lus littéralement et considérés comme des faits historiques qui s'imposent. L'important est de recueillir les messages qu'ils portent pour notre propre cheminement spirituel vers Dieu. À sa racine même, l'expérience religieuse réside en la conscience du mystère de mon être et de celui du monde. Car chacun de nous porte le grand mystère de l'Être, ce Centre qui est partout et nulle part, cet Axe du monde qui traverse tout être comme l'Éternité traverse le temps.

★ ★ ★

Telle est donc la troisième position philosophique qui n'entend nier ni Dieu ni le mal et qui cherche à expliciter la part d'intelligibilité de ce qui demeure ultimement un mystère. C'est sans doute le plus loin que puisse aller une sagesse humaine ou une raison philosophique autonome, qui refuse de s'en remettre à une religion historique et révélée...

TROISIÈME PARTIE

Scientifiques du XXᵉ siècle : ouvertures métaphysiques et mystiques

Chapitre 14

Les créationnistes ou la Bible contre Darwin

Qu'a bien pu dire Darwin pour être à ce point décrié par ceux qu'on appelle «les créationnistes»? Et quelle thèse défendent ces créationnistes pour être à ce point pris à partie par les disciples orthodoxes de Darwin? Le débat semble en effet tout ce qu'il y a de plus inamical.

Les mouvements créationnistes sont nés aux États-Unis, dans les milieux fondamentalistes du protestantisme ultra-conservateur, puis se sont propagés dans plusieurs pays d'Europe et jusqu'en Australie. Ils sont nettement antidarwinistes, quand ils ne sont pas tout simplement antiévolutionnistes, au nom même de leur croyance en l'Écriture sainte. Leur opposition à Darwin est viscérale. Ils lui reprochent d'être responsable du matérialisme, de l'athéisme et de l'immoralisme diffus dans la culture. Ils lui imputent ces maux sociaux que sont, par exemple, l'eugénisme, le racisme et le relativisme des valeurs, liés au déclin de la morale. Pour certains d'entre eux, Darwin pourrait être vu comme l'Antéchrist. Au total, son influence sur la société doit être combattue et sa théorie de l'évolution doit être écartée. Et, si l'on enseigne cette dernière dans les écoles, il est primordial de lui opposer la vision de la création telle qu'elle est présentée dans le livre saint de la Genèse : d'où la dimension politique de leur lutte. Mais quelles sont donc les principales caractéristiques de ce créationnisme ?

L'antiévolutionnisme

Les plus radicaux des créationnistes sont donc non seulement opposés à la théorie darwinienne de l'évolution ; ils sont antiévolutionnistes. Pour eux, si de nouvelles espèces apparaissent au cours du temps, cela est dû aux interventions spéciales de Dieu dans la nature. C'est Dieu qui décide de créer, au moment voulu, ces espèces nouvelles. Par exemple, un nouveau coquillage ne pourra venir à l'existence que par une intervention personnelle de Dieu.

Pour plusieurs de ces mouvements créationnistes, la longue histoire de l'évolution décrite par les scientifiques est une fabulation. Cette histoire de l'évolution demeure une hypothèse encore loin d'être prouvée. Plusieurs, dont la *Deluge Society*, partant des récits bibliques et se basant notamment sur l'événement providentiel du Grand Déluge, se sont construit une sorte de géologie créationniste. La terre, directement créée par Dieu, est ainsi devenue une terre jeune, certains ne lui octroyant que 6000 ans. Les fossiles, dont la science dit qu'ils peuvent remonter à des centaines de millions d'années, auraient été déposés dans la couche terrestre au temps du déluge.

> « On réserve désormais le terme de créationnisme aux mouvements antiévolutionnistes, nés dans les milieux presbytériens et évangélistes nord-américains, au cours de la seconde moitié du XIXᵉ siècle. [...] Pour les créationnistes, Dieu est le seul auteur, d'une manière directe et indépendante, des lois de la nature, comme les premiers chapitres du livre de la Genèse, écrits par Moïse sous l'inspiration directe de Dieu, le rapportent. »
>
> JACQUES ARNOULD, *Dieu versus Darwin*

Une lecture littérale de la Bible

Les créationnistes, comme les fondamentalistes de toutes les religions, pratiquent une lecture littérale de la Bible. Tout ce qui est écrit dans l'Écriture sainte est pris au pied de la lettre. C'est donc dire que tous les événements et les personnages de la Bible, et tout spécialement les récits de la Genèse, ont une indéniable vérité historique. Adam et Ève, le Paradis terrestre, le Grand Déluge et l'Arche de Noé ont vraiment existé, tels que la Bible les décrit. Certains mettent par ailleurs en œuvre ce qu'on appelle le « concordisme », c'est-à-dire une tentative de conciliation des données de la science avec le livre de la Genèse pris comme norme absolue et toujours interprété de façon littérale. C'est bien la science qui doit finalement se plier au texte sacré.

> « Monsieur Einstein, croyez-vous en Dieu ?
> – Dites-moi quel Dieu et je vous dirai si j'y crois. »
>
> ALBERT EINSTEIN

Dans les textes sacrés, les créationnistes littéralistes ne font aucune distinction entre ce qui relève de la culture de l'époque, qu'on peut appeler « l'ensemble des représentations culturelles », et ce qui constitue le message théologique essentiel, qu'on peut reconnaître comme « la conception fondamentale » véhiculée.

Ils ne semblent pas se préoccuper davantage de ce que les exégètes nomment « l'intention de l'auteur » et « le genre littéraire » d'un texte sacré, ce qui les amènerait à délaisser des représentations secondaires liées au contexte culturel et à se détacher d'interprétations littérales et historiques de contenus purement symboliques ou mythiques. Pour les créationnistes, il n'y a qu'une seule attitude possible devant le texte biblique : accepter son sens littéral et reconnaître sa réalité historique.

L'autorité infaillible de la Bible

Pour les créationnistes, tout ce qui est écrit dans la Bible doit être accepté tel quel. La Bible est un texte sacré, dicté directement par Dieu lui-même. Inspirée par Dieu, elle ne peut donc contenir aucune erreur philosophique ou scientifique ; elle ne peut se tromper en quelque domaine que ce soit. Toute assertion y est vraie, puisqu'elle est revêtue de l'autorité absolue de Dieu.

En ce sens, seule la Bible dit exactement comment l'univers a été construit et comment la terre et l'être humain ont été créés. Voilà pourquoi la prétendue science darwinienne de l'évolution doit être profondément mise en question. Elle contredit des vérités indéniables de la Bible. L'homme ne descend pas du singe, comme le suggère l'évolution darwinienne. Il a été créé directement par Dieu, seul auteur de la réalité humaine, terrestre et cosmique.

« La Bible, révélation de Dieu, est l'œuvre d'une inspiration directe et "verbale" qui en garantit l'infaillibilité et la vérité, y compris dans les domaines historiques et scientifiques. »

Jacques Arnould, *Dieu versus Darwin*

« The Creation Research Society a pour missions : refonder la science sur les concepts de création divine, publier des manuels scolaires créationnistes, éditer un journal. [...] Tous, nécessairement chrétiens, s'engagent sur les points suivants :

« 1. La Bible est la parole écrite par Dieu, et puisqu'elle est totalement inspirée, toutes ses assertions sont historiquement et scientifiquement vraies dans tous les textes originaux. Pour celui qui étudie la nature, cela signifie que le récit des origines dans la Genèse est une présentation factuelle de simples vérités historiques.

« 2. Tous les types fondamentaux d'êtres vivants, y compris l'homme, ont été façonnés par des actes directs de création divine pendant la semaine décrite dans la Genèse...

« 3. La grande inondation décrite dans la Genèse, et communément appelée Déluge, fut un événement historique mondial...

« 4. Les membres de la Société forment une organisation d'hommes de science chrétiens. »

Jacques Arnould, *Dieu versus Darwin*

L'utilisation politique de la théologie naturelle du « dessein intelligent »

Les créationnistes fondamentalistes ont trouvé, dans la théologie naturelle élaborée autour du dessein intelligent (*intelligent design*), un outil politique pour faire entrer dans les écoles leur interprétation de la Bible et leur lecture des dogmes religieux. La théologie du dessein intelligent, dont on parlera plus loin, comporte en effet une base scientifique qui peut être utile aux thèses créationnistes, favorisant leur entrée dans les programmes scolaires aux côtés de la théorie darwinienne. Intégrant en partie cette approche dans leurs thèses créationnistes, celles-ci revêtent alors un habit scientifique.

Mais il faut bien se rendre compte que la théologie naturelle du dessein intelligent, élaborée à partir des connaissances scientifiques actuelles, est ici étroitement mêlée au projet politique, social et scolaire des créationnistes. On peut d'ailleurs décrire ce dernier autant comme un projet de réarmement moral que comme la lutte antimatérialiste, antiavortement et antidarwinienne de la droite religieuse chrétienne. Les créationnistes, détournant les thèses du dessein intelligent dont les protagonistes refusent justement d'être associés au créationnisme, cherchent ainsi à donner un cachet scientifique à leurs idées et à récupérer, pour autant, l'autorité de la science.

> « L'Esprit saint, l'inspirateur de la Bible, n'a pas voulu enseigner comment allait le ciel, mais comment y aller. »
>
> GALILÉE, *Lettre à Christine de Lorraine*

* * *

La lutte entre darwinisme* et créationnisme* est acrimonieuse. Elle se fait souvent à coup d'anathèmes. Il est important de sortir de cette dynamique et de remettre en perspective le vrai débat à dimension scientifique, philosophique et théologique, débat rationnel ayant trait à une conception fondamentale du monde et qui demeure toujours ouvert : l'évolution du cosmos et de la vie est-elle, comme l'affirment Darwin et l'ensemble des néodarwiniens dont nous parlons au chapitre suivant, le fruit du seul « Hasard » et de la nécessité, ou comporte-t-elle une « Finalité » et donc un dessein ou une direction intentionnelle, comme le croient plusieurs savants et philosophes, que nous présenterons dans un autre chapitre?

À ce niveau de questionnement fondamental vraiment lié à une conception du monde, les représentations culturelles véhiculées par certains créationnistes littéralistes et fondamentalistes demeurent dépassées et inopportunes.

> « Est appelée conception du monde un ensemble de croyances fondamentales qui offre une explication complète de la réalité, de son origine et de sa finalité. [...] Est qualifiée de représentation du monde un ensemble d'éléments spécifiques qui appartiennent à une culture, une société, une époque particulière. [...] Le débat entre évolutionnisme et créationnisme repose-t-il sur un conflit de représentations ou une opposition entre conceptions? »
>
> JACQUES ARNOULD, *Dieu versus Darwin*

Chapitre 15

Le darwinisme ou l'évolution au hasard

Nous nous attachons d'abord, ici, à préciser la conception darwinienne de l'évolution biologique. Puis nous présenterons l'un des représentants les plus marquants de ce qu'on appelle le néodarwinisme : Jacques Monod.

Comme on pourra le constater dans le présent chapitre, une évolution entièrement livrée au hasard et à la sélection naturelle ne laisse évidemment aucune place ni à une religion naturelle ni à un Dieu cosmique.

Charles Darwin

Charles Darwin (1809-1882) est ce naturaliste anglais qui, en 1831, s'est embarqué sur le *Beagle* pour participer à une expédition qui le mènera en Amérique du Sud, en Australie et surtout aux îles Galapagos. Le voyage, qui s'est poursuivi jusqu'en 1836, a été, de l'avis même de Darwin, l'événement le plus important de sa vie et a marqué sa carrière entière. C'est en 1859 qu'il publie le livre majeur dans lequel il expose sa théorie de l'évolution. Qu'en est-il de l'essentiel de cette théorie à laquelle s'opposent si fortement les créationnistes ?

La théorie de Darwin, encore aujourd'hui, fait autorité en matière d'évolution de la vie. Les savants et philosophes actuels s'y réfèrent, tantôt pour y adhérer fortement et l'enrichir des apports nouveaux de la science, comme on le développe dans ce chapitre ; tantôt pour s'opposer à certains de ses aspects importants, ce dont on parlera au chapitre suivant.

Le transformisme

Le transformisme de Darwin, déjà pressenti par les naturalistes français Buffon et Lamarck, se résume dans l'affirmation suivante : les espèces végétales et animales que nous connaissons aujourd'hui sont le résultat de modifications graduelles d'espèces préexistantes, remontant même aux formes anciennes les plus primitives. Il n'y a donc pas de fixité des espèces. Il s'agit bien plutôt d'une montée continue des espèces vivantes qui s'engendrent les unes les autres, au cours d'une très longue histoire que l'on reconnaît comme étant l'évolution biologique. Dans cette optique, par exemple, l'homme lui-même descend du primate, lui-même issu du mammifère et, plus lointainement encore, du poisson et de la première cellule qui a existé.

Toutes les espèces sont le résultat du travail des seules forces naturelles de la matière, agissant sur une longue période. Nul besoin d'un Dieu qui intervienne de façon immédiate et spéciale pour qu'apparaisse une forme nouvelle de vie. Ainsi, par les processus immanents à la nature matérielle, la vie a d'abord émergé de la non-vie, puis d'étape en étape elle est passée des formes les plus simples et les plus primitives aux formes les plus complexes et les plus sophistiquées.

Les variations héréditaires

L'évolution des espèces est faite de l'accumulation progressive et prolongée dans le temps des variations transmises par hérédité. Ce développement historique s'est produit dans la continuité, la succession et la parenté des formes vivantes. Darwin, qui avait lu le géologue Charles Lyell (1797-1875), comprit que, comme en géologie et en géographie, des changements minimes dans les formes de la vie, se produisant sur une longue période, conduisent finalement à d'importantes modifications.

Comme Lyell, il comprit également que le recours aux forces de la nature est suffisant pour expliquer l'évolution et qu'il n'est nul besoin d'en appeler aux conceptions créationnistes. Ainsi, au bout d'un certain temps, de même que la terre elle-même a pu se transformer sous l'effet conjugué du soleil, de l'eau et du vent, la vie aussi a pu engendrer, par l'accumulation des variations héréditaires, des espèces nouvelles.

Le hasard

Darwin affirme, en outre, que les variations se produisent de façon aléatoire. Fondées sur la seule capacité de la matière à évoluer, les mutations se produisent accidentellement. L'évolution est donc, pour ainsi dire, comme régie par le pur hasard. La matière vivante opère dans la contingence. En somme, dans le darwinisme, le monde évolue à l'aveugle, traversant de nombreuses générations et utilisant de longues périodes de temps pour la mise au point de formes nouvelles, s'effectuant toujours par mutations aléatoires.

Il n'y a donc ni dessein immanent ni finalité intrinsèque dans la nature, comme l'affirmait William Paley dans son livre de théologie naturelle qui avait d'abord séduit Darwin, *Évidences*. Pourtant, Darwin reconnaît que des œuvres admirables d'organisation et de complexité existent dans la nature ; mais, selon lui, elles sont le fruit d'un processus dénué d'intelligence, d'intention ou de finalité.

> « Ma théologie est tout à fait confuse ; je ne peux regarder l'Univers comme le résultat d'un hasard aveugle, et pourtant je ne vois aucune preuve d'un dessein bénéfique, ni même d'aucun dessein dans les détails. »
>
> CHARLES DARWIN, *Lettre à Hooker*

> « Le vieil argument du dessein de la nature, donné par Paley, et qui, pendant longtemps, me parut concluant, s'anéantit maintenant que la loi de la sélection naturelle a été découverte. [...] Il me semble qu'il n'y a pas plus de dessein préconçu, dans la variation des êtres organisés et dans l'action de la sélection naturelle, que dans la direction du vent. »
>
> CHARLES DARWIN, *De l'origine des espèces*

La sélection naturelle

Le coup de grâce porté au dessein et à la finalité vient, de l'avis de Darwin, de la sélection naturelle. Il s'agit de ce processus par lequel les organismes vivants, en compétition dans une âpre lutte pour l'existence en contexte de ressources limitées, opèrent un tri dans des variations produites en eux de façon aléatoire. Ce qui est retenu par l'organisme est la variation utile et avantageuse pour lui et sa descendance, dans cette lutte pour la survie.

« Le hasard est le visage que prend Dieu quand il veut voyager en ce monde incognito. »

ALBERT EINSTEIN

L'effet de la sélection naturelle est justement la conservation des mutations et modifications favorables et le rejet de celles qui sont nuisibles. Il y va, en bout de ligne, de la persistance de l'organisme le plus apte et le mieux adapté au contexte et de l'élimination de celui qui est moins favorisé et moins bien adapté. L'individu, puis l'espèce, possédant ainsi un avantage quelconque a de meilleures chances de vivre et de se reproduire, dans la grande et terrible bataille pour la vie. Cette sélection naturelle n'est pas un dessein ; c'est un processus de la nature qui avance à l'aveugle sur de longues périodes de temps, à travers le tri des variations avantageuses, qui seront transmises par hérédité. Les êtres organisés se sont donc développés au cours des âges par la variation aléatoire et la sélection naturelle.

> « J'ai donné au principe en vertu duquel une variation, si insignifiante soit-elle, se conserve et se perpétue, si elle est utile, le nom de sélection naturelle. [...] La sélection naturelle est la survivance de l'organisme le plus apte. [...] C'est la conservation des variations accidentellement produites quand elles sont avantageuses à l'individu dans les conditions d'existence où il se trouve placé. [...] J'ai donné le nom de sélection naturelle à la conservation des différences et des variations individuelles favorables, et à l'élimination des variations nuisibles. »
>
> CHARLES DARWIN, *De l'origine des espèces*

> « Comme la lutte pour l'existence se renouvelle à chaque instant, il s'ensuit que tout être qui varie quelque peu d'une fa-

çon qui lui est profitable a une grande chance de survivre ; cet être est ainsi l'objet d'une sélection naturelle. En vertu du principe si puissant de l'hérédité, toute variété objet de la sélection tendra à propager sa nouvelle forme modifiée. »

CHARLES DARWIN, De l'origine des espèces

Jacques Monod, un darwinien pur et dur

L'un des représentants modernes du néodarwinisme, un représentant à l'état le plus pur, pour ainsi dire, est sans aucun doute le biologiste Jacques Monod (1910-1976). Nombre de discours tenus présentement par plusieurs biologistes ne sont souvent qu'une pâle réplique de son propre discours. Voilà pourquoi nous nous attarderons quelque peu à la pensée qu'il développe dans son livre devenu un classique du genre : *Le hasard et la nécessité*. On peut rappeler que c'est Jacques Monod qui, avec François Jacob, découvrit l'ARN messager, cette molécule jouant un rôle fondamental dans le transfert de l'information génétique entre le noyau et le cytoplasme où a lieu la synthèse des protéines.

Dans son livre, Monod entend pousser à leur limite les conclusions que la science autorise, tout en tentant d'éviter la confusion, écrit-il, entre les idées suggérées par la science et ce qu'il appelle les généralisations idéologiques de la philosophie et de la religion. C'est sans doute la raison principale pour laquelle il donne en sous-titre à son livre : *Essai de philosophie naturelle de la biologie moderne*. Car, comme on le signalera plus loin, la source de la « vérité authentique » tout autant que celle d'une « éthique valable », qu'on pourrait penser aussi appartenir sérieusement à la philosophie ou à la religion, ne se trouve pour lui que dans la science moderne.

Le postulat d'objectivité

Ce qui justement donne à la science une telle autorité réside en ce qui constitue sa base : « le postulat d'objectivité ». Ce postulat, qui fonde la méthode scientifique et son caractère analytique, reconnaît que la Nature est objective et non projective : c'est dire que les objets naturels sont présumés résulter du jeu gratuit des forces physicochimiques et non d'un quelconque projet ou d'une fin poursuivie. Ce postulat d'objectivité, au fondement épistémologique de la science moderne, amène à refuser systématiquement de considérer comme sérieuse et vraie toute interprétation des phénomènes naturels en termes de causes finales. Il n'y a pas dans la Nature de projet global ou de but ultime poursuivi dans l'évolution.

Pour Monod, les grandes théories vitalistes ou animistes véhiculées par la philosophie ou la religion font toutes d'un principe téléologique initial le moteur autant de l'évolution générale du cosmos que de l'évolution spécifique de la biosphère. Par là, elles nient le principe d'objectivité qui seul mène à la connaissance vraie. Les théories « vitalistes », qu'elles soient métaphysiques, comme celle d'Henri Bergson, ou scientifiques, comme celles de plusieurs physiciens, voient dans les êtres vivants les produits les plus parfaits et les plus élaborés d'une évolution cosmique et biologique universellement orientée qui a abouti, parce qu'elle devait y aboutir, à l'être humain.

Les philosophies « animistes », pour leur part, qu'il s'agisse de celle de Leibniz, de Hegel, de Marx ou de Teilhard de Chardin, projettent toutes dans la nature la conscience qu'a l'homme de son propre fonctionnement téléonomique. Il y a donc pour ces philosophies un projet ou un dessein dans la nature et une sorte de force évolutive ascendante : l'histoire humaine y prolonge l'évolution biologique, qui fait elle-même partie de l'évolution cosmique. L'homme y retrouve donc sa place éminente. Ainsi, selon Monod, l'illusion anthropocentrique se perpétue et l'alliance primitive entre la nature et l'homme est réaffirmée. Mais ce serait au détriment de la science moderne et de son principe d'objectivité.

> « La pierre angulaire de la méthode scientifique est le postulat d'objectivité de la Nature. C'est-à-dire le refus systématique de considérer comme pouvant conduire à une connaissance "vraie" toute interprétation des phénomènes donnée en termes de causes finales, c'est-à-dire de "projet". [...] Toutes les conceptions vitalistes ou animistes, sans exception, font d'un principe téléonomique initial le moteur de l'évolution, soit de la biosphère seule, soit de l'univers entier. Aux yeux de la théorie scientifique moderne, toutes ces conceptions sont erronées, et cela pas seulement pour des raisons de méthode (parce qu'elles impliquent d'une manière ou d'une autre l'abandon du postulat d'objectivité), mais pour des raisons de fait... »

> JACQUES MONOD, *Le hasard et la nécessité*

Des machines biochimiques

Pour Monod, les êtres vivants sont comparables à des machines bio-chimiques. La machinerie chimique à la base de leur structure et de leur fonctionnement est la même, de la bactérie à l'homme. À partir des deux classes de macromolécules qui édifient le patrimoine géné-tique des êtres vivants, c'est-à-dire les protéines et les acides nuclé-iques, apparaît la diversité d'organisation et de fonctionnement dans la biosphère. À vrai dire, les êtres vivants sont de véritables machines dotées de trois propriétés fondamentales : la « téléonomie* », c'est-à-dire le projet de se conserver et de se développer, mais surtout de trans-mettre d'une génération à l'autre le contenu d'information concernant l'invariance de l'espèce ; la « morphogenèse autonome », c'est-à-dire la faculté de se construire elles-mêmes selon un déterminisme interne autonome ; « l'invariance reproductive », c'est-à-dire la capacité de se reproduire en transmettant sans variation l'information génétique concernant leur structure, ce qui n'exclut pas les erreurs accidentelles de réplication ou de traduction. Ainsi, « le secret de la vie est en grande partie dévoilé » : il est d'ordre chimique, dans les macromolécules à l'origine du code génétique.

Le pur hasard

Dans cette optique, l'apparition de la biosphère est un événement sin-gulier, non déductible de ce qui la précède, et donc entièrement im-prévisible. Si la vie avait le droit d'exister, elle n'en avait pas pourtant le devoir. Elle est de l'ordre de la contingence. La loi générale du cosmos est, pour ainsi dire, celle du Hasard.

Quelle était, avant l'événement de l'apparition de la vie, la proba-bilité qu'il en fût ainsi ? *A priori*, cette probabilité était à peu près nulle. Une fois apparue, la vie évolue, soumise aux jeux du hasard et de la sélection naturelle. En fait, la sélection naturelle opère sur les produits du hasard ; elle conserve le hasard favorable. Autrement dit, l'évolution sélective choisit les incidents du hasard. L'appareil téléonomique d'un être vivant, allié au milieu extérieur, crée une pression de sélection en un sens de conservation ou de rejet d'une mutation aléatoire, orientant ainsi l'évolution. En somme, le hasard aveugle, capté par la machine-rie de l'invariance génétique et par la sélection naturelle, préside à un ordre nouveau.

« Le hasard seul est à la source de toute nouveauté, de toute création dans la biosphère. Le hasard pur, le seul hasard, liberté absolue mais aveugle, à la racine même du prodigieux édifice de l'évolution : cette notion centrale de la biologie moderne n'est plus aujourd'hui une hypothèse, parmi d'autres possibles ou au moins concevables. Elle est la seule concevable, comme seule compatible avec les faits d'observation et d'expérience. »

JACQUES MONOD, *Le hasard et la nécessité*

La théorie darwinienne, enrichie des apports de la génétique moderne, est vraiment la seule théorie valable de l'évolution, selon Monod. Elle reconnaît avec justesse, affirme-t-il, que d'un jeu spontané et totalement aveugle tout peut sortir, y compris la vision elle-même. Le hasard seul est à la source de toute nouveauté dans la biosphère. En fait, le principe d'incertitude quantique trouve son pendant au cœur de l'évolution de la vie, dans la mutation génétique essentiellement imprévisible.

Si la biosphère est le fruit du hasard, il en va de même de l'être humain. La science ainsi fondée sur le postulat d'objectivité dénonce l'ancienne alliance animiste de l'homme et de l'univers. Les systèmes enracinés dans ces visions mythiques ou métaphysiques se situent hors de la connaissance objective moderne, et donc hors de la vérité authentique. L'univers n'est pas anthropocentrique. L'homme y est apparu par hasard. Comme un tzigane, il est en marge de l'univers où il doit vivre. Il est seul dans l'immensité indifférente du cosmos.

« L'univers n'était pas gros de la vie, ni la biosphère de l'homme. Notre numéro est sorti au jeu de Monte-Carlo. »

JACQUES MONOD, *Le hasard et la nécessité*

La science, seule source valable de l'éthique

L'homme appartient à la biosphère par son cerveau, mais il a développé le royaume des idées. En ce sens, on peut parler de son esprit, c'est-à-dire de son aptitude au langage, de son pouvoir de simulation, de sa capacité de créer des idées, à la condition toutefois de ne point faire de cet esprit une substance. En somme, chez lui, la composante idéelle et culturelle prend un certain relais de l'évolution purement biologique. Mais, encore ici, c'est la performance et la valeur objective d'une idée ou d'une création culturelle qui créera une pression de sélection en faveur de sa conservation.

En ce sens, on peut entrevoir que la science deviendra un jour la vraie source de l'éthique humaine. Son postulat d'objectivité conduisant à la connaissance vraie est, en effet, un choix éthique fondamental. Sur cette base d'une éthique de la connaissance peuvent se construire d'autres valeurs ou qualités humaines, tel le service d'un idéal qui transcende chaque individu.

> « L'homme sait maintenant que, comme un tzigane, il est en marge de l'univers. Univers sourd à sa musique, indifférent à ses espoirs comme à ses souffrances ou à ses crimes. [...] L'ancienne alliance est rompue ; l'homme sait enfin qu'il est seul dans l'immensité indifférente de l'univers d'où il a émergé par hasard. »
>
> JACQUES MONOD, *Le hasard et la nécessité*

⋆　⋆　⋆

Le néodarwinisme profite aujourd'hui des découvertes de la génétique et de la microbiologie. On sait maintenant que les caractères héréditaires se transmettent essentiellement par les gènes et que ce sont sans doute les radiations cosmiques et certains acides qui causent, de l'extérieur, les mutations génétiques. Dans la division cellulaire intérieure, pour ainsi dire, des erreurs de transmission dans l'information génétique se produisent alors. Parmi ces mutations aléatoires du patrimoine génétique, certaines ont un intérêt pour la meilleure adaptation et pour la survie de l'individu et de ses descendants, dans l'âpre lutte pour l'existence. Elles seront «choisies» et conservées par la sélection naturelle.

> « L'apparition d'*Homo sapiens* a été accidentelle. Nous sommes une minuscule brindille d'une improbable branche d'un arbre issu de la bonne chance. [...] Nous sommes un détail au sein du cosmos et ne répondons à aucun dessein. Je crains qu'*Homo sapiens* ne soit qu'une chose très petite dans un vaste univers, un événement évolutif hautement improbable relevant entièrement du royaume de la contingence. »
>
> STEPHEN J. GOULD, *La vie est belle*

Plusieurs savants et philosophes, héritiers de Darwin et sans doute aussi de Monod, poussent plus loin encore une conception de l'évolution axée sur le hasard et sur les seules forces de la matière brute. On peut nommer leur conception «un monisme matérialiste», si l'on entend par là que la réalité en devenir ne possède qu'une seule dimension: la matière.

Il suffit de lire le numéro hors série du *Nouvel Observateur* («La Bible contre Darwin», hors-série n° 61, décembre 2005), «consacré» à la querelle entre darwinistes et créationnistes, pour constater qu'ils sont nombreux, en France du moins, à partager une telle vision positiviste de l'évolution, vision exclusivement matérialiste et fondée sur le pur hasard.

Certains d'entre eux, emportés par une sorte d'intégrisme scientiste des plus étroits, vont même jusqu'à proclamer «la mort scientifique de Dieu» et l'obligation que la science impose à tous d'adopter une conception matérialiste du monde et de l'homme. La frontière entre une méthodologie particulière et une ontologie générale n'est-elle pas alors allègrement franchie?

Ce dogmatisme «scientifique», ce monopole de la vérité qui ne peut être acquise que par le seul discours scientifique, ce qu'on peut détecter déjà chez Jacques Monod, serait peut-être à mettre actuellement, espérons-le, sur le compte d'un débat vraiment acrimonieux entre une vision darwinienne de l'évolution qui se produit «au hasard et à l'aveugle» et une vision finaliste de l'évolution qui s'effectue «de façon orientée et selon un dessein intelligent», vision dont nous parlons dans le chapitre suivant.

Chapitre 16

Les «finalistes» ou l'évolution dirigée

Les savants et philosophes qui adhèrent à la thèse d'une évolution dirigée ne rejettent ni le fait désormais prouvé à leurs yeux de l'évolution ni certains aspects de la théorie darwinienne. Ils rejettent cependant le rôle exclusif réservé par le darwinisme à la sélection naturelle et, surtout, l'affirmation que le Hasard seul est responsable de l'évolution des espèces vivantes et même de la marche générale de l'univers depuis ses débuts il y a environ quatorze milliards d'années.

Mais de quelle façon les finalistes* étayent-ils leur théorie? Et qui sont-ils?

Une théologie naturelle revisitée

Le premier aspect de la théorie d'une évolution dirigée est certainement la reconnaissance de la légitimité d'une théologie naturelle pour aujourd'hui. Qu'est-ce à dire? Une théologie naturelle ainsi revisitée, c'est-à-dire repensée ou interprétée d'une manière nouvelle, affirme que des indices pointent avec une certaine certitude en direction de l'existence de Dieu. On y reconnaît que c'est l'accumulation de ces signes qui, sans être une preuve absolue et définitive, constitue néanmoins une attestation ou un témoignage difficilement récusable, voire falsifiable, de l'existence de Dieu.

Pour ces penseurs, la Nature porte en effet les marques d'un Créateur intelligent, qui n'a pas seulement agi à l'origine de l'univers pour en fixer ses constantes universelles et ses lois structurantes, mais qui oriente de l'intérieur le mouvement de l'évolution cosmique et biologique. En somme, Dieu se révèle à travers la réalité d'un monde en devenir. Des faits significatifs en ce sens sont observables par des méthodes inductives et interprétables par la raison humaine autonome.

La théologie naturelle revisitée part d'ailleurs de plus en plus, aujourd'hui, de connaissances scientifiques actuelles, qui conduisent nombre de grands physiciens et biologistes vers les questions radicales liées au « pourquoi », au « quoi » et au « en vue de quoi », questions qui demeurent ouvertes et auxquelles la science d'aujourd'hui s'intéresse, reconnaissent-ils, mais sans y apporter de réponse définitive. Qui plus est, ces savants reconnaissent que les théories explicatives de la science elles-mêmes demeurent toujours perfectibles et « falsifiables », selon l'expression du savant Karl Popper.

Les penseurs qui se rattachent à ce courant de la théologie naturelle affirment en plus qu'ils n'ont rien à voir avec « les créationnistes ». D'une part, ils ne s'opposent aucunement à l'évolution des espèces ou au transformisme, bien qu'ils récusent la place exclusive que le darwinisme accorde au hasard et à la sélection naturelle. D'autre part, ils ne se rattachent à aucune religion historique révélée, défendant plutôt une forme ou l'autre de théisme rationnel.

> « Il faut distinguer les données de la biologie et de la cosmologie qui conduisent à reconnaître le fait de l'évolution des discussions autour des théories explicatives. »
>
> JACQUES ARNOULD, *Dieu versus Darwin*

> « L'évolution, même génétique, peut être admise comme un fait ; mais son explication actuelle demeure une théorie non seulement perfectible mais falsifiable. »
>
> GUY-MARIE BERTRAND, *La révélation cosmique dans la pensée occidentale*

« En ce qui concerne la théologie naturelle, il s'agit de connaissances relatives à Dieu qui peuvent être obtenues par la contemplation de ses créatures. »

FRANCIS BACON, *L'avancement du savoir*

Des phénomènes révélant une intention

Les phénomènes les plus révélateurs d'une intention, d'une intelligence et d'une finalité se trouvent à la fois dans le cosmos en général et dans la vie en particulier. Ainsi, on évoque l'incroyable ajustement des constantes et des forces de l'univers, source de son intelligibilité, de son ordre et de sa beauté. Le cosmos apparaît comme traversé par une rationalité qui ne peut être le résultat du pur hasard. Sans nier cette part d'aléatoire dans la montée de l'organisation dans le cosmos, on affirmera cependant que ce hasard est bridé par une intelligence immanente aux processus les conduisant dans la direction d'une plus grande profondeur, jusqu'à l'apparition de la vie et de la conscience.

La vie qui s'est développée sur terre témoigne, à son tour, de caractéristiques qui se présentent comme des indices d'un dessein immanent à la Nature. Ainsi en est-il, en tout premier lieu, de cette marche progressive de la vie elle-même vers des organisations remarquables de plus en plus précises, perfectionnées et fonctionnelles. Ainsi en est-il, également, de l'invention de l'ADN et de la cellule : les milliers de coïncidences heureuses qui sont nécessaires pour leur apparition et leur mise au point peuvent-elles être le fruit du seul hasard ? Et que dire, de même, de ces fruits de l'évolution que sont l'irréductible complexité et la grande diversité du vivant ? Ces faits observables ont véritablement l'allure de phénomènes dirigés et orientés.

« L'idée que l'ordre et la précision de l'univers, dans ses aspects innombrables, serait le résultat d'un hasard aveugle est aussi peu crédible que si, après l'explosion d'une imprimerie, tous les caractères retombaient par terre dans l'ordre d'un dictionnaire. »
ALBERT EINSTEIN

La thèse finaliste réintroduit ici le principe anthropique˙ dans l'évolution de la vie. Ce principe, affirmé par plusieurs physiciens pour caractériser l'évolution cosmique, a d'abord une formulation qu'on reconnaît comme « faible » : « Puisqu'il y a un observateur conscient dans l'univers, ce dernier doit posséder les propriétés qui en permettent l'existence. » Mais le principe revêt aussi une formulation « forte », la seule qui soit vraiment significative : « L'univers est constitué de telle façon dans ses lois et son organisation qu'il ne manque pas de produire un jour un observateur conscient. » Cette seconde formulation, ayant un caractère plus nettement finaliste, est appliquée à l'évolution de la vie sur terre. En somme, l'évolution de la vie est orientée et dirigée vers l'apparition de l'être humain, cet observateur unique de l'univers, cet être absolument nouveau dont la conscience peut se faire le miroir du cosmos.

> « Si la nature avait opté, ce qui était possible, pour une série même légèrement différente des valeurs des constantes fondamentales, le monde aurait été très différent. Et nous ne serions probablement pas là pour le voir. »
>
> GUY-MARIE BERTRAND, *La révélation cosmique dans la pensée occidentale*

> « L'univers a donné la vie et la pensée. Par conséquent, il a dû les avoir potentiellement depuis le Big Bang. »
>
> CHRISTIAN DE DUVE, *À l'écoute du vivant*

> « Il est quasiment impossible aux êtres humains de ne pas croire qu'il existe une relation particulière entre eux et l'univers, que la vie n'est pas seulement l'aboutissement grotesque d'une suite d'accidents remontant dans le passé jusqu'aux trois premières minutes, mais que, d'une certaine façon, nous fûmes conçus dès le commencement. »
>
> STEVEN WEINBERG, *Les trois premières minutes de l'univers*

Alfred N. Whitehead : Dieu au cœur du devenir cosmique

Pour le philosophe et savant Whitehead (1861-1948), la philosophie est un voyage en quête des plus grandes idées qui sont en marche dans l'univers. Sa cosmologie est une métaphysique spiritualiste de l'univers, qui prend le contre-pied du matérialisme et du positivisme qui dominent alors en science. Whitehead y est engagé dans une recherche rationnelle de l'essence même de l'univers, un univers qu'il reconnaît, comme Einstein, habité par la Raison.

Cet univers est devenir en son essence même. La réalité est ici envisagée comme un «procès», c'est-à-dire une incessante marche en avant, un flux continuel d'événements. Comme les philosophes Bergson et Hegel avant lui, Whitehead donne raison au vieil Héraclite d'Éphèse qui voyait l'univers comme un éternel devenir. Le cœur même de toute réalité est le fait qu'elle devient, se transforme, évolue. Il n'y a pas de substance stable dans la Nature ; tout y est pur devenir.

Il y a de fait, dans la Nature, une formidable avancée créatrice, produisant continûment la nouveauté. Car la Nature est créativité. Constamment, en elle, c'est l'émergence de nouvelles formes, l'arrivée de nouveaux événements interreliés, une poussée en avant créant de nouvelles organisations. Et c'est par la synthèse de plusieurs éléments ou par la «concrescence˙» que la Nature crée ces nouvelles formes.

La créativité de la Nature ne s'accomplit pas au hasard. Au contraire, réglée par des lois, elle va dans un sens déterminé. Si elle favorise l'émergence de nouvelles formes et de nouveaux événements, c'est qu'elle est en quête des essences ou des idées éternelles dont elle cherche l'actualisation. L'avancée créatrice qu'est l'univers est due à la coopération de ces deux facteurs que sont la puissance ou la force, d'une part, les idées ou les essences, d'autre part. Ainsi la force créatrice est-elle guidée par ces idées, et ainsi le changement est-il toujours préservé dans l'ordre et l'ordre préservé dans le changement.

C'est dire autrement que le devenir cosmique est orienté, finalisé et guidé par une Raison intérieure qui pousse l'univers, comme tout et en chacune de ses parties, vers l'actualisation de ces grandes idées que sont la Beauté, la Vérité, le Bien et l'Unité. Cette réconciliation de la pensée de Platon, avec ses idées immuables et éternelles, et de la pensée d'Héraclite, où tout passe et rien ne demeure dans le flux incessant du devenir, est ici tout à fait remarquable.

> « L'art du progrès consiste à préserver l'ordre au sein du changement et le changement au sein de l'ordre. »
>
> ALFRED NORTH WHITEHEAD, *Procès et réalité.*
> *Essai de cosmologie*

Dès le départ, l'univers constitue un tout organique potentiel à actualiser. Ce monde est un en puissance et vise à réaliser l'unité.

Whitehead parle du cosmos comme d'un grand organisme vivant. Toutes les entités qui le composent sont essentiellement attachées les unes aux autres. Habitées par la force créatrice guidée par les idées, ces entités cherchent à rendre «réalité accomplie» cette unité qui était à l'origine «pure potentialité».

La créativité cosmique, c'est Dieu, présent dans le monde, cherchant à réaliser son ordre par la pénétration des idées qui sont en son être même. En lui-même, en sa nature primordiale, Dieu est cet élan de créativité et cette sagesse ordonnatrice; dans l'univers, en sa nature conséquente, Dieu est l'élan de créativité cosmique en quête de sens, de valeur, d'ordre et d'unité.

Dieu est toujours avec sa création. Il est en mission de devenir à travers tout acte créateur en ce monde. En somme, Dieu est bien le créateur du monde et le monde est bien, en un sens, le créateur de Dieu. Et la vraie moralité, tout comme la vraie religion, consiste pour chacun à coopérer avec cet élan créateur en quête d'ordre; à devenir avec Dieu et comme Dieu un poète qui, par ses actes, crée et actualise la beauté, la vérité et la bonté par lesquelles il est attiré. Ce qui est, en son fond, la finalité même du devenir évolutif de l'univers…

> «Dieu n'est pas avant la création, mais avec toute la création. [...] Il y a une marche incessante de la nature, une avancée créatrice. [...] La créativité de la nature est réglée par des lois; poussée en avant, elle est orientée vers du plus parfait. [...] On ne peut éliminer la finalité; ce serait le règne de l'inintelligibilité.»
>
> ALFRED N. WHITEHEAD, *Procès et réalité.*
> *Essai de cosmologie*

> «Dieu est le poète du monde, qu'il dirige avec une tendre patience par sa vision de vérité, de beauté et de bonté.»
>
> ALFRED N. WHITEHEAD, *Procès et réalité.*
> *Essai de cosmologie*

John Eccles : l'évolution biologique dirigée

John Eccles (1903-1997) est l'un des plus grands neurologues du xxe siècle. Il a contribué de façon remarquable à l'accroissement de nos connaissances concernant le cerveau humain. Ses travaux lui ont valu le prix Nobel de médecine en 1964. Il a montré comment se sont développées, au cours de ce qu'il appelle « le projet évolutif », les structures neuronales qui ont permis l'apparition de la conscience humaine. Pour Eccles, il s'agit de la création d'un esprit certes en lien avec son cerveau, mais qui, par sa qualité de personne unique et par ses états mentaux spécifiquement humains, transcende sa base matérielle neuronale.

John Eccles, avec à l'appui la pensée de Karl Popper, dénonce le matérialisme dogmatique de plusieurs de ses confrères savants, en particulier celui de Jacques Monod. Malheureusement, croit-il, les scientifiques sont portés vers une sorte de réductionnisme dans l'ordre de la connaissance, selon lequel seule la science livre une connaissance valable et vraie, et de monisme matérialiste, selon lequel la réalité est effectivement réductible à l'unité de la seule matière. Ainsi, l'esprit n'est qu'un épiphénomène de la matière et la conscience, une simple production des neurones du cerveau.

Incapable d'expliquer la moralité, la beauté, la responsabilité individuelle et, par-dessus tout, la conscience de soi de la personne humaine, le matérialisme scientifique ambiant nie cette profondeur de l'expérience humaine qui lui échappe. Eccles trouve gênant que les évolutionnistes se soient si peu préoccupés de la formidable énigme qu'oppose à leurs théories matérialistes l'apparition de la conscience de soi au cours de l'évolution des espèces.

> « Le mystère de l'homme est incroyablement diminué (à tort) par le réductionnisme scientifique et sa prétention matérialiste à rendre compte de l'esprit en termes de simple activité neuronale. [...] Tous les aspects spirituels de la nature humaine échapperont toujours aux explications scientifiques darwiniennes. Pour cette raison, j'ai dû superposer un concept finaliste aux explications matérialistes darwiniennes auxquelles j'ai strictement adhéré dans mes recherches préalables. »

> JOHN ECCLES, *Évolution du cerveau*
> *et création de la conscience*

Eccles fait sienne la conception philosophique des trois mondes de Popper. Le monde 1 est celui des choses et des états de la matière, le cerveau humain y compris. Le monde 2 est celui de la subjectivité humaine et du moi, avec ses états de conscience, de perception extérieure et de perception intérieure, allant jusqu'à la profonde conscience de soi, à la faculté de savoir qu'on sait et qu'on va mourir. Le monde 3 est celui des produits objectifs de la pensée et de la créativité de l'*Homo sapiens*, c'est-à-dire le monde du langage symbolique et de la production culturelle humaine, dont les produits les plus éminents sont entre autres la morale, la religion, la science et la philosophie.

Ces trois mondes ne sont pas réductibles l'un à l'autre. Qui plus est, ils se transforment et évoluent l'un par l'autre dans l'ensemble de leurs interactions. Ainsi, il y a un développement du monde 2 ou de la conscience subjective dû à ses rapports avec le monde 3 de la culture ambiante. Et plus le monde 3 de la culture est riche, plus les gains existent dans le monde 2 de la conscience et de la conscience de soi. De même, il y a une évolution du monde 3, tout spécialement grâce à la conscience et à la créativité de grandes individualités ou subjectivités du monde 2 : c'est l'évolution culturelle qui, chez l'homme, a pris le relais de l'évolution biologique. Enfin, il y a une interaction évidente qui va du monde 1 du cerveau humain au monde 2 de la conscience et inversement.

Il faut ajouter que le cerveau humain est le seul cerveau à avoir développé au cours de l'évolution une asymétrie cérébrale qui a doublé le cortex, permettant de la sorte « l'apparition » du monde 2 de la conscience de soi. Mais il y a également une action réelle des états mentaux non matériels sur les synapses du cerveau, une influence des intentions volontaires sur des modules du cerveau, en somme une interaction qui va du monde 2 au monde 1, c'est-à-dire de la conscience au cerveau ou de l'esprit à la matière. À cet égard, on peut même comparer le cerveau humain à un superbe ordinateur construit selon le codage génétique au cours de l'évolution biologique ; mais le programmateur est le moi, l'âme ou la personne. Tout au long de la vie, l'un, ordinateur ou programmateur, reçoit de l'autre, et les deux reçoivent à leur tour de la culture ambiante et peuvent contribuer à son évolution.

> « Il nous faut postuler l'existence d'une finalité dans toutes les vicissitudes de l'évolution biologique. [...] L'évolution biologique n'est pas le seul fruit du hasard et de la nécessité. Ni le hasard pur, ni la seule nécessité n'auraient suffi pour créer l'homme et ses valeurs. Je pense qu'il se peut que l'évolution soit l'instrument d'une Finalité qui l'élève bien au-dessus du hasard et de la nécessité. »
>
> JOHN ECCLES, *Évolution du cerveau*
> *et création de la conscience*

Le cerveau humain s'étant développé bien au-delà de ce qu'exige la sélection naturelle dans le cadre utilitaire de la survie, il faut postuler qu'existait dans l'évolution biologique une finalité qui la dirigeait vers l'avènement d'une conscience subjective capable de la conscience de soi et vers la création d'une culture spécifiquement humaine en laquelle se poursuit l'évolution. L'évolution biologique était donc porteuse d'un grand projet. Il faut reconnaître une variante du principe anthropique dans l'évolution biologique, principe que plusieurs physiciens ont reconnu dans l'évolution cosmique en son ensemble.

On est ainsi conduit à l'existence d'un Dieu qui peut être vu comme le créateur du cosmos, de ses lois et de ses constantes fondamentales si précisément réglées qu'elles ont permis le Big Bang˙, l'apparition de la vie et celle de la conscience humaine. Mais il peut aussi être envisagé comme un Dieu immanent, agissant au cœur même du grand projet évolutif et à qui nous devons constamment notre propre existence. Ni le hasard ni la nécessité n'ont pu créer l'âme humaine, cette conscience de soi qui sait qu'elle sait, cet esprit ouvert sur la beauté, la vérité et la bonté universelles, cette personne qui ne s'accomplit que dans l'altruisme, cette entité spirituelle et immortelle que nous sommes essentiellement.

Ken Wilber : le déploiement de l'Esprit cosmique

Ken Wilber (1943-) est un philosophe américain contemporain que plusieurs situent dans une classe à part. Ce penseur original, à la pensée universelle, se situe aux frontières des sciences de la nature (en particulier la physique et la biochimie), des sciences de l'homme (tout spécialement la psychologie du développement) et de la spiritualité issue des grandes traditions spirituelles (notamment celle du bouddhisme).

Dans son livre *Une brève histoire de tout*, Ken Wilber présente une vision intégrée de l'évolution cosmique, biologique et humaine. Pour lui, l'univers est traversé par une pulsion autotranscendante et cet élan créateur s'effectue dans ce qu'il appelle les quatre quadrants du grand cercle cosmique, reproduits dans chaque microcosme ou « holon˙ » qui peuple le cosmos : intérieur et extérieur, individuel et collectif. On observe effectivement dans l'histoire cosmique l'émergence de nouveaux holons plus complexes, grâce à ce mouvement évolutif partout présent et qui est le tissu même du cosmos : transcendance dans une organisation supérieure et inclusion des éléments essentiels de ce qui précède; dépassement dans une forme plus riche et incorporation des formes précédentes en cette forme plus riche.

Wilber affirme que l'évolution cosmique possède une direction et un but : aller toujours au-delà de ce qui existait auparavant. Plus la profondeur d'organisation et de complexité augmente dans le devenir cosmique, plus la conscience s'éveille et plus les potentialités se déploient. L'univers produit donc une hiérarchie d'être et de conscience, l'évolution créant ainsi une sorte de pyramide, habitée qu'elle est par une poussée en avant inséparable d'un principe d'ordre.

Les émergences cosmiques majeures furent celle de la biosphère et, dans la biosphère en évolution, celle de la conscience humaine. Et le déploiement évolutionnaire s'est poursuivi dans les étapes d'éveil de la conscience humaine et dans les stades du développement des plus grandes potentialités humaines. En ces hauteurs où se situent les stades transpersonnels et subtils de la conscience humaine réside, pour Wilber, le sommet de la pyramide évolutive.

Il est clair que quelque chose d'autre que le pur hasard pousse l'univers et la vie en devenir. L'évolution peut sans doute ici et là et à un moment ou l'autre vagabonder; sur le long terme, elle possède pourtant un sens qui émerge et vainc le hasard. La pulsion autotranscendante qui traverse l'univers, la biosphère et chacun des holons vise, en définitive, la plus grande profondeur d'organisation et le plus haut degré de conscience.

« Le cosmos est doté d'une pulsion formatrice, d'un *"telos"*. Il a une direction. Il va quelque part. [...] Quelque chose d'autre que le hasard pousse l'univers. »

Ken Wilber, *Une brève histoire de tout*

« Il faut peut-être une centaine de mutations pour produire une aile fonctionnelle à partir d'une patte. Une demi-aile est inutile. L'aile ne fonctionnera que si ces cent mutations se produisent toutes en même temps dans un animal; qui plus est, ces mêmes mutations doivent se produire simultanément chez un autre animal de sexe opposé, puis les deux doivent d'une manière quelconque se trouver. [...] Le hasard des mutations ne peut même pas commencer à expliquer ceci. [...] Mais une fois que cette incroyable transformation s'est produite, alors oui, la sélection naturelle va effectivement sélectionner les meilleures ailes en écartant d'autres ailes moins fonctionnelles. »

Ken Wilber, *Une brève histoire de tout*

Comme chez Schelling, entre autres, pour Ken Wilber l'évolution est en profondeur un mouvement spirituel. En son essence même, au sein du cosmos en général et de la biosphère en particulier, elle se présente comme le déploiement de l'Esprit cosmique à travers les quatre quadrants de chaque holon et du grand tout cosmique. À vrai dire, la pulsion évolutionnaire est l'Esprit-en-action ou Dieu-en-devenir qui, à chaque stade de développement, manifeste, déplie et réalise quelque chose de son être dans le cosmos. Ainsi l'Esprit cosmique et divin se trouve-t-il dans le processus évolutif lui-même. Et, dans la conscience de l'homme et tout spécialement par l'entremise de ces rares élus qui ont accédé aux stades supérieurs de la conscience spirituelle, l'Esprit se regarde lui-même et reconnaît quelque aspect de sa vraie nature. Telle est la direction et tel est le sens ultime de l'évolution.

> « Le cosmos se tient, unifié en un seul processus. C'est un "uni-vers", un chant. Ce chant unique est l'Esprit-en-action ou Dieu-en-devenir. [...] J'utilise également, pour désigner l'Esprit, un terme bouddhique, la Vacuité. L'Esprit ou la Vacuité donne naissance aux formes. De nouvelles formes émergent, de nouveaux holons émergent. [...] L'évolution est un processus qui transcende et inclut. Et cela commence à nous ouvrir le cœur même de l'Esprit-en-action, le secret de l'impulsion évolutionnaire. »
>
> KEN WILBER, *Une brève histoire de tout*

Michael Denton : le dessein intelligent

Michael Denton (1943-) est biochimiste et généticien, professeur à l'Université d'Otago en Nouvelle-Zélande. Pour lui, les connaissances scientifiques les plus avancées des mécanismes du vivant redonnent sa légitimité au finalisme dans l'évolution. Sa pensée, tout comme celles du biochimiste Michael Behe et du mathématicien William A. Dembski par exemple, est malheureusement récupérée par les mouvements créationnistes fondamentalistes dans leur lutte religieuse, morale et politique. Mais ces penseurs refusent d'être rattachés aux mouvements « créationnistes », acceptant cependant d'être reconnus comme ceux qui redonnent aujourd'hui vie à l'affirmation d'une finalité dans l'évolution.

Bien que Denton dise se situer dans la filiation de William Paley, dont l'ouvrage de théologie naturelle intitulé *Évidences* fit autorité au XVIIIᵉ siècle, et de Francis Bacon au début du XVIIᵉ siècle, pour qui la théologie naturelle est l'ensemble des connaissances relatives à Dieu obtenues par la contemplation de ses créatures, il affirme développer à son tour une nouvelle théologie naturelle à partir des connaissances scientifiques actuelles. Il croit qu'il est possible d'expliquer l'évolution cosmique et biologique sans invoquer une multitude de miracles ou d'interventions spéciales de Dieu dans la nature, sans pour autant adhérer à une vision matérialiste prônant un développement à l'aveugle. L'essentiel de sa démarche consiste donc à montrer que l'accumulation d'observations de plusieurs faits ou phénomènes aujourd'hui accessibles à la science constitue une preuve acceptable que l'évolution de la biosphère en particulier et du cosmos en général est le fruit d'un «dessein intelligent».

Et d'abord, quels sont ces phénomènes ou faits connus de la science actuelle? Denton rappelle plusieurs connaissances acquises en physique du XXᵉ siècle. Entre autres, les valeurs numériques des constantes fondamentales déterminées avec une étonnante précision; l'équilibre des grandes forces cosmiques et de leurs valeurs numériques; les ajustements simultanés remarquables au sein des constituants élémentaires qui vont permettre l'existence même de la vie et l'évolution dans la biosphère; la dimension adéquate des galaxies et des conditions physiques présentes au cœur des étoiles; les supernovæ où s'annonce la vie; la distance entre les étoiles; l'ajustement de l'énergie rayonnée par les étoiles à une photochimie et à l'activation d'une hydrosphère. Nous savons donc aujourd'hui que l'existence de la vie est due à une longue chaîne de coïncidences heureuses et d'ajustements simultanés et étonnamment réglés.

> «Si les forces cosmiques fondamentales n'avaient pas eu précisément les valeurs qu'elles ont dans la réalité, il n'y aurait ni étoiles, ni supernovæ, ni planètes, ni atomes, ni vie. Tout cela, reconnaît Davies, est vraiment étonnant.»
>
> MICHAEL DENTON, *L'évolution a-t-elle un sens?*

Nous connaissons également aujourd'hui cette adéquation de l'eau pour une forme de vie fondée sur le carbone; cette adéquation de la lumière solaire et de la vie; cette adéquation simultanée de l'ADN et des protéines; cette adéquation de l'arbre de la vie, superorganisme où chaque espèce apparaît comme l'une de ses cellules, avec les lois précises de la nature. Et que dire de l'incroyable complexité et variété au sein de la biosphère ? Tout indique que les lois de la nature ont un caractère profondément biocentrique et que l'évolution de la vie se présente comme un jeu qui s'est lui-même joué sur la base de règles fixes.

« La science a révélé qu'une longue chaîne de coïncidences a conduit inexorablement à la vie sur terre. [...] Nous disposons maintenant d'un cadre parfaitement rationnel pour soutenir le concept d'évolution dirigée. L'atome de carbone, l'atome d'oxygène, la double hélice et bien d'autres éléments constitutifs de la vie possèdent des propriétés uniques en leur genre qui semblent si parfaitement adaptées à leurs finalités biologiques que l'impression de dessein est irrésistible. [...] Le monde apparaît comme s'il avait été spécialement façonné pour la vie; il semble qu'il ait résulté d'un dessein. [...] Si la vie doit son existence au dessein, alors son devenir évolutif devrait lui aussi résulter du dessein. »

MICHAEL DENTON, *L'évolution a-t-elle un sens ?*

« S'il s'avère que l'existence de la vie nécessite une harmonisation extrêmement précise des lois de la physique et des conditions initiales de l'univers, et que cette précision soit obtenue, alors l'idée d'un dessein semble s'imposer d'elle-même. »

PAUL DAVIES, *L'Esprit de Dieu*

Ainsi, l'interprétation téléologique de la vie sur terre est tout à fait compatible avec une multitude de phénomènes connus et observables en physique et en chimie comme en biologie. L'évolution du cosmos, tout comme celle de la biosphère, témoigne d'une direction, voire d'une finalité qui conduit jusqu'à l'avènement de la conscience humaine. Denton affirme avec le physicien australien Paul Davies que, contemplant l'univers, « l'impression d'un dessein intelligent est irrésistible ». Le principe anthropique dont parlent effectivement plusieurs physiciens en regard du devenir cosmique trouve son prolongement dans l'évolution de la vie elle-même. De fait, cette évolution paraît vraiment orientée.

« Je ne puis croire que notre existence dans cet univers est un simple caprice du destin, un accident de l'histoire, un incident fortuit dans le grand drame cosmique. [...] L'univers a engendré la conscience de soi à travers les êtres humains. Ce ne peut être un détail anodin ni une production marginale de forces absurdes et dépourvues de finalité. Notre présence ici a un sens réel. »

PAUL DAVIES, *L'Esprit de Dieu*

« La thèse de la téléologie tire sa force de l'accumulation des arguments en sa faveur. Elle ne se fonde pas sur une seule preuve considérée isolément, mais sur l'addition de toutes ces preuves ; sur la longue chaîne des coïncidences qui conduit de façon si convaincante vers l'objectif très particulier de la vie ; sur le fait que toutes ces preuves indépendantes s'emboîtent les unes dans les autres pour donner une magnifique totalité téléologique. Dans le domaine de l'évolution, la thèse se dégage également de l'addition des preuves. Prises une par une, ces preuves ne font que suggérer une possibilité ; mais, considérées ensemble, elles donnent une image globale qui soutient fortement la notion d'évolution dirigée. »

MICHAEL DENTON, *L'évolution a-t-elle un sens ?*

⋆   ⋆   ⋆

Selon ces penseurs, contrairement à ce qu'affirment Jacques Monod et les néodarwinistes orthodoxes, l'univers et l'être humain sont faits l'un pour l'autre. Peut-on accepter que l'univers comporte un programme observable qu'aucune intelligence n'aurait programmé, un message significatif que personne n'aurait émis ? La longue chaîne des coïncidences heureuses qui, par évolution, a abouti à la vie et à la conscience humaine ne nous indique-t-elle pas que le cosmos ne serait pas un texte sans auteur ?

Dans la pensée finaliste, l'évolution cosmique et biologique qui mène à l'être humain n'est pas le produit d'un hasard aveugle ; elle est plutôt le fruit d'un dessein intelligent. Selon cette vision des choses, il est tout à fait plausible qu'un Rêveur intelligent ait rêvé les galaxies, les étoiles et les planètes et ait inscrit son rêve dans les profondeurs des forces et des lois cosmiques pour que, quelque part, apparaissent la vie et une conscience capable de se regarder elle-même et d'être également le miroir du cosmos...

Chapitre 17

Un Dieu « évoluteur »

Dans le débat actuel entre partisans d'une évolution « au hasard et à l'aveugle » et partisans d'une évolution « dirigée et finalisée », la pensée de Teilhard de Chardin (1881-1955) apparaît d'une profonde actualité. Paléontologue et géologue français, il est également philosophe et théologien. Sa conception de l'évolution se situe dans une vision globale de l'univers. Ne niant pas le rôle joué par le hasard, il reconnaît cependant que l'évolution cosmique et biologique est orientée par un Dieu évoluteur, son sens étant celui d'une montée de la complexité et de la conscience en direction du point Oméga.

Si la pensée de Jacques Monod peut apparaître comme un prototype de « l'évolution au hasard », celle de Teilhard se présente, à son tour, comme le prototype d'une « évolution dirigée ».

L'intuition originelle d'un savant,
qui est aussi penseur et mystique

Teilhard semble avoir eu cette intuition originelle d'une convergence en lui-même du Divin, de l'Être cosmique et de l'Évolution. Cette expérience intuitive, qu'on peut rapprocher de celle de Hegel, va donner naissance à sa recherche scientifique de géologue et de paléontologue, à sa réflexion philosophique de type phénoménologique et à sa quête mystique enracinée dans le christianisme. Car Teilhard est un savant, mais également un penseur et un mystique : il transgresse, avec bonheur, les frontières.

Il a parlé lui-même de «l'attraction de grands astres en lui». L'Astre divin, d'abord : il reconnaît avoir toujours visé à atteindre l'Absolu. Voilà le mystique, l'homme à la recherche du Divin présent en lui-même et dans le cosmos. C'est un passionné de Dieu, mais d'un Dieu qu'on peut lire dans les pierres, les métaux et les fossiles ; un Dieu qu'on peut célébrer au cœur même de la matière. Un Dieu cosmique !

L'Astre ontologique, ensuite. Teilhard est un passionné de l'Être qu'il saisit dans son inachèvement, tout autant que dans son devenir créateur. Pour lui, le temps créateur est effectivement au cœur de l'Être. Teilhard est un métaphysicien, même s'il n'aimait pas trop qu'on lui accole ce qualificatif.

L'Astre cosmique évolutif, enfin. Teilhard est un passionné de la matière qu'il contemple, des forces de la terre qu'il observe, de l'évolution qu'il analyse et des énergies cosmiques qu'il détecte avec sa démarche et ses outils de savant paléontologue et géologue. L'évolution cosmique et biologique est vraiment, pour lui, un fait indéniable qui imprègne sa vision de l'Être et son approche de Dieu.

> «Le tâtonnement, qui n'est pas seulement le Hasard, avec quoi on a voulu le confondre, mais un Hasard dirigé. [...] Tout essayer pour tout trouver. [...] Ce n'est vraiment qu'à coups de chances que la Vie procède ; mais à coups de chances reconnues et saisies, c'est-à-dire psychiquement sélectionnées. Bien compris, l'antihasard néolamarkien n'est pas la simple négation, mais au contraire il se présente comme l'utilisation du hasard darwinien. [...] Sur une trajectoire de feu, les tâtonnements instinctifs de la première cellule rejoignent les

tâtonnements savants de nos laboratoires. Inclinons-nous donc avec respect sous le souffle qui gonfle nos cœurs pour les anxiétés et les joies de tout essayer et de tout trouver. L'onde que nous sentons passer ne s'est pas formée en nous-mêmes. Elle nous arrive de très loin, partie en même temps que les premières étoiles. Elle nous parvient après avoir tout créé en chemin. L'esprit de recherche et de conquête est l'âme permanente de l'Évolution. »

Teilhard de Chardin, Le phénomène humain

La mouvance : l'Esprit à l'œuvre dans la matière

Rappelons d'abord que, pour Teilhard, tout élément de matière contient quelque germe d'intériorité ou de conscience. Il répète sans cesse qu'il y a un «dedans» et un «dehors» de la matière. N'existe qu'une seule étoffe cosmique, mais elle possède deux faces ou deux dimensions. Pour lui, il y a de la conscience immergée dans la matière. La matière est lestée de conscience. Elle contient du psychique, de l'intériorité, de la conscience, de l'invisible : c'est sa face interne, son dedans. C'est ici redonner une vie nouvelle à la pensée d'Aristote, qui disait : il y a une «forme intérieure» dans la matière ; et cette forme est une idée à l'œuvre dans la matière. Ça s'appelait «l'hylémorphisme⋅ » (de *hulê*, la matière, et de *morphê*, la forme). Mais, on le verra : l'hylémorphisme de Teilhard est situé dans une dynamique évolutive qui n'existait pas chez Aristote. Car la face interne et la face externe, la forme et la matière, le psychique et le physique sont en devenir et en transformation créatrice.

> «Tout élément de matière contient quelque germe d'intériorité ou de conscience. »

Teilhard de Chardin, Le phénomène humain

> «Il y a un dedans et un dehors des choses. [...] Perfection spirituelle (ou centréité consciente) et synthèse matérielle (ou complexité) ne sont que les deux faces ou parties liées d'un même phénomène. »

Teilhard de Chardin, Le phénomène humain

Rappelons aussi que, pour Teilhard comme pour Schelling et Hegel, l'univers est la marche irréversible de l'Esprit. Ainsi, il n'y a qu'une seule grande Énergie cosmique, l'Énergie de l'Esprit, qui prend tantôt le visage de l'énergie radiale, tantôt celui de l'énergie tangentielle. L'énergie radiale traduit l'action du psychique et de l'intériorité; son mouvement va vers plus de conscience et d'intériorité. L'énergie tangentielle traduit l'action de la matière et de l'extériorité; son mouvement va vers plus d'organisation et de complexité matérielle. Mais c'est toujours l'Esprit qui se meut dans le cosmos, à travers ces deux faces de lui-même que sont la matière et la conscience, l'extériorité et l'intériorité.

L'Esprit cosmique est l'étoffe de l'univers. C'est lui qui est en marche dans l'évolution. Car l'évolution est l'histoire des luttes de l'Esprit, et l'Esprit est la seule grande Énergie qui traverse de part en part le cosmos.

« L'univers est la marche irréversible de l'Esprit. »

TEILHARD DE CHARDIN, *L'énergie humaine*

La mouvance de l'Esprit dans la matière prend, chez Teilhard, le visage de l'Amour. L'Amour y est élevé à la dignité de l'ordre cosmique. C'est l'énergie psychique primitive et universelle. C'est la plus universelle et la plus mystérieuse des énergies cosmiques. En ce sens, raconter l'évolution universelle, c'est pour une grande part retracer le mouvement de l'Amour. Car le système cosmique, de la plus infime particule jusqu'à la galaxie la plus lointaine en passant par la vie sur terre, est bâti sur cette énergie d'union. Le cosmos est à structure convergente et l'amour est son énergie essentielle.

L'Amour est, bien sûr, l'affinité de l'être pour l'être et une propriété générale de toute vie. Il épouse même toutes les formes prises successivement par la matière organisée. Il fait partie du dedans ou de la face interne de toute entité matérielle. C'est la propension interne à s'unir, jusque dans la molécule. L'Amour est donc l'énergie d'unification, cette grande vibration, cette onde fondamentale née avec l'univers lui-même et qui résonne toujours dans le tout cosmique. C'est lui qui fait que les fragments du monde se cherchent; c'est lui qui précipite l'un sur l'autre les éléments dans le tout. Le mal consiste ainsi en l'opposition à l'unification et en la désunion.

L'Amour cosmique est une union créatrice. Il achève les êtres en les réunissant avec eux-mêmes, en les faisant devenir concrètement ce qu'ils sont potentiellement. Et surtout, il crée, tout au long de l'évolution cosmique, des formes nouvelles d'être. L'union, à tous les paliers, est créatrice de nouveauté et, même, elle crée de nouveaux paliers dans l'Être : c'est une loi cosmique.

Et quand l'amour cosmique devient hominisé, c'est une union qui différencie les êtres qui s'unissent, sans se fondre les uns dans les autres. C'est une énergie unitive qui, en même temps, personnalise ceux qui s'unissent. Ainsi, lorsque des personnes s'unissent dans les diverses formes de l'Amour, l'énergie unifiante et communiante est en même temps une énergie différenciante et personnalisante. L'amour humain, c'est l'énergie psychique primitive et universelle à son plus haut niveau. Ce serait même l'Énergie de l'Esprit cosmique à l'œuvre dans la matière.

> « L'amour est la plus universelle, la plus formidable, et la plus mystérieuse des énergies cosmiques. [...] L'Amour serait l'énergie psychique primitive et universelle. »
>
> TEILHARD DE CHARDIN, Sur l'Amour

Ainsi, la mouvance universelle dans le cosmos est inséparablement une mouvance de l'Esprit et une mouvance de l'Amour. L'Esprit serait en quelque sorte le nom de la « force d'impulsion » interne dans le cosmos ; et l'Amour serait le nom de sa « force d'attraction » interne. L'Esprit et l'Amour constituent l'Énergie fondamentale en mouvance dans le tout cosmique.

L'émergence : la montée de la complexité et de la conscience

Pour Teilhard, l'Univers est un tout dynamique, l'Être est en devenir et le Cosmos est en évolution. Ce dynamisme, ce devenir ou cette évolution, c'est la montée de l'Esprit, selon ses deux faces, externe et interne. Cette montée dans le processus de complexification matérielle est liée à la montée dans le processus de centration ou de conscientisation. La flèche de l'évolution cosmique, sa direction, son vecteur ou son orthogenèse*, comme dit Teilhard, est la plus grande complexité et la plus haute conscience. À travers ses tâtonnements et ses explorations dans la matière et dans la vie, l'Esprit cosmique garde son axe d'évolution, il «bride» et dirige le hasard, l'utilisant pour son «projet» de complexification et de conscientisation.

Montée de complexité! Il s'agit de niveaux d'organisation et d'arrangement de plus en plus sophistiqués dans la matière. C'est la complexification dans la face externe ou matérielle des entités. La flèche de l'évolution vise le plus haut niveau d'organisation. Ainsi, on observe une montée des atomes aux molécules, des molécules aux méga-molécules, de celles-ci aux cellules, puis des cellules aux organismes; et, dans le monde des organismes, la montée se poursuit vers des organismes vertébrés et céphalisés (développement du cerveau), jusqu'aux primates (les cérébraux-manuels), puis aux hominiens, et ce, jusqu'à l'apparition de l'*Homo sapiens*, l'être au cerveau le plus complexe.

> «La grande loi de complexité et de conscience, loi impliquant elle-même une structure et une courbure psychiquement convergentes du Monde. [...] Il n'y a qu'une seule marée montante, sous le rythme des âges.»
>
> TEILHARD DE CHARDIN, *Le phénomène humain*

Liée à cette montée de complexité, montée de conscience! C'est la montée de la face interne et du psychique dans la matière. C'est donc l'émergence progressive de l'énergie radiale (ou psychique) dans les êtres; l'émergence progressive des propriétés centriques de conscience, de liberté, de créativité, repérables depuis l'atome jusqu'aux organismes les plus évolués. Cette montée de conscience se produit, et c'est là une loi de l'évolution, à la fois dans la continuité et dans la rupture: ce qui précède est conservé, mais transcendé. Un seuil a été franchi, mais dans la continuité.

La montée de conscience parvient, chez l'être humain, à ce que Teilhard appelle «le pas de la réflexion»: c'est l'hominisation. C'est en quelque sorte l'apparition du troisième infini. De l'infiniment petit et de l'infiniment grand émerge l'infiniment complexe: l'être humain, au cerveau le plus développé lié à l'apparition d'une conscience réflexive. L'être humain, c'est la conscience qui sait qu'elle sait; c'est la conscience de soi, capable d'interroger l'univers et à travers laquelle l'univers lui-même se regarde. C'est une conscience qui «réfléchit» l'univers et qui «se réfléchit» elle-même. Ce troisième infini, ce «grain de pensée» est conscient du tout cosmique dont il est issu et, comme on le verra plus loin, conscient de l'Infini divin qui le pousse, le porte et l'attire.

« L'Homme est né de la Terre. Mais, plus logiques que les savants qui nous parlent, il nous faut aller jusqu'au bout de la leçon : c'est-à-dire accepter que l'Homme soit né tout entier du Monde, non pas seulement ses os, sa chair, mais son incroyable pouvoir de penser. [...] L'Homme est la flamme qui jaillit soudainement sur Terre d'une fermentation générale de l'Univers. »

TEILHARD DE CHARDIN, *L'énergie humaine*

Pour qu'il y ait émergence, deux mouvements de l'Énergie cosmique sont à l'œuvre et se marient dans ce que Teilhard appelle la « transformation créatrice ». La transformation, c'est l'Énergie cosmique qui se sert de ce qui existe déjà pour le faire évoluer. Elle utilise donc le déjà réalisé pour l'amener plus loin. Dans son intention transformatrice, elle se sert des matériaux existants dans la Nature.

Pourquoi, en fin de compte ? Pour créer de la nouveauté. Pour faire apparaître des entités nouvelles plus riches en être, plus performantes, situées plus haut dans la Grande Chaîne de l'Être. Ainsi, des êtres nouveaux naissent de ce qui était avant eux, sans pour autant s'y réduire. Chacun est un « tout » nouveau, qui inclut les richesses de ceux qui l'ont précédé. Par exemple, une molécule transcende les atomes qui la composent, mais les inclut, comme la molécule d'eau qui est un tout plus riche et plus haut dans l'échelle de l'Être que l'oxygène et l'hydrogène qui la composent. La molécule d'eau est née de l'oxygène et de l'hydrogène, mais ne s'y réduit pas. Telle est la transformation créatrice.

En cela s'expriment la grande logique dialectique de l'évolution et la dynamique profonde de l'Énergie à l'œuvre dans le cosmos. Transformation de l'ancien et création du nouveau, en même temps. Continuité, donc, dans le mouvement évolutif, mais aussi rupture. Inclusion de ce qui précède et qui est inférieur dans la Grande Chaîne de l'Être, mais transcendance et dépassement par rapport à cet inférieur. Immergence dans les phases antérieures de l'évolution, mais émergence d'une nouvelle phase de l'Être. Ainsi, l'Énergie cosmique respecte constamment son passé pour construire son avenir.

Cette dynamique évolutive, créatrice de nouveauté dans le respect de l'ancien, implique que tous les êtres du cosmos sont solidaires. Ils forment un seul Grand Tout. Les molécules portent, implié en elles, le potentiel de la cellule vivante (Teilhard parle de « prévie ») ; et la cellule vivante contient les molécules tout en les transcendant. La transforma-tion créatrice crée l'unité cosmique, qui concerne l'être humain au moins autant que tout autre. En lui aussi, il y a continuité et rupture, enracine-ment et spécificité. En l'être humain, il y a « immergence » dans la matière et dans la vie, puis « émergence » de la conscience réflexive. Tout est lié. L'univers est fait d'une seule étoffe, tissée par cette Énergie qui, ultime-ment, est la force de l'Esprit cosmique et divin.

> « L'Énergie représente actuellement pour la science la forme la plus primitive de l'Étoffe universelle. [...] Cette Étoffe de l'Univers ne peut se déchirer. [...] Il y a une unité fondamen-tale du Monde. [...] Ce grand insécable qu'est l'Univers. »

Teilhard de Chardin, *Le phénomène humain*

La convergence : dans le cosmos et chez l'homme

L'Énergie cosmique est un immense pouvoir de liaison : intuition de Teilhard confirmée par les physiciens, dans leur analyse des grandes forces cosmiques que sont la force de gravité, la force électromagnétique et la force nucléaire. L'espace-temps est de nature convergente ; l'Être est un dynamisme qui favorise la convergence et l'union ; l'univers a une structure convergente ; le mouvement de l'Énergie cosmique est un mou-vement de synthèse, affirme-t-il.

On retrouve ici la grande idée teilhardienne, déjà évoquée, de l'union créatrice. La marche de l'Esprit ou de l'Énergie dans l'évolution cosmique se fait par l'unification progressive du multiple. L'Esprit est force unitive, mouvement de convergence. Il fait que l'évolution se produit au moyen des associations, des annexions, des unifications d'éléments divers. L'évo-lution utilise cette tendance fondamentale de l'Être à associer, à regrouper, à unir des éléments. C'est cette union qui est créatrice de nouveauté. C'est dans et par la convergence que se produit l'émergence. S'unir pour être plus. S'unir pour un plus-être. Tous les êtres du cosmos ont été tressés par ce mouvement universel d'union. L'union possède une valeur ascen-sionnelle ; elle fait monter dans la Grande Chaîne de l'Être.

> « Évolution égale montée de conscience ; montée de cons-cience égale effet d'union. »

Teilhard de Chardin, *Le phénomène humain*

Le mal est, pour Teilhard, la résistance à l'union, et donc à la montée dans l'Être. C'est l'opposition aux forces de la convergence, et donc à l'émergence d'un plus-être. En profondeur, c'est l'entrée en conflit avec la force unitive de l'Esprit. Teilhard reconnaît aussi, cependant, que le processus d'union créatrice et de convergence est coûteux. « Toute synthèse coûte », dit-il. Il y a toujours une certaine entropie, une dégradation, un désordre, un mal comme dommage inévitable à l'apparition d'un être plus organisé dans la Nature. Il y a un prix à payer pour la convergence cosmique ascensionnelle.

> « La convergence générale, en quoi consiste l'Évolution universelle, n'est pas achevée avec l'Hominisation. Il n'y a pas seulement des esprits sur la Terre. Le Monde continue : il y aura un Esprit de la Terre. »
>
> TEILHARD DE CHARDIN, *L'énergie humaine*

Chez l'être humain, l'évolution se poursuit. L'Esprit cosmique continue son ascension dans la communauté humaine et, là aussi, par la force de convergence. Cette convergence humaine possède une face externe, un dehors. C'est l'entrée dans la phase de compression matérielle : resserrements démographiques, moyens de transport, techniques de communication, par exemple. Matériellement, en quelque sorte, l'Humanité converge. Il y a un mouvement d'enroulement tangible et visible de l'Humanité sur elle-même, qui prend le relais de la montée de l'organisation et de la complexification de la matière.

Mais la convergence externe se double normalement d'une convergence interne. Cette face interne est « la noogenèse », c'est-à-dire la construction de l'Esprit unique de l'Humanité, l'édification d'une Âme humaine commune. Ce déploiement ou ce dépliement de la noosphère˙ (la sphère des esprits humains), qui est un appel lancé aux êtres humains par l'Esprit cosmique, emprunte trois grandes voies, selon Teilhard.

> « L'enfantement d'abord, puis ultérieurement tous les développements de l'Esprit, telle est la Noosphère. »
>
> TEILHARD DE CHARDIN, *Le phénomène humain*

> « Autour de nous et en nous, l'Énergie humaine, soutenue elle-même par l'Énergie universelle qu'elle couronne,

poursuit toujours sa mystérieuse progression vers des états supérieurs de pensée et de liberté. »

TEILHARD DE CHARDIN, *L'énergie humaine*

La première voie est celle d'une convergence dans l'action. C'est le partage d'une aspiration commune exercée par l'espérance d'un monde meilleur. Cette «conspiration» dans l'action est un appel de l'Esprit à achever le monde par des efforts de coopération. Encore ici, l'union sera créatrice de nouveauté et de plus-être. Encore faut-il accueillir le grand souffle de cette Énergie cosmique et humaine, qui veut s'insinuer dans les moindres actions collectives pour les transformer en contributions au déploiement de la noosphère.

La deuxième voie est celle de la convergence dans le savoir. C'est, fondamentalement, la reconnaissance que la Science, la Philosophie, l'Art et la Spiritualité sont des angles de prise sur le réel, complémentaires et harmonisables, sans pour autant se confondre. Teilhard nous invite à coopérer à la marche du coréflexif, dans l'Humanité ; à favoriser les entrecroisements dans la connaissance dans les divers domaines. En définitive, c'est pour que toute recherche de signification, quelle qu'elle soit, fasse surgir plus d'Être dans la communauté humaine. Savoir plus, ensemble, pour être plus, ensemble. Tel est le sens de la marche en avant dans le domaine de la Pensée.

La troisième voie est celle de l'adhésion à l'Énergie cosmique unitive ou à l'Amour sous toutes ses formes. C'est sans doute la plus grande manière de coopérer à l'œuvre de création toujours en cours. Cette ouverture à l'autre est la façon de se personnaliser et de se placer dans le vaste champ de l'Énergie cosmique. Il faut donc comprendre que l'amour personnalise ; que l'union différencie ; que toute socialisation dans la solidarité n'est pas la négation de la personnalisation, mais constitue au contraire un rebondissement humain de l'évolution cosmique. La conspiration de l'Amour, c'est-à-dire ce mouvement d'union créatrice de plus-être, est la chance à ne pas manquer pour qu'advienne l'Âme humaine commune.

Au total, cette conspiration dans les trois domaines de l'action, du savoir et de l'amour (ce qui est le cœur de l'éthique teilhardienne) est l'essence même de la planétisation en cours, de la convergence humaine, de la noogenèse et du déploiement de l'Esprit cosmique dans l'Histoire humaine. Telle est la direction de

«Dieu ne joue pas aux dés avec le monde...»
ALBERT EINSTEIN

l'évolution et tel est le « projet » universel, voire cosmique, auquel nous sommes tous invités à coopérer.

L'attirance : le point Oméga

Le Dieu de Teilhard est un Dieu évoluteur, un Dieu « en avant » qui tire l'évolution vers son avenir ; et un Dieu « en haut », qui appelle aussi les consciences à monter dans l'Être. Tel est le point Oméga. C'est, d'une part, comme dit Teilhard, le dernier terme de la série évolutive, le Dieu en avant dans le devenir cosmique, le Dieu immanent qui attire le cosmos de l'intérieur. C'est, d'autre part, l'Être hors série, le Dieu en haut, le Dieu transcendant le cosmos. On dira aujourd'hui que Teilhard ne voit Dieu ni comme identique à la substance du cosmos (panthéisme) ni comme purement extérieur au monde (déisme). Sa position est plutôt proche d'une position « panenthéiste », selon laquelle « Dieu est en tout » (immanence de Dieu) et « tout est en Dieu » (transcendance de Dieu). En ce sens, le point Oméga est la rencontre du Dieu en haut, descendant dans le cosmos, et du Dieu en avant, montant dans le cosmos. C'est donc en quelque sorte l'Esprit divin qui se fait Esprit cosmique et l'Esprit cosmique à la poursuite de l'Esprit divin. Et c'est bien là le mouvement de synthèse du Divin et du Cosmique et la dynamique de réunion de l'Un et du Multiple.

Le point Oméga de Teilhard est également à la fois un Centre personnel et l'Être universel. D'un côté, il est un Foyer personnel, une Présence, une Personne à qui l'on peut s'adresser. De l'autre, il est l'Absolu suprapersonnel, l'Énergie créatrice présente dans le cosmos, l'Être universel.

> « Il m'a fallu intérioriser la matière ; imaginer une énergétique de l'Esprit ; concevoir au rebours de l'entropie une montante noogénèse ; donner un sens, une flèche et des points critiques à l'Évolution ; faire reployer finalement toutes choses en Quelqu'un. [...] La noosphère ne saurait se fermer autrement que sous l'influence d'un Centre Oméga. »
>
> TEILHARD DE CHARDIN, *Le phénomène humain*

Le point Oméga est en même temps le point Alpha du cosmos. Le Dieu « final » de l'évolution cosmique, ce Dieu qui attire en avant, est aussi le Dieu «initial», ce Dieu qui pousse derrière le devenir. On pourrait dire, en un sens, qu'il est tout l'alphabet entre Alpha et Oméga, puisqu'il supporte constamment dans l'Être tout ce qui existe et qu'il est la lumière de toutes les structures du cosmos. C'est vraiment le Champ énergétique de l'Esprit, présent dans la moindre démarche évolutive, depuis son début jusqu'à son terme. Le point Oméga est le Dieu évoluteur, le Dieu de l'évolution. Il est Celui de qui et Cela de quoi tout rayonne; il est Celui vers qui et Cela vers quoi tout converge. Il stimule et attire pour achever la montée de la complexité et de la conscience dans le cosmos.

> «À l'image d'Oméga qui l'attire, l'élément humain ne devient personnel qu'en s'universalisant. [...] Il y a un rayonnement déjà actuel de ce mystérieux Centre de nos centres que j'ai nommé Oméga.»

> TEILHARD DE CHARDIN, *Le phénomène humain*

> «Le monde ne fonctionnerait pas s'il n'existait, quelque part en avant du temps et de l'espace, un point cosmique Oméga de synthèse totale.»

> TEILHARD DE CHARDIN, *L'énergie humaine*

Le Christ historique est venu révéler ce que Teilhard appelle «le christique» ou la christicité universelle, c'est-à-dire cette immanence du Divin dans le cosmique et l'humain. Le Christ historique a manifesté le Christ cosmique universel qu'on peut identifier au point Oméga. Le christique, la christicité ou le Christ cosmique, c'est en tout être humain son attirance vers sa qualité de fils ou de fille de Dieu, son attirance vers sa participation au Logos et vers son appartenance à l'Esprit, son attirance vers le point Oméga.

* * *

Il est facile de constater que l'interprétation de l'évolution que nous donne Teilhard de Chardin est nettement «finaliste». Le Dieu cosmique qu'il nous présente est profondément à l'œuvre dans le cosmos et dirige l'évolution vers une fin que l'apôtre Paul, souvent cité à cet égard par Teilhard, a déjà formulée comme suit: «Dieu tout en tout.»

Chapitre 18

Le cosmos comme Énergie créatrice

Quelles figures du cosmos la physique du xxᵉ siècle, issue de la théorie des quanta et de celle de la relativité, nous livret-elle ? Nous en présenterons trois qui nous paraissent les plus fondamentales : le cosmos comme Énergie créatrice, comme Intelligence ordonnatrice et comme Totalité organique. Mais nous montrerons également que ces trois figures ont chacune des analogies et des points de recoupement, d'ailleurs reconnus par de nombreux physiciens, avec les représentations du cosmos que se sont données la métaphysique classique et la pensée mystique traditionnelle.

Dans le présent chapitre, nous portons notre attention sur la première figure du cosmos véhiculée par la physique du xxᵉ siècle : celle de « l'Énergie créatrice ». Nous évoquerons ses correspondances et ses parentés avec l'idée métaphysique du cosmos comme étant « l'Être en devenir » et avec la représentation mystique traditionnelle de l'univers comme étant « le Vide créateur de formes ».

« L'Énergie créatrice » de la physique

De l'infiniment petit, dont traite la physique quantique, à l'infiniment grand, auquel s'attache la théorie de la relativité, la physique du xxe siècle évoque un mouvement continu, qu'elle présente souvent comme la danse de l'énergie. Pour elle, en ce dynamisme pur réside le cœur de l'univers. Elle parle donc de l'univers comme d'un vaste océan d'énergie.

L'univers est primordialement un champ de force pure, d'où émergent sans cesse toutes les entités qui le composent. Les particules élémentaires et les grands astres, tout autant que les êtres et les objets de notre vie quotidienne, ne sont que les produits de ce champ unique d'énergie créatrice. Des physiciens parlent de ce champ comme d'un Vide plein d'énergie d'où jaillissent les formes cosmiques et comme d'un domaine entièrement traversé par un mouvement qui engendre sans cesse l'espace, le temps et la matière. C'est l'énergie qui se matérialise, se condensant en des points de matière.

> « Le cosmos apparaît plus comme un organisme en pleine croissance et en pleine évolution que comme une machine éternelle. [...] Toute la nature est évolutionniste. Le cosmos est semblable à un grand organisme en développement et la créativité évolutive est inhérente à la nature. »
>
> RUPERT SHELDRAKE, *La mémoire de l'univers*

> « L'énergie pure n'aurait aucune dimension temporelle ou spatiale. [...] La matière est comme une sorte de vaguelette à la surface d'un océan d'énergie. [...] Il pourrait y avoir une énergie universelle pénétrée d'intelligence et d'amour et qui serait la base de tout. [...] Le nom *Je suis* qui désigne l'esprit universel, et qui est le nom de Dieu, signifie cette énergie universelle. »
>
> DAVID BOHM, *La danse de l'esprit*

Le champ énergétique, qui est l'essence de l'univers, est habité par une infinité de particules et d'entités qui constamment apparaissent et disparaissent. Le grand Vide est plein de formes évanescentes qui naissent et qui meurent. Les cycles de création et de destruction s'y succèdent, tournant l'espace et le temps, à la manière d'une grande roue cosmique. Mais pourtant, il y a une histoire ou une flèche du temps cosmique : c'est celle d'une énergie créatrice de formes matérielles multiples et variées, de plus en plus complexes. Le cosmos est effectivement pénétré de part en part par cet élan ascensionnel vers la complexité. C'est ainsi que, amorçant son odyssée avec des noyaux d'hydrogène, il en est arrivé à créer un cerveau humain.

> « La théorie de la relativité nous apprend que la masse n'est qu'une forme de l'énergie. [...] Nous reconnaissons la nature dynamique de l'univers dans le monde des atomes et des noyaux, mais aussi dans celui des étoiles et des galaxies. »
>
> FRITJOF CAPRA, *Le tao de la physique*

> « Le Big Bang est l'événement primordial où l'énergie se matérialise. [...] L'énergie prend figure de substrat primordial du monde. [...] Le Vide est l'une des manières d'être de l'énergie. [...] La matière est le dernier masque du Vide. »
>
> MICHEL CASSÉ, *Du vide et de la création*

Les forces nucléaire, électromagnétique et gravitationnelle se sont relayées dans l'histoire de l'univers. Puis, les galaxies, les étoiles, les planètes et, sur certaines de celles-ci peut-être (comme cela est arrivé sur la terre), l'atmosphère et l'eau se sont passé le témoin, afin que s'actualisent ultimement toutes les potentialités de la matière. Le cosmos apparaît vraiment tel un organisme en croissance déployant son énergie selon un principe de complémentarité : particule et onde, masse et énergie, matière et lumière, espace et temps, hasard et nécessité, matière et esprit, tous ces éléments formant comme des couples de danseurs dans la grande chorégraphie cosmique.

La physique du XXe siècle a effectivement nommé un domaine de l'ailleurs qui fonde la région de l'ici. Elle parle d'un monde subtil d'où sort notre monde tangible. On ne voit donc spontanément le cosmos que dans son envers, c'est-à-dire dans sa forme convexe et extérieure ; la physique nous apprend à le regarder dans son endroit, c'est-à-dire dans sa forme concave et intérieure. À ce niveau de regard, l'univers est substantiellement un unique océan d'énergie créatrice et les entités qui le composent ne sont que des vagues ou des ondulations éphémères de cette énergie infinie.

« L'holomouvement* est la base fondamentale de toute matière. Chaque objet ou entité émerge sous une forme relativement stable et constante de l'holomouvement pour entrer dans l'ordre explicite. [...] L'ordre implicite primordial est tout simplement le champ lui-même et son mouvement. [...] L'holomouvement est un mouvement fondamental d'impliement et de dépliement. »

DAVID BOHM ET F.D. PEAT, *La conscience et l'univers*

« L'Être en devenir » de la métaphysique

La grande pensée métaphysique, depuis plus de deux millénaires, met en confrontation des joueurs de haut calibre : l'être et le devenir, l'esprit et la matière, l'éternité et le temps, l'universel et l'individuel. Pour elle, ce sont les acteurs qui donnent tout son sens au grandiose spectacle de l'univers. Elle aussi, comme la physique, indique un domaine de l'ailleurs. Et les concepts qu'elle utilise ont d'évidentes correspondances avec ceux de la physique, justement. Portons attention ici à ces grandes idées métaphysiques que sont « l'Être », le « Devenir » et « l'Âme du monde ».

De Parménide à Heidegger, en passant par Platon, Augustin, Thomas d'Aquin, Spinoza et Hegel, par exemple, les plus grands philosophes ont développé une philosophie de l'Être. L'Être est à la fois proche et lointain : proche, car il est immanent à toute chose particulière ; lointain, car il transcende tout être particulier. Toute existence y trouve son fondement. L'Être est le pouvoir créateur, la Source et le Fond de tout existant. Il est « la puissance illimitée de donner forme », comme dit Schelling. En ce sens, il ressemble à l'Énergie pure des physiciens, qui fait exister les formes, mais qui se tient en deçà ou au-delà de chacune.

L'Être est un dynamisme créateur. La grande tradition métaphysique fait sortir tout l'univers de l'Être, qui est Un. Et cet Un est Dieu. L'Être-Un, en son insondable plénitude, fonde la multiplicité des existences concrètes. L'action créatrice de l'univers est, en réalité, la manifestation dans le fini de ce pouvoir infini de l'Être. Tout existant naît, vit, chemine et meurt dans « la patrie de l'Être », pour emprunter l'expression de Heidegger, un peu comme toute entité physique naît, vit, chemine et meurt dans « le Champ énergétique » des physiciens.

« L'Être n'a ni naissance ni commencement. [...] L'Être est incréé, impérissable. On ne peut dire qu'il a été ou qu'il sera, puisqu'il est à la fois tout entier dans l'instant présent, un, continu. »

PARMÉNIDE, *La voie de la vérité*

Le devenir est au cœur même de l'Être. Voilà une autre intuition métaphysique qui trouve quelque résonance dans cette vision, centrale en physique contemporaine, d'un tout cosmique traversé par un indéniable dynamisme. Dès le VIᵉ siècle avant notre ère, Héraclite, philosophe grec de l'école ionienne, observait le flux incessant du devenir. Il avait l'intuition de l'écoulement du temps en chaque être comme dans l'univers en son ensemble. Pour lui, l'univers était un tout en devenir et il n'y avait qu'une seule course cosmique, à l'infini.

C'était nommer déjà la course universelle de l'Être, dont parleront nombre de penseurs, de Schelling à Teilhard de Chardin, en passant par Hegel, Whitehead et Bergson, par exemple. Les métaphysiciens ont saisi ce mouvement global de l'Être, qui pousse les individus à se transcender et l'univers à devenir une totalité plus riche ; ce mouvement qui fait apparaître le cosmos comme un immense acte créateur de formes multiples et variées ; ce mouvement dont la pulsation immanente et perpétuelle est celle d'une opposition et d'une réconciliation de pôles contraires, ce qu'on appelle désormais un mouvement dialectique. Ainsi se déploie l'Être ou l'Esprit cosmique, comme une totalité organique et vivante qui poursuit sa marche à l'infini.

« Tout passe et rien ne demeure. [...] Il est impossible de descendre deux fois dans le même fleuve. [...] Le temps est un enfant qui joue au trictrac : royauté de l'enfant. »

HÉRACLITE D'ÉPHÈSE, *Fragments*

Il y a une unité profonde de l'Être, une sorte de nœud sacré qui enlace et attache toutes choses de cet univers. Les philosophes Platon, Plotin, Nicolas de Cues, Schelling et Whitehead, à des époques différentes de la pensée philosophique, ont nommé cette force créatrice de l'Être et ce Champ énergétique primordial : l'Âme du monde. Cette Âme du monde est la Présence totale et universelle qui fonde toutes les présences particulières. Toutes les formes de ce monde sont des manifestations de « son essence lumineuse », comme dit Schelling.

« C'est par l'Un que tous les êtres sont des êtres. [...] Si Dieu était absent de l'univers, il ne serait pas non plus en vous. »

PLOTIN, *Ennéades*

Toutes choses participent au mouvement universel par lequel l'Âme du monde ou l'Esprit cosmique avance et se réalise, dans une profonde unité. Un peu comme le Vide sans formes dont parlent les traditions spirituelles ou comme le Champ énergétique primordial évoqué par les physiciens, l'Âme du monde est le principe universel d'où naissent et où retournent continûment les êtres singuliers. Son aire de déploiement est l'espace, le temps et la matière cosmiques. Elle est, à vrai dire, l'immanence de Dieu dans le cosmos, son rayonnement, sa manifestation et sa marche en avant.

« Le champ est une région d'influence immatérielle. [...] Selon la physique moderne, le champ est plus fondamental que la matière. [...] Le champ est un état d'espace, ou de vide. Mais le vide n'est pas vide ; il abonde en énergie. [...] Les champs sont devenus, avec l'énergie, les bases de la réalité physique. Selon l'expression de Karl Popper, le matérialisme est transcendé par le biais de la physique moderne. [...] La conception contemporaine d'un champ unifié primordial, un champ cosmique des champs, ressemble curieusement à la conception néo-platonicienne de l'Âme du monde. »

RUPERT SHELDRAKE, *L'âme de la nature*

« N'y a-t-il pas lieu de dire, avec Platon, de ce principe d'ordre et d'organisation, de beauté et de bien, qu'il est la sagesse compréhensive et universelle, l'Âme royale du Tout. [...] l'essence lumineuse qui pousse le bourgeon à s'épanouir, afin de se contempler elle-même. »

FRIEDRICH VON SCHELLING, *L'Âme du monde*

« Le Vide créateur de formes » de la mystique

L'intuition du Vide est au cœur de la plupart des expériences mystiques. Mais ce Vide n'est nullement le néant. C'est un Vide qui signifie une plénitude. Maître Eckhart, Jean de la Croix et plusieurs grands mystiques chrétiens ont parlé d'un Vide sans mode particulier qui est le Tout. Le Brahman˙ hindou, le Tao˙ chinois et le Sunyata˙ bouddhiste apparais-

« Le Champ est l'unique réalité... »
ALBERT EINSTEIN

sent comme le Vide illimité et sans formes, le Vide plein d'une énergie sans fond, l'Être absolu indéfinissable.

> « Les éléments fondamentaux de la conception orientale du monde sont les mêmes que ceux de la vision de l'univers émergeant de la physique moderne : l'unité et l'interdépendance de tous les phénomènes et la nature intrinsèquement dynamique de l'univers. »
>
> FRITJOF CAPRA, *Le Tao de la physique*

> « Silencieux et vide, il circule partout sans se lasser jamais. On peut le considérer comme la mère du monde entier. Ne connaissant pas son nom, je le dénomme Tao. »
>
> LAO-TSEU, *Tao te King*

> « Je suis le père de ce monde, j'en suis la mère. [...] Je suis l'origine, le terme et la durée. Je suis le fondement et le germe immuable du monde. »
>
> *Bhagavad-gītā*

Le Vide abyssal est toujours le créateur de toutes les formes du cosmos. Dans toutes les mystiques de l'Orient, il s'agit de l'énergie universelle qui se condense temporairement dans des êtres particuliers éphémères. Le Vide des penseurs mystiques est généralement l'origine, le fondement et le terme de chaque existence comme de la totalité cosmique. Semblable au Champ primordial des physiciens et à l'Âme du monde des métaphysiciens, le Vide est la grande source énergétique immanente à l'univers, qui s'est en effet involuée et cachée dans les formes de l'univers pour y évoluer et s'y déployer. Et l'énergie cosmique n'est, en vérité, que la trace de cette grande énergie divine.

« L'Âme du monde est un développement de l'Esprit divin ; et, ainsi, toutes les choses, qui sont en Dieu un modèle unique, sont dans l'Âme du monde multiples et distinctes. [...] Dans l'Âme du monde sont enfermées toutes les âmes. »

NICOLAS DE CUES, *De la docte ignorance*

« Dieu m'engendre en tant que lui-même et s'engendre en tant que moi-même. [...] Dieu lui-même devient. [...] Dieu ne devient que lorsque toutes les créatures le disent. C'est alors que Dieu devient dans le monde. »

MAÎTRE ECKHART, *Traités et sermons*

Le Vide pressenti dans l'expérience mystique est cependant le Dieu transcendant. On le nomme Celui ou Cela qui est ; mais il est également Celui ou Cela qui n'est rien de particulier. Bien qu'il soit l'aube de toute chose, il est la Divinité indicible. Fût-il le berceau de l'univers, il est l'Être indéfinissable perçu par Moïse dans le buisson ardent, par Lao-tseu dans le souffle de vie et par le cocher Krishna dans le parfum sacré de la terre.

« Si les champs et l'énergie de la nature sont des aspects du Verbe et de l'Esprit de Dieu, alors Dieu doit avoir un aspect évolutif ; il doit évoluer avec le cosmos, avec la vie biologique et avec l'humanité. Dieu n'est pas coupé de la nature, il lui est immanent. Pourtant Dieu est simultanément l'unité qui la transcende. En d'autres termes, Dieu n'est pas seulement immanent à la nature, comme dans les philosophies panthéistes ; il n'est pas seulement transcendant, comme dans les philosophies déistes ; il est immanent et transcendant, une philosophie que nous qualifierons de panenthéisme. »

RUPERT SHELDRAKE, *L'âme de la nature*

⋆   ⋆   ⋆

On peut donc d'ores et déjà noter les analogies profondes, que plusieurs physiciens eux-mêmes relèvent d'ailleurs, entre le Champ de force pure et l'Énergie créatrice du cosmos dont parlent les physiciens, le pouvoir créateur de l'Être et la course incessante du devenir conceptualisés par les métaphysiciens et ce Vide abyssal et ce Dieu indicible d'où émergent les formes qu'évoque la pensée mystique. Un authentique dialogue peut aujourd'hui être établi entre physique, métaphysique et mystique. La physique, science qui par excellence s'intéresse à la matière, est désormais ouverte à la spiritualité.

Chapitre 19

Le cosmos comme Intelligence ordonnatrice

Nous nous sommes demandé : quelle est la représentation de l'univers adoptée par la physique du xxᵉ siècle ? Et peut-on établir des liens avec les visions du cosmos que véhiculent la métaphysique et la mystique ? Au chapitre précédent, nous avons parlé d'une première figure de l'univers qui le fait apparaître avant toute chose comme une Énergie créatrice infinie.

Ce chapitre-ci traite de la deuxième figure du cosmos qui se dégage avec autant de force : une Intelligence ordonnatrice. Et nous établirons des liens d'analogie, liens que plusieurs scientifiques font déjà eux-mêmes, avec la conception métaphysique du cosmos habité par une Raison universelle et avec la pensée mystique traditionnelle d'une Conscience cosmique.

« L'Intelligence ordonnatrice » de la physique contemporaine

Pour plusieurs physiciens, l'univers témoigne d'un savoir inhérent. Champ de force pure, il ressemble également à un Champ de conscience, d'intelligence ou de signification qui s'incarne dans la matérialité, la multiplicité et le devenir. Certains évoquent un langage cosmique. En quelque sorte, l'univers « parle ». Le son primordial, d'où est sorti le cosmos, apparaît déjà comme un mystérieux dire initial. Depuis près de quatorze milliards d'années, l'univers s'écrit et se déploie comme un langage, voire comme une magnifique partition musicale.

> « L'histoire des sciences tout entière n'est que la compréhension progressive du fait que les événements n'arrivent pas de manière arbitraire mais qu'ils reflètent un certain ordre sous-jacent qui peut ou non avoir été inspiré du divin. »
>
> STEPHEN HAWKING, *Une brève histoire du temps*

Et ce langage de l'univers, affirmait Einstein, est compréhensible et intelligible. Il présente une harmonie littéralement à déchiffrer, car justement il s'agit d'une harmonie « chiffrée », affirment les physiciens, fidèles en cela à la pensée de Pythagore qui disait : « Tout est nombre. » Heisenberg, par exemple, dans la foulée de Newton, voit le cosmos comme une pure pensée mathématique et même comme un grand mathématicien.

> « La physique moderne a définitivement opté en faveur de Platon. En effet, les plus petites unités de matière ne sont pas des objets physiques au sens ordinaire du terme, mais des formes, des structures, des idées — dans l'acception platonicienne du terme — dont il n'est possible de parler sans ambiguïté qu'en termes mathématiques. »
>
> RUPERT SHELDRAKE, *La mémoire de l'univers*

> « L'ordre cosmique est sous-tendu par des lois mathématiques définies qui s'entrelacent pour former une unité subtile et harmonieuse. [...] Ces mêmes lois simples permettent à la matière et à l'énergie de s'auto-organiser en une riche variété d'états complexes, notamment les états de conscience, qui peuvent à leur tour réfléchir l'ordre cosmique qui les a engendrés. [...] Si le monde est rationnel, tout au moins dans une large mesure, quelle est l'origine de cette rationalité ? »
>
> PAUL DAVIES, *L'Esprit de Dieu*

Cet univers manifeste de l'intelligence, il apparaît vraiment comme traversé par une logique interne. Un principe d'ordre se révèle à l'œuvre en lui, d'où l'intelligibilité que lui reconnaît la physique. Plus encore, le cosmos est lui-même une pensée grandiose, une pensée organisatrice de la matière, avec une gigantesque mémoire créatrice. L'univers sait; il y a une sorte de regard caché dans la matière. Expérimentant, il sait pourtant où il va: l'évolution, en son cœur même, est une indéniable montée de la complexité et de l'organisation vers la vie et la conscience.

> « L'Univers est constitué de Matière et d'Esprit indissociables. [...] L'Esprit est un principe d'ordre, il est ce qui va permettre de fournir une signification à l'Univers. [...] Cet Esprit est lui-même fait d'une conscience et d'une mémoire. »
>
> JEAN E. CHARON, *Cent mille soleils par seconde*

> « Au commencement était la symétrie — cette phrase est certainement plus correcte que la thèse de Démocrite: au commencement était la particule. Les particules élémentaires incarnent pour ainsi dire les symétries. »
>
> WERNER HEISENBERG, *La partie et le tout.*
> *Le monde de la physique atomique*

Les coïncidences cosmiques, dont plusieurs sont d'ordre mathématique, sont stupéfiantes. Comme l'écrit le physicien Stephen Hawking, ce sont des nombres ajustés, exacts et équilibrés entre eux qui ont permis l'apparition de la vie. Et que dire du langage et de l'information intelligente présente dans l'ADN. Des physiciens parlent de particules qui observent, de photons qui savent ou d'électrons qui semblent avoir une sensibilité. Atomes, molécules, cellules et organismes de cet univers ont une mémoire et laissent entendre, à des degrés divers, des bruissements d'intelligence. Beaucoup de physiciens croient que la structure hiérarchique de l'univers porte un sens, une pensée, une intention. Einstein évoquait déjà cette architecture cosmique en parlant de l'harmonie inhérente à la nature et de la rationalité mathématique de l'univers.

> « C'est l'histoire de la Conscience, et non celle des aspects physiques de l'Univers, qui va paradoxalement venir former la partie principale de la physique à venir. [...] La véritable

évolution du Verbe, c'est l'évolution psychique, l'évolution de la Conscience. »

JEAN E. CHARON, *Lumières de l'invisible*

« Il y a un ordre profond et intérieur, d'où la forme manifeste des choses peut sortir de façon créative. [...] Il y a un Ordre implicite et caché, qui est un type particulier d'ordre génératif. »

DAVID BOHM ET F.D. PEAT, *La conscience et l'univers*

Le champ infini de l'énergie cosmique est traversé par l'information. On y parle même d'une primauté de l'information sur la matière : c'est elle qui donne un sens à l'énergie et qui permet, sur des milliards d'années, la montée de l'organisation dans la matière. Toute matière organisée se définit donc, en son fond, en tant qu'information intelligente, voire intentionnée. L'ascension dans l'organisation n'a pu se faire que parce qu'existe une sorte de « législation cosmique », selon l'expression du physicien Hubert Reeves. Une telle législation pointe en direction d'un univers intelligible. Elle atteste la réalité d'une pensée universellement répandue dans le cosmos.

« C'est bien l'information, et non pas la masse et l'énergie, qui est la substance ultime du cosmos. [...] Dans son livre *The Intelligent Universe*, le scientifique Fred Hoyle conclut que la complexité de la vie indique que l'Univers est intelligent et que c'est cette intelligence qui, la première, a façonné l'ordre dans la matière dont est née la vie. »

MICHAEL TALBOT, *L'univers : Dieu ou hasard*

« La Raison universelle » des grands métaphysiciens

La métaphysique classique reconnaît d'emblée qu'il y a une pensée au cœur de l'Être et que le cosmos est universellement imprégné par ce que les anciens philosophes grecs ont appelé le « Logos » ou la Raison. Ainsi, de Pythagore et Héraclite jusqu'à Schelling, Hegel et Whitehead, par exemple, en passant par Platon, les stoïciens, le néoplatonisme médiéval, Thomas d'Aquin, Spinoza et Leibniz, une pensée en quelque sorte cosmothéologique s'est affirmée avec des nuances importantes sans doute, mais toujours habitée par cette grande idée que l'essence de l'univers est tissée de Raison.

Cette Raison universelle lie toutes choses, gouverne le monde, l'imprégnant d'ordre, de symétrie et de beauté. Les lois qui régissent l'univers en sont l'expression. En somme, l'univers de ces métaphysiciens est un « cosmos », c'est-à-dire un tout foncièrement ordonné, harmonieux et beau. Son principe d'ordre entretient l'unité dans la diversité et la diversité dans l'unité. Il est, comme dit Schelling, l'essence lumineuse qui à la fois pousse chaque bourgeon à s'épanouir, maintient dans le tout l'union des contraires et intègre dans son mouvement les moments tragiques de déchirement, de rupture, de souffrance et de mort.

« L'Esprit ordonnateur, qui justement réalise l'ordre universel, doit aussi disposer chaque chose en particulier de la meilleure façon qui se puisse. »

PLATON, *Phédon*

« L'Être est Raison (Logos). [...] Le réel est intelligible. »

THOMAS D'AQUIN, *Somme théologique*

C'est dire qu'une Intelligence ou une Pensée est immanente au tout cosmique. Elle le pénètre en profondeur ; elle est son « feu intelligible », comme disaient les stoïciens. Elle agit dans la nature tout entière tel un artisan soucieux d'harmonie et de beauté. Qui plus est : cette Raison est aussi immanente aux êtres particuliers. Les anciens philosophes disaient qu'il y avait dans les choses des « raisons séminales » : chacune devait porter en sa profondeur sa propre semence d'ordre et de beauté, qui était sa mission cosmique fondamentale et sa façon de participer à la Raison universelle. Ainsi peut-on parler de la vérité d'une fleur. Une fleur est vraie, parce qu'elle participe de la Pensée de l'Être. Sa vérité est son adéquation avec la Raison cosmique, mais aussi son adéquation avec elle-même, c'est-à-dire avec sa forme intérieure ou son essence idéale.

La Raison universelle est la marche de l'éternité dans le temps, la musique la plus haute dont s'inspirent toutes les musiques audibles, l'épopée lumineuse de l'Esprit dans la nuit de la matière, l'idée qui veut se déployer dans le devenir cosmique. Elle est la grande force en croissance qui cherche à s'incarner et à exister concrètement dans le mouvement du Tout et en chacune de ses parties. Le monde sensible porte caché en lui-même cette source d'intelligibilité qui veut se manifester dans le devenir de la nature comme dans l'histoire des hommes.

> « Rien n'est plus réel que l'idée. [...] Il y a un travail de l'idée et de la raison dans le monde. »
>
> HEGEL, *Logique*

La métaphysique peut devenir, selon l'expression de Hegel, « une théologie rationnelle et un service divin ». Après avoir saisi la Raison comme immanente à l'être cosmique, elle la reconnaît comme suprême Conscience ou Intelligence divine. Le Tout cosmique est habité par l'Un divin. En effet, cette Raison est Dieu, sens de tous les sens, pensée de toutes les pensées, source exemplaire de l'intelligibilité de ce monde en devenir. La lumière intérieure du cosmos est, à sa source, une lumière venue d'ailleurs, une lumière divine.

On entrevoit facilement la parenté qui existe entre la Raison universelle des philosophes et l'Intelligence cosmique des physiciens. Et comment ne pas voir de recoupements entre cette Pensée au cœur de l'Être dont parlent les métaphysiciens et cette intelligibilité immanente au cosmos qu'évoquent les physiciens, intelligibilité qui en arrive à susciter chez plusieurs d'entre eux, comme dit Einstein, un véritable « sentiment religieux cosmique » ?

« La Conscience cosmique » de la pensée mystique traditionnelle

La pensée mystique de l'Occident rejoint les traditions spirituelles de l'Orient dans l'intuition d'une Conscience cosmique et divine. En effet, le mysticisme rationnel de l'Antiquité grecque associé au courant néoplatonicien du Moyen Âge chrétien, d'une part, les grands écrits de l'hindouisme, du bouddhisme et du taoïsme, d'autre part, nous dévoilent ce que Maître Eckhart appelle une « lumière spirituelle » répandue dans l'ensemble de l'univers. Pour la pensée mystique existe donc une Conscience originelle, à la fois lueur cosmique et rayonnement divin.

On reconnaît cette Conscience cosmique, entre autres, dans le concept hindou de *Līlā* qui signifie « le jeu intelligent de la Conscience universelle ». Dans la tradition hindoue, en effet, la Conscience divine transcendante s'est « involuée » dans les formes de l'existence ; elle est immanente à toutes les œuvres de l'univers. Se transformer en monde : tel est, en tout premier lieu, le jeu de la Conscience divine. Elle joue donc, elle qui est impérissable, à se diviser en de multiples consciences individuelles périssables, se révélant de la sorte tout en restant cachée dans la pierre, la plante, l'animal et même dans l'être humain. Ultimement, son jeu intelligent vise l'ordre total, inscrivant en tout être un désir en harmonie avec l'ordre cosmique.

« En tout ce qui est Je suis l'intelligence. [...] Je suis en toute chose le désir en harmonie avec l'ordre cosmique. [...] Conscience ultime, lumière absolue. [...] Je suis au-delà de l'espace et du temps. [...] Et Je ne fais qu'un avec l'âme des choses. »

Bhagavad-gītā

« La théorie des renaissances, jointe à celle du *karma*, nous donne une explication symétrique et harmonieuse des choses. »

SRI AUROBINDO, *Renaissance et karma*

On retrouve également cette vision de la Conscience cosmique dans la pensée taoïste. Le *Tao* est en effet la voie de l'ordre cosmique. Il est le principe de l'harmonie, de l'équilibre et de l'unité, dans le mouvement du tout et dans chacune de ses parties. Son chemin est celui de l'alternance et de l'union des pôles opposés — *yin* et *yang* — qui sont en profondeur des pôles complémentaires. Le *Tao* a donc une nature cyclique : lorsque le *yin* atteint son apogée, il appelle le *yang*, son principe opposé. Telle est l'intelligence du rythme universel : des énergies contraires qui naissent l'une de l'autre et qui se balancent dans un équilibre dynamique incessant.

« Tout être porte sur son dos l'obscurité et serre dans ses bras la lumière, et le Souffle indifférencié crée l'harmonie. »

LAO-TSEU, *Tao te King*

Dans le bouddhisme (comme dans l'hindouisme, d'ailleurs), la notion de *karma* exprime l'intuition fondamentale de l'enchaînement des causes et des effets, ce qui est un autre visage de la Conscience cosmique et de son ordre universel intelligent. C'est la grande chaîne cosmique des actions et des réactions. La loi de la cause s'accompagne, en quelque sorte, du règne de la conséquence. Le *karma* rappelle, en somme, que tout est entrelacé et interconnecté dans l'univers. L'énergie qui supporte le *karma* contient en elle-même une sorte de sagesse universelle. Il y a là une Conscience cosmique cachée qui vise l'ordre, l'harmonie et la justice cosmiques.

Dans la pensée occidentale chrétienne, particulièrement celle qui s'est nourrie du courant néoplatonicien, la Conscience cosmique prend le visage du Logos, c'est-à-dire du Verbe ou de la Raison. L'univers comme totalité et chacun des êtres qui le compose ont pour principe la lumière intelligible du Logos. Tout a été créé dans ce Verbe ou cette Raison divine. Tout vient de cette lumière originaire, tout est en elle et tout va vers elle. Comme l'a dit saint Augustin, « le monde est le poème de Dieu » et l'univers, peuplé de signes qui pointent en direction du Logos, est un grand livre à déchiffrer. Pour Nicolas de Cues, penseur mystique du xve siècle, il semble que Dieu se soit servi de l'arithmétique, de la géométrie, de la musique et de l'astronomie pour créer l'ordre admirable de cet univers.

> « Il y a une lumière spirituelle répandue dans tout l'univers, celle du Verbe (Logos). [...] Trois choses nous font obstacle pour entendre le Logos éternel : la première est la corporalité, la deuxième la multiplicité, la troisième le temps. »

> MAÎTRE ECKHART, *Traités et sermons*

* * *

> « La pensée vraiment libre [...] se construira par une expérience spirituelle poussée, aidée d'intuitions nouvelles, élargies, confirmées par les suggestions d'une vaste raison philosophique et employant avec fruit tous les faits utiles que nous pourrons recevoir des sciences physiques et psychiques. »

> SRI AUROBINDO, *Renaissance et karma*

Il semble bien y avoir une profonde analogie et de réelles convergences entre la Conscience cosmique de la pensée mystique et l'intelligibilité de l'univers dont parlent des physiciens comme Newton, Heisenberg ou Einstein. On peut également apercevoir de réels recoupements et corrélations avec la Raison universelle évoquée, à des époques diverses, par les stoïciens, Thomas d'Aquin, Leibniz ou Whitehead, par exemple.

Chapitre 20

Le cosmos comme Totalité organique

Nous nous demandons toujours : quelle est la représentation de l'univers véhiculée par la physique du xxᵉ siècle et quelles sont ses convergences avec celles de la métaphysique et de la mystique ? Les chapitres précédents ont traité du cosmos comme Énergie créatrice et comme Intelligence ordonnatrice.

Le présent chapitre traite d'une troisième dimension : celle d'un cosmos qui se révèle comme une Totalité organique. Nous montrons les liens de cette représentation physique du cosmos avec celle de la métaphysique, qui parle de l'Élan vers l'unité, et celle de la mystique, qui évoque la grande énergie de l'Amour cosmique.

« La Totalité organique » des physiciens

Les physiciens parlent de l'univers comme d'un tissu cosmique indivisible. Les fils de chaîne et les fils de trame du cosmos, révélés par la physique quantique et la théorie de la relativité, forment une étoffe sans coutures. L'univers est un ; toutes ses parties sont liées les unes aux autres ; et le tout qu'il forme est insécable.

Ainsi, toutes les particules de l'infiniment petit sont interconnectées, tout comme les planètes, les étoiles et les galaxies de l'infiniment grand se définissent par leur participation à un grand tout. Il y a, en cet univers, une transparence des parties entre elles et de chacune avec le tout. Comme un prisme, chacune reflète les autres et le tout lui-même. Au total, chaque être est également un microcosme, portant et reflétant en lui-même le grand univers.

> « Le monde est un tout sans rupture. [...] L'évolution est le mouvement de l'univers vers sa propre cohérence [...] le déploiement du sens. »
>
> DAVID BOHM, *La danse de l'esprit*

> « La réalité est un tout indivisible dans lequel les organismes individuels ne sont pas davantage séparés que les particules infra-atomiques individuelles. »
>
> MICHAEL TALBOT, *L'univers : Dieu ou hasard*

Pour la physique, le cosmos apparaît comme un vaste réseau d'interactions continues. Comme le suggère Rupert Sheldrake, il ressemble à un Grand Vivant et à un organisme en développement. Les atomes sont des ondes, des processus, des interactions continuelles, des événements se transformant les uns dans les autres. Les organismes individuels ont des attributs qui sont le fruit de leurs interactions et ils se présentent comme des états transitoires, appelés qu'ils sont à retourner dans le grand champ énergétique. Les étoiles elles-mêmes naissent dans les gaz galactiques, vivent, meurent et permettent ainsi la naissance de nouvelles étoiles. Tout est lié.

> « Une conséquence philosophique de la mécanique quantique serait que tous les objets de notre univers (nous compris) qui semblent exister indépendamment ne sont en fait que des parties d'une structure organique absolument globale et qu'aucune des parties de cette structure n'est réellement distincte ou séparée de la structure ou de toute autre partie. »
>
> GARY ZUKAV, *La danse des éléments*

« La totalité de l'univers apparaît mystérieusement présente en tout lieu et en tout temps. Chaque partie reflète le tout. [...] Chaque partie porte en elle la totalité et de chaque partie dépend tout le reste. L'univers est connecté. »

TRINH XUAN THUAN, *La mélodie secrète*

Tous les physiciens s'accordent pour dire que trois grandes forces d'association sont toujours à l'œuvre dans l'univers (la quatrième, la force nucléaire faible, étant pour sa part une force de désintégration) : il s'agit de la force nucléaire forte, de la force électromagnétique et de la force de gravité. De l'infiniment petit à l'infiniment grand, ces forces de liaison soudent des structures plus ou moins éphémères et créent les liens qui les unissent entre elles. Ainsi sont créés, par exemple, les noyaux atomiques, les atomes, les molécules, les méga-molécules, les cellules, les organismes, les planètes, les étoiles et les galaxies.

On peut affirmer qu'un profond mouvement coopératif traverse l'ensemble de l'univers. Dans le grand jeu cosmique, les particules élémentaires s'associent et coopèrent pour engendrer des systèmes plus complexes. À vrai dire, cette coopération apparaît à tous les niveaux d'organisation et de complexité. Tout se passe dans l'univers, dira le grand physicien David Bohm, comme si l'énergie créatrice et intelligente qui l'habite était « également bienveillante ». Pour emprunter l'image qu'emploie Hubert Reeves, on pourra aussi affirmer qu'existe dans le cosmos « une antique solidarité de tous les compagnons de voyage ».

« J'ai l'intuition de la construction extraordinaire de l'Être. »
ALBERT EINSTEIN

Aujourd'hui, les physiciens sont, à la suite d'Einstein, en quête de ce qu'ils appellent la grande théorie unifiée des forces de l'univers. La physique cherche autant, aujourd'hui, à se rapprocher du « zéro du temps » que du « un des forces ». On croit qu'existe la grande équation qui nommera le Champ de force unique et primordial qu'est le cosmos et qui réunira pour autant le regard sur l'infiniment petit et le regard sur l'infiniment grand, autrement dit qui rassemblera en une seule formule la physique quantique et la théorie de la relativité.

« L'un des plus grands efforts en physique aujourd'hui, et le thème majeur de ce livre, porte sur la recherche d'une nouvelle théorie qui engloberait les deux théories, une théorie quantique de la gravitation. »

STEPHEN HAWKING, Une brève histoire du temps

« L'Élan vers l'unité originelle » des métaphysiciens

La métaphysique classique et tout particulièrement le courant néoplatonicien nous montrent que tous les êtres peuplant l'univers sont habités par un élan primordial qui les entraîne dans la recherche d'une unité avec eux-mêmes, avec les autres et, ultimement, avec le pouvoir de l'Être qui traverse le cosmos. Il s'agit, en somme, de la soif de chaque être particulier pour réaliser son être essentiel et pour participer comme partie à la vie du tout cosmique.

Pour les métaphysiciens, depuis les premiers penseurs grecs jusqu'à aujourd'hui, chaque être singulier est habité, à son point de source, par son désir et son effort (c'est là le sens du *conatus* de Spinoza dont nous avons déjà parlé) pour devenir explicitement ce qu'il est implicitement, pour actualiser dans l'existence ce qu'il est par essence, pour rendre réel son être idéal. En cette inclination radicale s'affirme ce qu'on reconnaît comme une espèce d'amour inné ou naturel envers soi-même.

Mais la soif de l'Être ne s'arrête pas là. Car chaque être ne peut ni s'actualiser ni s'unifier à lui-même sans passer par la médiation des autres êtres. Il est donc traversé par ce mouvement de réunion avec des êtres proches dont il est séparé. Qui plus est, ce dont a soif inconsciemment chaque être, c'est du pouvoir même de l'Être qui fait exister toute chose.

> «L'Être, qui est acte pur et acte créateur, se donne aux êtres particuliers qui le désirent, car l'Être est essentiellement don de soi. »

LOUIS LAVELLE, Introduction à l'ontologie

> «Partout où il y a de l'Être, il y a tendance et amour. [...] Il y a en toutes choses un amour radical (*amor naturalis*), une inclination ontologique. C'est ainsi que tout être s'aime lui-même (et aime Dieu) selon cette inclination naturelle, qui ne procède pas en lui de la connaissance, mais de sa substance même, et qui existe dans la pierre ou dans l'arbre comme dans l'homme. »

JACQUES MARITAIN, Sept leçons sur l'Être

Dans la métaphysique classique, le Tout précède ses parties. C'est en effet le Tout qui se donne aux parties, non seulement pour les faire exister et les soutenir dans l'être, mais également pour leur transmettre l'élan ou l'inclination qui les pousse vers lui. Et ce Tout n'est donc pas que la somme de ses parties ; il forme un ensemble organique, une sorte de Grand Vivant, une Présence dynamique pour chaque être particulier. Il est en réalité comme la sève nourricière de toutes ses parties. Toute chose naît de lui, vit en lui et va vers lui.

Dans la grande tradition métaphysique, la totalité infinie de l'Être est Dieu même. C'est le Dieu infini qui pose en lui et à partir de lui les êtres finis. Le pouvoir de l'être disséminé dans l'univers est une manifestation de l'Être en soi, qui est Dieu. Ainsi, chercher à franchir les limites de sa propre finitude, c'est ultimement exprimer son désir de se réconcilier avec sa Source. C'est cette inclination ontologique ou ce désir radical qui pousse à retrouver l'Infini, inclination ou désir qui devient conscient chez l'homme, en lequel plusieurs métaphysiciens ont vu l'essence cosmique et divine de l'amour, voire le cœur même de la véritable religiosité.

« L'Amour cosmique » des mystiques

Dans la pensée mystique de l'Orient et de l'Occident, le sens ultime de toute existence se trouve dans le retour à la Source divine. Ce retour est un profond élan d'amour, puisque c'est un mouvement de réunion avec le principe dont on est en quelque sorte existentiellement séparé. Certes, c'est l'être humain qui entreprend consciemment cette longue marche vers son origine divine, mais il entraîne dans sa course tous les êtres de ce monde, ses compagnons de voyage.

> «Nulle créature n'est si minime qu'elle ne porte en elle le désir de l'Être. [...] Toutes les créatures pourchassent Dieu et n'agissent conformément à leur nature que pour s'assimiler à Dieu. »
>
> MAÎTRE ECKHART, *Traités et sermons*

> « En vérité, le ciel et la terre et les dix mille êtres forment un Tout solidaire [...], tout corps individuel est en constant rapport avec l'univers et en communication perpétuelle avec tous les autres êtres. »
>
> LIE-TSEU, *Le vrai classique du Vide parfait*

Cet élan d'amour cosmique emprunte le plus souvent le chemin d'une remontée vers l'Un, qui est descendu dans le Tout et en chacune de ses parties. Plotin, philosophe mystique grec, disait que c'était dans le même rayon de lumière que l'Un effectuait sa « descente » et qu'un être réalisait sa « remontée ». Il évoquait également la quête d'identification de l'âme individuelle avec l'Âme du monde, cette Âme universelle dont chaque âme particulière n'était en définitive qu'une parcelle. Descente et montée sont, pourrait-on dire, comme les deux versants d'une même montagne sacrée. Cette pensée a influencé tout particulièrement le Moyen Âge chrétien. La pensée traditionnelle hindoue évoque, elle aussi, ce double mouvement : l'Un indifférencié « s'involue » dans les formes différenciées et multiples de l'univers ; à leur tour, ces formes « évoluent », retournant ainsi vers l'Un. C'est la même danse cosmique et divine de l'amour.

« Dieu est l'Un en qui toute multiplicité est unité. »

PLOTIN, *Ennéades*

« S'unir au Soi, c'est retrouver le chemin de sa divinité enfouie, reconquérir sa divinité perdue. »

SRI AUROBINDO, *La vie divine*

L'amour cosmique des penseurs mystiques emprunte aussi le chemin d'un saut dans le fondement abyssal de l'Être. Le Dieu qui se révèle dans le cosmos demeure caché. C'est un Dieu à la fois proche et lointain. Sa profondeur insondable fascine et terrifie. Le mystique accepte de se projeter en ce Dieu et son saut périlleux dans les abysses divins se présente, ici également, comme un élan amoureux : un désir de réunion avec la Source ultime dont on est séparé ou, comme le dit Lao-tseu, un mouvement de « retour à la racine, pour s'y reposer ». Cette plongée est un grand acte d'amour, certes, car elle englobe la totalité des êtres de ce monde. Le Dieu rejoint est pressenti comme le fondement unique de tout être. Il est entrevu comme la source créatrice de tout ce qui existe, comme la cause et la substance de tout existant. Réuni au fondement de son être, le mystique y retrouve donc l'univers entier. Uni à l'Un, il est réuni au Tout.

* * *

Ici encore se révèlent plusieurs recoupements et une profonde analogie entre les forces de liaison et la totalité organique dont parlent les physiciens, l'élan vers la totalité et vers l'unité évoqué par les métaphysiciens, puis l'amour cosmique des mystiques s'exprimant par l'image de la remontée vers l'Un ou celle de la plongée dans l'abysse divin. De nombreux savants ont noté ces concordances et montré que la science peut demeurer ouverte à la métaphysique et à la mystique et même, parfois, y trouver son inspiration, comme le rappelaient Einstein et Schrödinger, notamment.

« Dans la pensée orientale comme dans la nouvelle physique, l'univers est un réseau de relations mutuelles. [...] L'interconnexion des phénomènes est universelle. [...] Les choses sont les diverses parties d'un tout unitaire. »

FRITJOF CAPRA, *Le Tao de la physique*

« Une tradition majeure, ancrée dans la cosmologie de Platon, a parlé de l'Âme du monde, qui est à son tour contenue dans l'Esprit de Dieu, domaine des idées au-delà de l'espace et du temps. L'Âme du monde est la source créative de toutes les âmes qu'elle renferme, comme le Champ du monde est la source de tous les champs de la nature. »

RUPERT SHELDRAKE, *La mémoire de l'univers*

Chapitre 21

La spiritualité de la matière

Les physiciens seraient-ils en train de nous montrer que le cœur même de la matière est immatériel? En se référant à la pensée de plusieurs grands noms parmi eux, il semble bien qu'il en soit ainsi. À leur avis, la physique du xxe siècle a dématérialisé le monde matériel. Quelque chose comme une Conscience cosmique ou un Esprit universel serait devenu la substance même de l'univers. Qu'en est-il au juste?

Nous présentons ici trois dimensions de la spiritualité de la matière: le champ d'énergie unique, qui est en même temps un champ d'information pure et un champ d'interpénétration. Puis, nous évoquerons très succinctement la pensée de trois physiciens du xxe siècle qui, chacun à sa façon, montre ce caractère spirituel de la matière cosmique.

Un champ énergétique unique et immatériel

Cinq siècles avant notre ère, les philosophes grecs Leucippe et Démocrite ont exprimé une intuition géniale: l'univers est composé d'atomes et de vide, les atomes étant en nombre infini, tous de même substance, insécables et indestructibles. C'était là la première physique nettement matérialiste, excluant les dieux de l'explication de l'univers. Cette théorie, l'atomisme, a été reprise par Épicure, puis a été pratiquement oubliée ou rejetée jusque vers la fin du XIXe et le début du XXe siècle, lorsque les fondateurs de la mécanique quantique en ont fourni une représentation au caractère à la fois hautement formalisé et imprégné de mystère.

> « La physique, science de la matière par excellence, disait Louis de Broglie, a dématérialisé le monde matériel. [...] Le monde se dépouille de son opacité, tout devient transparent. »
>
> ROBERT LINSSEN, *Spiritualité de la matière*

Aujourd'hui, non seulement l'atome est devenu « sécable » en particules encore plus petites (protons, neutrons, électrons, quarks...), mais les particules elles-mêmes sont aussi vues comme des ondes. Qui plus est, les physiciens affirment maintenant que ce qui est premier dans le cosmos, ce ne sont pas ces particules-ondes, mais le champ énergétique dans lequel elles baignent, pour ainsi dire. Les champs reconnus par la physique, soit le nucléaire, l'électromagnétique et le gravitationnel, ne sont en dernière analyse, de l'avis de la plupart des physiciens, que des sous-champs et des expressions d'un champ énergétique primordial, unique et immatériel. La source commune du monde dit inerte et du monde vivant est ce champ fondamental, qui réunit la physique quantique et la théorie de la relativité, ce champ de relativité quantique sur l'équation duquel piochent, à la suite d'Einstein, nombre de physiciens à l'heure présente.

Toutes les formes de l'énergie et du mouvement ne sont donc que des manifestations de ce champ unique de création pure. Les grains de matière, dans lesquels se produisent des millions d'oscillations moléculaires, de révolutions électroniques et de mouvements nucléaires à chaque seconde, sont le fruit de cette énergie-une, qui n'a d'abord ni formes ni propriétés particulières. Ces grains de matière ne sont que des manifestations ou des singularisations éphémères de la grande énergie cosmique, en laquelle alternent sans cesse les mouvements de potentialisation et d'actualisation qu'évoque Stéphane Lupasco ou d'impliement et de dépliement dont parle David Bohm.

« Comme l'exprimait Max Planck, l'énergie-une, qui n'a ni nom, ni forme, ni propriétés particulières, se matérialise en grains résultant du mouvement de sa propre puissance. »

ROBERT LINSSEN, *Spiritualité de la matière*

Un champ de conscience universelle

Le champ énergétique est également envisagé comme un champ de conscience universelle. Nombre de physiciens affirment qu'il s'agit là d'un univers remis sur ses pieds ou d'un univers remis à l'endroit. Le spectacle de la matière ne serait, en fait, que l'envers du décor. Pour eux, ni la matière ni les sous-champs de l'énergie matérielle ne sont premiers dans l'univers. Ce qui est premier, ce qui constitue la substance même de l'univers et qui est le cœur même de la matière, c'est bien plutôt l'information.

« Si ces savants ont raison, la physique est bien l'étude de la structure de la conscience. »

GARY ZUKAV, *La danse des éléments*

« L'Esprit ne trouve pas la matière comme opposant, il la constitue, il en est l'étoffe. »

RAYMOND RUYER, *La gnose de Princeton*

Par exemple, les particules de matière et de lumière émettent, enregistrent et traitent des informations ; et les molécules organiques du code génétique à la base de la vie sont littéralement informées, constituant même un incroyable puits d'information. Et que dire tout autant de l'organisation de cellules en colonies de micro-organismes que de la structure en filaments des galaxies ? De l'infiniment petit à l'infiniment grand, le cosmos pourtant matériel ressemble à un tissu immatériel d'information pure.

« Newton est un alchimiste, il cherche à transformer le plomb en or. En fait, derrière cette activité technique, il nourrit le rêve de transformer la matière en esprit. »

CLAUDE ALLÈGRE, *Dieu face à la science*

À la limite, on peut comparer l'univers à un immense tableau informatique ou à un gigantesque ordinateur qui traite l'information que lui livrent les particules et l'organise même en savoir. Il y a à la base de l'univers une sorte de logiciel intelligent contenant de l'information pure. Et de la mémoire, ce dont témoignent les particules et, à un plus haut degré, les cellules des organismes. Information, intelligence, mémoire, savoir, semblant même guider des intentions et conduire à des choix : voilà autant de dimensions de ce qu'on peut appeler une Conscience ou un Esprit cosmique universellement présents au centre même de la matière.

> « Nous devons commencer à envisager que l'univers est composé non pas d'abord de matière et d'énergie, mais d'information pure. [...] L'univers est un Esprit. Notre esprit humain pourrait alors être conçu comme un îlot de conscience localisé dans un océan d'Esprit. [...] L'Esprit est la substance ultime de toutes choses. »
>
> MICHAEL TALBOT, *L'univers : Dieu ou hasard*

Un champ d'interpénétration

Dans ce champ d'énergie universelle et de conscience cosmique, tout est lié. L'univers constitue un ordre domanial unitaire, en lequel toutes les entités s'échangent leurs énergies et s'interpénètrent les unes les autres. Rien n'y est isolé et tout y est dans tout. Chaque élément du cosmos est véritablement tissé de tous les autres. Son être est un système de relations, et non pas une individualité séparée. Il est une partie d'un tout dont il est inséparable et qui d'ailleurs le pénètre de part en part.

> « La théorie quantique nous oblige à considérer l'univers comme un réseau complexe de relations entre les diverses parties d'un tout unitaire. »
>
> FRITJOF CAPRA, *Le Tao de la physique*

La physique présente donc un monde qui est un véritable réseau de relations, rendant les entités qui le composent transparentes les unes aux autres. Cette unité et cette transparence donnent aux entités du cosmos un caractère immatériel et font de l'univers, où l'espace et le temps eux-mêmes s'interpénètrent, un vaste Esprit universel. Ce « tout en chaque chose et chaque chose en tout », cette présence mutuelle des parties et le fait qu'elles contiennent en elles-mêmes le tout cosmique, voilà qui indique encore à sa façon une authentique dématérialisation de la matière.

> *« Je veux comprendre comment Dieu créa le monde ; je ne suis pas intéressé par tel ou tel phénomène. Je veux pénétrer au fond de sa pensée. Le reste n'est que détail. »*
>
> ALBERT EINSTEIN

> « À mon avis, nous devons "dépersonnaliser" Dieu, tout comme la nouvelle physique nous dit qu'il faut "dématérialiser" la matière. Pour moi, il n'y a dans notre langage, pour désigner l'entité qui émergera ainsi, d'autre terme que celui d'Ultime Réalité. »
>
> CHRISTIAN DE DUVE, *À l'écoute du vivant*

David Bohm et l'ordre implié

Le physicien David Bohm affirme que notre univers possède d'autres dimensions que celles de l'espace et du temps observables. Il a mené une réflexion approfondie sur les rapports entre ce qu'il appelle un ordre invisible, qui est implicite et reployé, et l'ordre explicite, manifesté et déployé dans le monde visible de l'espace et du temps.

Cet ordre subtil et cette dimension profonde, auxquels nous renvoie la mécanique quantique, sont la source et l'origine du monde matériel, changeant et divers de notre expérience quotidienne. En cet ordre caché, l'univers forme un seul tout continu. Toutes les réalités opposées du monde matériel, spatial et temporel ne font qu'un dans ce fondement immatérialisé du cosmos.

> « L'ordre implicite est un ordre plus profond et intérieur, d'où la forme manifeste des choses peut sortir de façon créative. [...] L'ordre implicite est un ordre génératif. »
>
> DAVID BOHM, *La conscience et l'univers*

« Comme la vie est implicite dans la matière inanimée, [...]
l'esprit aussi est implicite dans la matière inanimée. [...] Il y
a un pôle mental à chaque niveau de la matière. »

DAVID BOHM, *La danse de l'esprit*

Cet ordre enfoui dans les profondeurs cosmiques est la langue
unique de tout ce qui porte un message dans l'univers visible, la
mélodie secrète de toute musique parvenue à nos oreilles, la pensée
de tout ce qu'il y a d'intelligible dans l'espace-temps de la matière.
Cet ordre implié porte une information, un sens et, pour tout dire,
une conscience en ses replis. C'est cette conscience qui organise
et dirige l'énergie et c'est elle qui transforme l'énergie en matière.

« La matière, affirme David Bohm, est semblable à une petite
ondulation à la surface d'un formidable océan d'énergie. Lequel ne se situe pas dans l'espace et le temps, mais dans
l'ordre implicite. »

RENÉE WEBER, *Dialogues avec des scientifiques et des sages*

Cet ordre implié est traversé par un mouvement de fond, l'« holomouvement », c'est-à-dire le mouvement du tout cosmique qui
s'exprime en deux temps inversés : le dépliement et le repliement
incessants. À la source de l'espace et du temps, il y a ce flux universel qui projette l'ordre implicite indivisible dans l'ordre explicite
et visible des entités isolées et des êtres séparés, du moins en ap-
parence.

En cet holomouvement, l'ordre implicite devient un véritable ordre
génératif ou un champ de créativité, faisant apparaître les formes multiples de notre univers matériel, ces formes qui ne sont finalement que
des concentrations temporaires d'une énergie cosmique unique et infinie. Et David Bohm soupçonne même, derrière l'ordre implicite, un
ordre superimplicite, un champ immatériel encore plus englobant et
une conscience encore plus transcendante, qu'on pourrait peut-être
nommer le Dieu cosmique...

« C'est la vacuité qui est plénitude, affirme David Bohm. [...] La
multiplicité des objets et des événements ne sont que des ondulations et leur signification dépend de la compréhension de ce

qui leur est sous-jacent, la source véritable et profonde [...] dans le fondement ultime où tous les opposés ne font qu'un. »

RENÉE WEBER, *Dialogues avec des scientifiques et des sages*

Jean E. Charon et la psycho-matière

Le physicien Jean E. Charon parle de la mémoire des particules. Les particules mémorisent l'information qui leur est transmise, semblent la comprendre et sont capables de la comparer avec d'autres informations. Le cas de l'électron est intéressant : il semble posséder une connaissance du paysage que constitue son monde extérieur. Et dans leurs interactions, de même que dans les unions qu'elles réalisent, ces particules vont même jusqu'à s'échanger leurs mémoires respectives. Pour ce physicien, il y a également quelque chose comme une intuition et même une forme de liberté et de créativité dans les comportements de chacun de ces points de matière.

« [...] Les deux faces distinctes du Mental et de la Matière, acceptées comme présentes en chaque point de l'univers. »

JEAN E. CHARON, *Les lumières de l'invisible*

C'est pourquoi Jean E. Charon a développé le concept de psycho-matière. Toute particule de matière ou de lumière possède un dehors et un dedans. Elle se définit comme une réalité à la fois matérielle et mentale, ou encore comme une réalité caractérisée à la fois, comme disait Descartes, par l'étendue et par la pensée. La spiritualité ou le mental est donc un aspect fondamental de chaque point observable dans l'espace. Il existe une indéniable unidualité du mental et de la matière jusque dans les particules les plus infimes. Toute particule a ces deux faces. Et cette intériorité, cette véritable lumière mentale au cœur de toute particule de matière, amène le physicien à nier la coupure radicale établie par la pensée philosophique ou scientifique traditionnelle entre la matière inerte et la matière vivante.

« Nous sommes dans un univers entièrement vivant, car entièrement constitué de Psycho-matière, de matière dotée de conscience. »

JEAN E. CHARON, *Cent mille soleils par seconde*

Le physicien va encore plus loin en affirmant que cet univers entièrement vivant, tout comme chacune des entités qui le composent, est traversé de part en part par ce qu'il appelle « la triade de l'Être, de l'Esprit et du Verbe ». L'Être porte en lui-même l'ensemble des possibles et les archétypes de toutes choses pouvant exister. L'Esprit est la puissance créatrice qui donne l'existence aux choses. Le Verbe est la manifestation et l'actualisation des entités dans l'immanence de l'espace et du temps. C'est dire à quel point cette vision du physicien, que son auteur qualifie de « relativité complexe », affirme la spiritualité de la matière, voire la présence d'une Trinité divine au cœur même de la matière.

> « L'univers a pour structure ontologique la triade de l'Être, de l'Esprit et du Verbe. »
>
> JEAN E. CHARON, *Les lumières de l'invisible*

Erwin Schrödinger et l'unicité de l'Esprit

Le physicien Erwin Schrödinger dénonce le vieux cadre matérialiste auquel se réfèrent encore plusieurs savants, au moment même où la physique quantique et la théorie de la relativité imposent un changement de perspective. La matière a cessé d'être cette chose simple, palpable et résistante. Le physicien s'oppose également à une science physique qui s'isolerait des autres sciences, tout autant que de la métaphysique et de la pensée mystique : toute découverte doit en effet être située dans un ensemble plus vaste.

Pour lui comme pour Einstein d'ailleurs, avec qui il a collaboré, la science a des liens nécessaires avec la philosophie et la mystique, puisqu'elle cherche, elle aussi, à répondre à la question : « Qui sommes-nous ? » Ces liens, grâce auxquels la démarche scientifique peut en outre reconnaître sa propre limite, doivent donc être préservés.

C'est avec cette conviction qu'il s'est, pour sa part, ouvert d'une façon toute particulière à la pensée véhiculée dans le Vedānta hindou, y trouvant les fondements et le cadre de sa propre pensée scientifique. Pour lui, il n'y a pas de véritables entités individuelles et isolées. Toute entité n'est pas une substance solide ; c'est une des formes passagères (« forme » possède ici le sens de configuration intérieure ou d'organisation interne) qu'emprunte une Réalité plus profonde et plus englobante. En cela se rencontrent la physique quantique et la métaphysique du Vedānta.

> « Je voudrais essayer de vous expliquer le changement radical qui s'est produit dans nos idées sur la matière au cours du dernier demi-siècle. [...] Nous étions persuadés que nous nous mouvions toujours dans le vieux cadre d'idées matérialistes, lorsqu'il s'est avéré que nous l'avions déjà quitté. Nos conceptions de la matière se sont révélées beaucoup moins matérialistes. »
>
> ERWIN SCHRÖDINGER, *Physique quantique*
> *et représentation du monde*

Pour Schrödinger, il faut parler de l'unicité de l'Esprit. Les consciences humaines d'abord, comme toute autre entité, ne sont pas isolées. Elles sont chacune l'expression de l'unique Conscience. Par essence, la Conscience est une ; toutes les consciences de tous les temps manifestent la continuité et l'identité de l'unique Conscience. Il y a un Champ de conscience humaine unique, une sorte de Moi supérieur de l'humanité. Aucun moi humain n'est isolé, en profondeur, car les consciences individuelles sont identiques entre elles et identiques avec la Conscience une et universelle. « Cela, c'est toi », dit la formule sacrée, tout comme la physique quantique affirme que chaque moi (ou entité) est dans le tout et que le tout est en chaque moi (ou entité). L'éthique humaine repose dans « ces petits coups de ciseaux », si insignifiants soient-ils, que chacun peut donner sur la forme spirituelle inachevée de notre espèce humaine.

> « La multiplicité des esprits ou des consciences est seulement apparente, en vérité il y a seulement un Esprit. »
>
> ERWIN SCHRÖDINGER, *L'esprit et la matière*

Qui plus est, l'univers est un tout, comme le montre la physique quantique, et son unicité est celle de l'Esprit, comme nous le révèle le Vedānta. Il n'y a qu'une seule monade, qu'un seul Esprit, qui est l'artiste par lequel toute chose se produit dans le monde. Cet Esprit unique est en toute chose et chacune n'est que l'un des aspects de l'Être unique. Il y a de nombreuses images que donne de lui-même un seul Être, comme un cristal transparent aux multiples facettes reflète des centaines de fois l'image d'un objet en réalité unique. L'Esprit et le monde sont une seule et même chose. L'Esprit et nous-mêmes sommes une seule et même chose; nous ne sommes que des facettes ou des aspects de l'Être unique. Comprendre cette doctrine de l'identité et de l'unité absolue, c'est consolation dans la vie comme dans la mort et c'est assurément sagesse et salut.

> « Le monde extérieur et la conscience sont une seule et même chose. [...] Il n'y a qu'un seul monde extérieur ou une seule conscience. »

> ERWIN SCHRÖDINGER, *Ma conception du monde.*
> *Le Veda d'un physicien*

> « Il n'y a qu'une monade, l'Esprit, qui est en tout. [...] La philosophie indienne, selon laquelle nous tous, les êtres vivants, serions les différents aspects ou côtés d'un Être unique, ce que j'approuve, comme je l'ai dit, bien volontiers avec Albert Schweitzer. »

> ERWIN SCHRÖDINGER, *Ma conception du monde.*
> *Le Veda d'un physicien*

*   *   *

Si Schrödinger s'est tourné vers le Vedānta pour expliciter les fondements de sa vision spirituelle de l'univers et de l'être humain, il est loin d'être isolé dans une telle démarche. Ne regardons que quelques-uns d'entre eux, parmi les plus éminents : Einstein se référant à Spinoza et son panthéisme rationnel ; Bohm dialoguant avec Krishnamurti sur le Vide et l'ordre implié ; Sheldrake parlant de Champ et renvoyant à l'Âme du monde de Platon ; Charon et la vision trinitaire chrétienne de l'Être et de Dieu ; Capra établissant les rapports entre la physique nouvelle et les traditions spirituelles orientales ; Bohr et la pensée taoïste des contraires qui sont complémentaires...

Chapitre 22

Une spiritualité sans Dieu

Une spiritualité sans Dieu est-elle possible, dans la mesure
où l'on accepte de définir la spiritualité comme l'expérience
d'un rapport à l'absolu, à l'éternité ou à l'infini? Pour le
philosophe André Comte-Sponville, la réponse est «oui». Ce
n'est pas parce qu'on se reconnaît athée qu'on peut se passer de spiritualité. Alors, qu'en est-il au juste?

Pour répondre à la question, le philosophe propose sa
critique des preuves de l'existence de Dieu et élabore également des arguments à l'encontre de l'existence de Dieu; il
montre, en outre, qu'une fidélité, en laquelle s'exprime déjà
une certaine spiritualité, peut exister sans la foi, qui est
croyance en Dieu; enfin, il tente de cerner ce que peut être
plus précisément et plus spécifiquement cette spiritualité
sans Dieu.

Croire que Dieu n'existe pas

Comte-Sponville commence par définir le Dieu dont il parle ici:
c'est celui du monothéisme chrétien dont l'Occident a hérité. Il
s'agit de cet Être transcendant, éternel et incréé, omniscient et

omnipuissant, infiniment bon et juste, qui a créé et qui maintient dans l'être tout ce qui existe. Le philosophe montre la faiblesse des preuves traditionnelles de l'existence de Dieu : la preuve ontologique, une preuve *a priori*, qui passe de la notion de Dieu à la nécessité de l'existence de Dieu ; la preuve cosmologique, qui remonte de la contingence du monde à l'existence d'un Être nécessaire, seule raison d'être suffisante de ce monde qui pourrait ne pas exister ; la preuve physicothéologique, qui part de la finalité et de l'ordre présents dans le monde (on parle aujourd'hui du « dessein intelligent », comme on l'a déjà montré) pour aboutir à l'existence d'un Dieu créateur, intelligent et ordonnateur.

L'absence de véritables preuves est déjà une raison de ne pas croire. Mais il y a des arguments, pour ainsi dire, positifs qui amènent à croire que Dieu n'existe pas. Le philosophe athée, en effet, ne prétend pas « savoir » que Dieu n'existe pas ; il « croit » que Dieu n'existe pas. À la faiblesse des preuves conduisant à poser l'existence de Dieu s'ajoutent donc des arguments qui nourrissent la conviction que Dieu n'existe pas.

Le premier de ces indices est l'existence du mal dans le monde, ou plutôt son ampleur et sa démesure. Comment expliquer la présence du mal dans un monde créé par un Dieu infiniment bon et puissant (nous avons traité de cette question dans les deux chapitres portant sur « Dieu et le mal ») ? On dira que beaucoup de souffrances et d'injustices sont souvent causées par les hommes eux-mêmes. Mais qui donc a créé cette humanité, répondra l'athée ? Et puis, justement, et c'est là un deuxième argument, il y a cette indéniable médiocrité de l'homme supposément « image de Dieu », et qui apparaît plutôt souvent comme une copie bien dérisoire. Enfin, troisième argument, ce Dieu et l'espérance qu'il apporte ne seraient-ils pas le fruit de notre désir illusoire ?

> « L'absence de preuves de l'existence de Dieu est une raison de ne pas croire. [...] Il n'y a pas davantage de preuves que Dieu n'existe pas. [...] Il y a cependant des arguments positifs qui amènent non seulement à ne pas croire (athéisme seulement négatif, très proche en cela de l'agnosticisme), mais à croire que Dieu n'existe pas (athéisme positif ou *stricto sensu*). »
>
> ANDRÉ COMTE-SPONVILLE, *L'esprit de l'athéisme.*
> *Introduction à une spiritualité sans Dieu*

De la foi à la fidélité

Une société peut-elle se passer de religion ? Oui, répond le philosophe, s'il s'agit de la croyance en un Dieu personnel, transcendant et créateur de l'univers. Mais, dans le sens étymologique du mot « religion », la question demeure ouverte. Car le mot « religion » peut vouloir dire tantôt « ce qui relie » les êtres entre eux (du latin : *religare*), tantôt « ce qu'on relit avec recueillement » (du latin : *relegere*).

Si l'on interprète dans un sens très large ces deux sens du mot « religion », on en arrive à dire qu'aucune société ne peut effectivement se passer de lien, de communauté, voire de communion, d'une part. Elle ne peut se passer d'une relecture de sa tradition, des valeurs qui la fondent et de fidélité, d'autre part. Ces deux sens peuvent d'ailleurs être rapprochés et eux-mêmes liés : en relisant nos sources, nous nous relions. On ne communie que là où quelque chose a d'abord été recueilli et relu. Il n'y a pas de communion sans fidélité. Mais, pour le philosophe athée Comte-Sponville, communion et fidélité sont des aspects de ce qu'il reconnaît être sa « spiritualité » plutôt que sa « religion ».

Précisément, la fidélité est un attachement, un engagement et même une reconnaissance qui restent quand la foi en Dieu a disparu. En fait, on n'a pas nécessairement besoin de Dieu pour adhérer aux grandes valeurs que notre civilisation gréco-romaine et judéo-chrétienne a sélectionnées depuis vingt-six siècles. Ces profondes valeurs éthiques, dont le Christ est d'ailleurs un témoin humain privilégié, nous protègent d'abord de la barbarie du nihilisme, plein de déception et de ressentiment, de ceux qui abolissent pratiquement tout sens, toute valeur et tout devoir humain. Elles nous protègent également de la barbarie du fanatisme de ceux qui prennent leur foi pour un savoir et qui sont prêts à mourir et à tuer pour l'imposer aux autres. La tolérance à l'égard de la foi ou de l'incroyance en Dieu, voilà justement l'une de ces valeurs que nous a léguée le Siècle des lumières, à laquelle il nous faut aussi être fidèles et qu'il nous incombe aussi de transmettre.

> « La vie du Christ, telle qu'elle nous est racontée, me touche et m'éclaire. Le nouveau-né qu'on couche dans une étable, l'enfant pourchassé, l'adolescent dialoguant avec les érudits, le même, plus tard, face aux marchands du Temple, la primauté de l'amour, à quoi se ramènent toute la Loi et les

prophètes, le sabbat qui est fait pour l'homme et non pas l'homme pour le sabbat, l'acceptation ou l'anticipation de la laïcité (Rendez à César ce qui est à César...), le sens de l'universel humain (Ce que vous avez fait au plus petit de mes frères, c'est à moi que vous l'avez fait), l'ouverture au présent (Prenez soin d'aujourd'hui, demain prendra soin de lui-même), la liberté de l'esprit (la vérité fera de vous des hommes libres), la parabole du Bon Samaritain, celle du jeune homme riche, celle de l'enfant prodigue, l'épisode de la femme adultère, l'accueil des bannis et des prostituées, le sermon sur la montagne (Heureux les doux, heureux les affamés de justice, heureux les artisans de paix...), la solitude (par exemple, au Mont des Oliviers), le courage, l'humiliation, la crucifixion. [...] On serait touché à moins. Disons que je me suis forgé une espèce de Christ intérieur, doux et humble de cœur, en effet, mais purement humain, qui m'accompagne et me guide. Qu'il se soit pris pour Dieu, voilà ce que je ne puis croire. »

> André Comte-Sponville, *L'esprit de l'athéisme.*
> *Introduction à une spiritualité sans Dieu*

La fidélité est l'attachement à nos sources les plus profondes, à ce que l'humanité a produit de meilleur jusqu'à ce jour. Elle rejoint, dans notre héritage occidental, ce qu'il y a d'universellement humain, c'est-à-dire cette dignité humaine qui fait notre grandeur et qui, comme la noblesse elle-même, nous oblige. Le cœur éthique des Évangiles, on ne peut en douter, fait partie de ce patrimoine de valeurs à préserver et à léguer.

> « Sincèrement, est-ce que vous avez besoin de croire en Dieu pour penser que la sincérité vaut mieux que le mensonge, que le courage vaut mieux que la lâcheté, que la générosité vaut mieux que l'égoïsme, que la douceur et la compassion valent mieux que la violence et la cruauté, que la justice vaut mieux que l'injustice, que l'amour vaut mieux que la haine? Bien sûr que non! Si vous croyez en Dieu, vous reconnaissez en Dieu ces valeurs; ou vous reconnaissez Dieu, peut-être, en elles. [...] Mais ceux qui n'ont pas la foi, pourquoi seraient-ils incapables de percevoir la grandeur humaine de ces va-

leurs, leur importance, leur nécessité, leur fragilité, leur urgence, et de les respecter à ce titre ? »

ANDRÉ COMTE-SPONVILLE, *L'esprit de l'athéisme.*
Introduction à une spiritualité sans Dieu

Une spiritualité sans Dieu

La spiritualité sans Dieu dont parle Comte-Sponville en est d'abord une de fidélité. C'est donc dire qu'elle contient, comme l'une de ses dimensions essentielles, cet attachement aux valeurs évoquées plus haut. Bien entendu, il s'agit d'une spiritualité au sens large qui recoupe ce qu'on peut appeler une éthique ou une sagesse. La fidélité aux valeurs universelles, plus anciennes ou plus récentes, y remplace donc la foi en Dieu ; l'engagement dans l'action pour faire exister le Royaume de justice, ici et maintenant, s'y substitue à l'espérance ; et l'amour et la compassion y dépassent la crainte ou la soumission. En un sens, il y va ici du rapport de chacun à son humanité, plutôt que de son rapport à l'absolu, à l'éternité et à l'infini.

« Qu'est-ce que la spiritualité ? C'est notre rapport fini à l'infini ou à l'immensité, notre expérience temporelle de l'éternité, notre accès relatif à l'absolu. [...] Spiritualité de l'immanence plutôt que de la transcendance... »

ANDRÉ COMTE-SPONVILLE, *L'esprit de l'athéisme.*
Introduction à une spiritualité sans Dieu

« Quelle spiritualité pour les athées ? [...] Une spiritualité de la fidélité plutôt que de la foi, de l'action plutôt que de l'espérance, enfin de l'amour, évidemment, plutôt que de la crainte ou de la soumission. [...] Mais cela ne relève de la spiritualité qu'au sens très large du terme, qui en fait presque un synonyme d'éthique ou de sagesse. Cela concerne moins notre rapport à l'absolu, à l'infini ou à l'éternité que notre rapport à l'humanité. »

ANDRÉ COMTE-SPONVILLE, *L'esprit de l'athéisme.*
Introduction à une spiritualité sans Dieu

Mais l'athée est lui aussi capable, comme le croyant, d'une expérience de l'absolu, de l'éternité ou de l'infini. Cette expérience est d'abord celle du mystère de l'être. Les fausses évidences de la conscience commune et ordinaire sont alors dépassées.

« Je ne me lasse pas de contempler le mystère de l'éternité de la vie. »

Albert Einstein

Au détour d'une méditation, d'une promenade en forêt ou de la contemplation d'une œuvre d'art, par exemple, une surprise, un éblouissement ou un émerveillement se produit : il y a quelque chose et non pas rien, et cela se manifeste à la fois comme le mystère et comme l'évidence de l'être. Une éclaircie de l'être est advenue et elle requiert cette attention pure et ce silence, qui pour les croyants sont une forme de prière. L'être est le mystère ; le mystère est l'être.

On s'expérimente alors au cœur même du mystère de l'être. C'est l'expérience d'une immensité qui nous dépasse infiniment, mais qui est immanente à l'univers. Nous sommes le Tout et celui-ci nous excède et nous enveloppe. Il n'y a plus d'ego séparé. Cette immensité immanente au Tout est inépuisable et elle nous porte. C'est ce que chacun peut ressentir, la nuit, en contemplant les étoiles et l'infinité du ciel. L'expérience vécue est celle de l'immanence et de l'immensité, raison pour laquelle Comte-Sponville parle ici d'« immanensité », télescopant les deux mots. Dans cette révélation du mystère de l'être, une révélation sans Dieu, on peut éprouver comme Spinoza le sentiment qu'on est éternel.

Cette expérience que l'athée, tout comme le croyant, peut vivre, on la décrit aussi comme le sentiment océanique dont parlait déjà Romain Rolland. C'est un sentiment d'union indissoluble avec le grand Tout, un sentiment d'appartenance universelle. Dans cet état modifié de conscience, comme disent les psychologues américains, on s'éprouve un avec le Tout. On ne sait plus si l'on est aspiré par l'univers ou si l'univers pénètre en soi-même. Les frontières s'évanouissent. Et l'éternité est là, avec sa plénitude, son silence et sa joie, et voilà qu'on est dedans.

> « Le sentiment océanique est un sentiment d'union indissoluble avec le grand Tout, et d'appartenance à l'universel. Ainsi la vague ou la goutte d'eau dans l'océan. [...] Il arrive que ce soit une expérience, et bouleversante, ce que les psychologues américains appellent aujourd'hui un état modifié de conscience. [...] C'est s'éprouver un avec tout. »
>
> André Comte-Sponville, *L'esprit de l'athéisme.*
> *Introduction à une spiritualité sans Dieu*

« Il est rare et merveilleux de vivre ensemble le mystère et l'évidence, la plénitude et la simplicité, l'unité et l'éternité, le silence et la sérénité, l'acceptation et l'indépendance. [...] C'est le sommet de vivre, qu'on n'atteint qu'exceptionnellement. [...] Le sommet de vivre n'est pas autre chose que la vie elle-même, dans sa vérité. »

ANDRÉ COMTE-SPONVILLE, *L'esprit de l'athéisme.*
Introduction à une spiritualité sans Dieu

Cet état modifié de conscience, dit Comte-Sponville, se caractérise par un certain nombre de suspensions ou de mises entre parenthèses. C'est d'abord la familiarité ou la banalité qui s'efface devant la nouveauté de l'être, dans son mystère et son évidence. Puis, c'est le manque ou la soif qui disparaît devant le sentiment de plénitude que porte avec lui ce moment de grâce. C'est aussi la séparation entre le moi et le monde qui s'estompe, puisqu'on s'éprouve un avec le Tout. Et le langage, la raison ou le discours se tait, faisant place à un profond silence intérieur. Le temps lui-même est suspendu, car l'instant présent comble l'attention et le désir. La crainte s'évanouit devant la sérénité, le refus devant l'acceptation et la dépendance de l'ego devant la liberté de l'esprit qui acquiesce à cette plénitude du réel.

Une spiritualité sans Dieu est donc possible. C'est une spiritualité de l'immanence, qui recueille, dans la fidélité, l'héritage des plus hautes valeurs de l'humanité que la sagesse et la religion ont mises au premier plan. C'est une spiritualité qui fait place à l'expérience du mystère de l'être, éprouvé à la fois dans sa pure immanence au monde et dans son immensité infinie. C'est une spiritualité ouverte à la grandeur et à l'universalité de l'esprit, mais sans dogmes, ce qui la prémunit aussi bien contre le fanatisme que contre le nihilisme, ces deux formes contraires de la barbarie.

* * *

Nombre de croyants ou de personnes partageant une spiritualité théiste se reconnaîtront dans les valeurs que contient « la fidélité » du philosophe athée et dans son ouverture sur l'infini, l'absolu et l'éternité, ouverture en laquelle ils expérimentent, pour leur part, la « Présence » de Dieu. Ils sentiront également que l'expérience du mystère de l'être, du sentiment océanique et de l'immanensité dont parle le philosophe rejoint pourtant leur propre expérience «mystique», pour ainsi dire, une expérience qui les conforte généralement dans leur conviction qu'un Dieu à la fois immanent et transcendant existe vraiment. Et que ce Dieu les appelle, sur le «chemin spirituel», à la transformation de leur être et du monde lui-même, ce qui constitue une dimension essentielle de la spiritualité dont Comte-Sponville ne parle peut-être pas suffisamment…

QUATRIÈME PARTIE

Christianisme et religions d'Orient : leur Dieu cosmique

Chapitre 23

Le Dieu cosmique dans le judéo-christianisme

La tradition théologique judéo-chrétienne inclut-elle une vision de ce « Dieu cosmique » dont parlent nombre de savants et de philosophes de la modernité ? Et fait-elle une place à cette religiosité qu'on appelle « le sentiment religieux cosmique » ?

Bien qu'elle ait été trop peu ouverte aux découvertes de la science moderne et à la pensée philosophique, qui s'intéressaient au cosmos et au Dieu créateur, la grande théologie chrétienne possède pourtant les bases d'un profond accueil critique. Ces bases résident à la fois dans sa théologie de la création et dans sa reconnaissance de la légitimité de la théologie naturelle. Puisant ainsi à ses propres sources et refusant une certaine cécité à l'égard du cosmos (car elle est devenue, au fil des années, largement anthropocentrique), la pensée judéo-chrétienne peut faire une place de choix aussi bien au Dieu cosmique des savants et des philosophes qu'au sentiment religieux qu'il suscite.

Le Dieu créateur transcendant

« Au commencement… », est-il écrit dans le récit de la création de la Genèse et dans le prologue de l'Évangile de Jean, il y eut la Parole créatrice de Dieu. Par cette Parole, Dieu fit exister l'univers. La création commença alors d'exister en Dieu même. Dans une sorte de dépouillement et d'oubli de soi, le Dieu transcendant se contractait pour que puisse émerger le cosmos. En cette autolimitation, il faisait apparaître un espace pour l'existence de créatures finies. Ayant ainsi ouvert son être divin, il n'occupa plus seul le territoire de l'Être. Le monde était appelé du néant à l'être.

Dieu a ainsi créé l'univers, non dans l'espace et dans le temps, mais avec l'espace et avec le temps. Le Dieu transcendant a pourtant retiré en lui-même son éternité et son immatérialité, pour laisser à la création le temps et l'espace qui sont les siens. En ce sens, l'acte créateur divin est le geste d'amour et de bonté d'un Dieu transcendant. Cet acte créateur est par excellence un don et une offrande d'être et de vie, ce que la théologie appelle « une grâce originelle ».

> « La Parole de Dieu est l'énergie créatrice de Dieu. [...] Il existe une Parole divine au sens d'une énergie créatrice animant toute chose, en tout temps et en tout lieu. »
>
> MATTHEW FOX, *La grâce originelle*

La tradition chrétienne présente le Dieu créateur comme le Dieu vivant. Il y a une vie, une sorte de mouvement à l'intérieur de Dieu. Le pouvoir de l'être qu'est Dieu lui-même est profondeur, abîme et mystère; mais sortant de soi, il se dit en son Logos, qui est la manifestation de son être caché; et retournant à lui-même, il retrouve son unité dans l'Esprit. Le Dieu chrétien est trinité. C'est dire que, en son être même, le Dieu créateur est un et trine. La tradition chrétienne utilise les symboles de Père, de Fils et d'Esprit pour dire ce Dieu vivant en lui-même et ce Dieu vivant habitant en sa création. Mais la théologie traditionnelle a réinterprété ces symboles comme Pouvoir d'être, Parole révélatrice et Force unificatrice ou comme l'Être, l'Intelligence et l'Amour. Ces derniers concepts établissent déjà un certain rapprochement avec le Dieu cosmique des savants et des philosophes modernes, qu'ils soient déistes, théistes, cosmothéistes ou panthéistes.

«La rencontre religieuse avec le Dieu qui est une personne inclut la rencontre avec le Dieu qui est le fondement de tout ce qui
est personnel. [...] Le Dieu qui est un être est aussi le Dieu qui
est l'Être en soi, le fondement et l'abîme de tous les êtres. [...]
Contre Pascal, je dis : le Dieu d'Abraham, d'Isaac et de Jacob, et
le Dieu des philosophes (l'Être en soi), est le même Dieu. Il est
une personne et sa propre négation comme personne. »

PAUL TILLICH, *Religion biblique et ontologie*

Le cosmos comme création de Dieu

C'est la totalité de l'univers qui, en tant qu'être créé, apparaît comme
la première forme de grâce, c'est-à-dire comme la grâce originelle ou
le don gracieux de l'être et de la vie. Le cosmos, se manifestant en son
essence comme création de Dieu, s'enracine dès sa naissance dans le
Fondement divin. Le ciel est le symbole de l'ouverture du cosmos vers
le haut ; il désigne son lien avec le Dieu créateur. Profondément, il
s'agit d'un lien de dépendance. Le monde est contingent et fragile ; il
pourrait ne pas exister ; il a son fondement hors de lui-même. Dans la
tradition chrétienne nourrie de néoplatonisme, on parle du cosmos
comme du «corps de Dieu» et du Dieu créateur comme de «l'Âme du
monde». Le lien est étroit, certes, mais c'est le lien de dépendance
d'une création avec son Créateur transcendant.

«La dimension de transcendance présente dans la nature est
l'immanence de Dieu ; c'est elle qui fait que la nature est
création. [...] La création est une grâce ; elle est un acte de la
bonté de Dieu... »

GÉRARD SIEGWALT, *Dogmatique pour la catholicité évangélique.*
Théologie de la création

Quant à la vision chrétienne de la place de l'être humain dans le
cosmos, elle a pu être interprétée comme celle d'une pure domination
de la nature. Au contraire, dans la création règne plutôt une radicale
interdépendance. Chaque être ou chaque monade n'est pas sans fenê-
tres, comme chez Leibniz. Tout être est appelé à se mouvoir avec
l'autre et pour l'autre, baignant dans l'énergie de l'Esprit cosmique et
divin qui vise la connexion et l'unité du monde.

Tout est lié en profondeur. Il y a une authentique communauté des créatures, voire une sympathie universelle et radicale entre tous les êtres. Le principe biblique incitant l'être humain à soumettre la terre ne devait pas être interprété comme une domination acharnée, aboutissant à la crise écologique actuelle. Car l'Esprit qui anime la création appelle au vivre-ensemble, dans la plus grande harmonie possible. L'homme, image de Dieu et image du monde, devait être lieutenant de Dieu, responsable du jardin terrestre, puis solidaire et respectueux de toute créature. Il était appelé à la communauté écologique universelle et nullement à la seule domination mécaniste du monde.

> « Tout existe, vit et se meut dans l'autre, l'un dans l'autre, l'un avec l'autre, l'un pour l'autre, dans les structures cosmiques de l'Esprit divin. [...] L'Esprit divin agit à l'intérieur du monde et produit la connexion du monde. [...] Dieu le créateur du ciel et de la terre est présent par son Esprit cosmique dans chacune de ses créatures et dans leur communauté créée. Dieu n'est pas seulement le créateur du monde, mais aussi l'Esprit de l'univers. »
>
> JÜRGEN MOLTMANN, *Dieu dans la création*

L'immanence de Dieu en sa création

Dieu est présent en sa création par son Esprit. Le cosmos devient le lieu de l'inhabitation de Dieu. Ainsi Dieu se contracte-t-il en sa création en une sorte d'incarnation cosmique. Il apparaît comme l'Esprit au cœur de la matière, de l'espace et du temps, animant le tout et chacune de ses parties. C'est de cette façon qu'il assure sa présence universelle dans le cosmos. L'Esprit du matin de la création, qui, selon le récit de la création de la Genèse, « planait sur les eaux du chaos originel », est l'Esprit qui habite cet univers. Il y a donc, dans la pensée chrétienne, une chose telle qu'une Pentecôte universelle pour la création : une descente de l'Esprit divin se faisant Esprit universel et Présence cosmique.

> « Le créateur habite par son Esprit dans l'ensemble de la création et dans chacune de ses créatures et il les maintient en-

semble et en vie par la force de son Esprit. Le mystère interne de la création est cette inhabitation de Dieu. »

JÜRGEN MOLTMANN, *Dieu dans la création*

Dans la tradition juive de la kabbale que recueille ici le christianisme, on parle de la « Shekinah* », c'est-à-dire de la Présence du Dieu infini, qui descend habiter parmi les hommes en ce monde fini. L'idée platonicienne de l'« Âme du monde », cette autre vision de l'immanence de Dieu dans le monde, a été elle aussi reprise par de nombreux penseurs chrétiens au cours des siècles. Elle y devient l'Esprit du Dieu créateur immanent au monde. À tout instant, le monde vit donc de l'influx et de l'énergie créatrice de cet Esprit cosmique et divin.

La création continuée

Ce que la théologie chrétienne appelle la création continuée est la préservation continuelle ou la conservation incessante du monde. Il s'agit du lien fondamental de dépendance de la créature à l'égard de son Créateur : c'est là le visage même de la finitude et de la contingence, dont parlent aussi les métaphysiciens. Certes, Dieu créa le monde « au commencement », lui donnant, comme disent les physiciens, ses conditions initiales et ses lois universelles, mais il agit en interrelation continuelle avec lui, comme le reconnaît d'ailleurs le théisme des savants et des philosophes. Dieu a créé le monde et le crée toujours actuellement. À tout moment de l'existence de tout être de l'univers, Dieu transmet son pouvoir d'être à partir du fondement créateur de sa vie divine. Cette préservation de l'univers est le premier trait de la création continuée.

« La théorie de l'évolution appartient au lieu théologique de la création continuée. »

JÜRGEN MOLTMANN, *Dieu dans la création*

« Il y a une créativité dans la création ; la création se poursuit à travers cette créativité. »

GÉRARD SIEGWALT, *Dogmatique pour la catholicité évangélique. Théologie de la création*

Le deuxième trait concerne le travail de l'Esprit cosmique cherchant à mener à son accomplissement la communauté des créatures. L'histoire de la création est vraiment celle de la créativité de l'Esprit dirigeant les êtres, et tout particulièrement les êtres humains, vers leur propre dépassement, conduisant ainsi l'univers entier vers ce que l'espérance chrétienne appelle «la nouvelle création», amorcée dans cet espace-temps mais se réalisant complètement hors de celui-ci.

La finalité que l'Esprit divin poursuit, par sa créativité cosmique, est donc d'amener ce monde à son achèvement ultime. Par cette cosmogénèse, dans laquelle l'être humain joue un rôle actif, l'Esprit pousse l'univers vers l'actualisation de ses potentialités : l'évolution du cosmos, révélée dans la nouvelle physique, et l'évolution de la vie elle-même, reconnue par les sciences de la biologie, peuvent trouver ici une véritable terre d'accueil et une profonde relecture théologique.

> «La préservation du monde est la créativité continue, en ce que, de toute éternité, Dieu crée ensemble les choses et le temps. [...] Dieu donne à toute chose le pouvoir de l'être à partir du fondement créateur de sa vie divine [...] et il dirige toute chose vers son accomplissement.»
>
> PAUL TILLICH, *Théologie systématique. L'être et Dieu*

Une vision panenthéiste

Dans la pensée chrétienne, Dieu n'est pas seulement le créateur transcendant de l'univers, mais la Présence ou l'Esprit immanent à l'univers. Dieu ne doit donc pas être conçu de façon purement mondaine et le monde ne doit donc pas être conçu de façon purement divine. C'est cela qu'on appelle la grande vision panenthéiste chrétienne, selon laquelle «tout est en Dieu et Dieu est en tout». L'inhabitation est mutuelle : Dieu est la demeure éternelle de sa création et la création est la demeure de son Esprit.

> «Il faut passer du théisme au panenthéisme. Entendons-nous bien, le panenthéisme n'est pas le panthéisme. Le panenthéisme dit : Dieu est en tout et tout est en Dieu.»
>
> MATTHEW FOX, *La grâce originelle*

Cette conception panenthéiste dépasse de fait autant un supranaturalisme dualiste et déiste, où Dieu demeure en quelque sorte de l'autre côté de sa création, qu'un panthéisme naturaliste et moniste, en lequel Dieu est identifié à l'être même du cosmos. Ces visions parfois déiste, parfois théiste, d'une part, et panthéiste ou cosmothéiste, d'autre part, ont été largement développées par de nombreux savants et philosophes de la modernité, comme nous l'avons évoqué en cours de route. Les unes et les autres ont leur part de vérité qu'un christianisme ouvert a pu et peut toujours recueillir, puisque les unes (déiste et théiste) insistent sur le caractère lointain et la transcendance de Dieu, tandis que les autres (panthéiste et cosmothéiste) prônent la proximité et l'immanence de Dieu.

> «La création existe dans l'Esprit, reçoit du Fils son empreinte et provient du Père. Elle est donc de Dieu, par Dieu et en Dieu. [...] Le concept trinitaire de la création relie la transcendance de Dieu à son immanence dans le monde. L'accentuation unilatérale de la transcendance divine a conduit au déisme comme chez Newton. L'accentuation unilatérale de l'immanence divine a conduit au panthéisme comme chez Spinoza. Le concept trinitaire de la création intègre les éléments vrais du déisme et du panthéisme. Selon le panenthéisme, Dieu qui a créé le monde habite en même temps le monde, et inversement le monde que Dieu a créé existe en même temps en lui. [...] Dieu est la demeure éternelle de sa création; et l'Esprit de Dieu demeure dans la création.»
>
> JÜRGEN MOLTMANN, *Dieu dans la création*

La théologie naturelle

La foi chrétienne reconnaît que deux «livres» parlent de Dieu: la Bible et la Nature. L'univers, depuis sa dimension de profondeur, apparaît en effet comme révélation cosmique de Dieu. Le cosmos est même la révélation première, originelle et universelle; il est le premier sacrement, le grand livre accessible à tous les êtres humains et, selon l'expression de saint Augustin, «le poème de Dieu». Pour la pensée chrétienne, la Parole (Logos) de Dieu est en effet dans l'univers comme sagesse cosmique et intelligence immanente.

« La création est le premier sacrement. [...] Explorer le cosmos, c'est explorer Dieu. La création est source de révélation divine. »

MATTHEW FOX, *La grâce originelle*

« Galilée disait : "L'Écriture sainte et la Nature procèdent, l'une et l'autre, du Verbe divin". C'est une image tout à fait traditionnelle de parler des deux grands livres de la foi : la Bible et la Nature. »

ANDRÉ BEAUCHAMP, *Devant la création*

« La religion cosmique ne connaît ni dogmes ni Dieu conçu à l'image de l'homme et donc aucune Église ne l'enseigne. »

ALBERT EINSTEIN

En cette révélation cosmique réside le fondement même de la théologie naturelle que reconnaît la pensée chrétienne et que développent, comme on l'a abondamment montré, plusieurs savants et philosophes de la modernité. Il s'agit, en effet, de la connaissance naturelle de Dieu à partir de sa création. La création porte les initiales de Dieu ; la nature contient des signes en lesquels Dieu se cache et se révèle à la fois ; le cosmos est habité par une mystérieuse lumière divine. Ces initiales, ces signes, cette lumière, la raison humaine peut les déchiffrer comme on déchiffre un langage. Le Créateur est vraiment reconnaissable dans le monde.

« Thomas d'Aquin a constitué une théologie naturelle en laquelle se retrouvent les points fondamentaux de la position chrétienne. [...] L'univers est une œuvre qui nous permet de reconnaître l'existence et certains attributs de son Auteur. [...] L'intelligence, la puissance et la bonté visibles partout dans l'univers nous permettent d'attribuer ces caractéristiques à son Auteur, que nous appelons Dieu. [...] La finalité, l'ordre et la beauté nous renvoient au Logos divin. [...] L'origine, le développement et la course de cet univers harmonieux et totalement finalisé ne peuvent s'expliquer sans une conduite suprême ; on donne le nom de Providence à cette conduite suprême. [...] La perception de la révélation cosmique est en soi à la portée de la raison. [...] Il faut postuler que la Providence réussit à intégrer les maux particuliers dans le bien général. »

GUY-MARIE BERTRAND, *La révélation cosmique*
dans la pensée occidentale

* * *

Dans l'univers qui est création, il y a donc pour la pensée chrétienne des traces, des vestiges (*vestigia Dei*, disait-on au Moyen Âge) de ce Logos créateur de Dieu. Et l'être humain est lui-même, par la profondeur de son être, l'image de Dieu. Philosophes et physiciens théistes ont, dans une perspective toute proche, parlé d'une Raison présente dans l'Être ou d'une intelligibilité du cosmos qui se laisse percevoir par l'esprit humain. L'ordre cosmique et la finalité naturelle ont suscité leur étonnement autant, bien souvent, que leur admiration. En cela réside ce qu'Einstein, parlant peut-être ainsi en leur nom à tous, a appelé « le sentiment religieux cosmique », ce sentiment qu'on retrouve tout particulièrement exprimé dans le récit de la création de la Genèse, dans plusieurs psaumes, dans les livres de Sagesse de l'Ancien Testament, dans les hymnes contenues dans les écrits de Paul et dans l'Évangile de Jean.

Cette religiosité cosmique réside dans la conscience que toute réalité immanente porte en elle-même une transcendance et que toute chose finie renvoie au-delà d'elle-même jusqu'à l'Infini. Profonds croyants et nombre de philosophes ou de savants théistes ont ainsi vécu en leur conscience et en leur cœur, chacun à sa manière, ce sens de la profondeur ou du mystère de la création. Dans leur contemplation cosmique, pleine d'étonnement et d'admiration, ils ont reçu l'univers, selon l'expression de saint Bonaventure au XIIIᵉ siècle, « comme un miroir de la Divinité ». On le voit : s'il sait retrouver sa dimension cosmologique et « revisiter » sa théologie de la création, le christianisme peut accueillir, pour son propre enrichissement, la part de vérité que recèlent la religion naturelle et le Dieu cosmique des scientifiques et philosophes modernes.

Chapitre 24

Le Christ cosmique

Il existe, à l'intérieur du monothéisme chrétien, un nouveau concept (aux racines pourtant anciennes) qui donne sa vraie place à la fois au Dieu cosmique immanent et intérieur ainsi qu'au sentiment religieux naturel que chacun peut vivre devant le cosmos. Il trouve son expression dans ce qu'on appelle « la spiritualité du Christ cosmique ».

Nous nous attacherons à présenter principalement ici la vision la plus percutante et la plus radicale, sans doute, celle qu'en propose Tom Harpur dans son livre *Le Christ païen*; mais nous compléterons certains aspects de sa pensée par des apports de Matthew Fox, notamment sur le Christ cosmique et intérieur, et de Jan Assmann, spécialement sur la religion égyptienne antique et son cosmothéisme.

Une lecture symbolique et non littérale de la Bible

Tom Harpur propose, d'abord et avant tout, de faire une relecture symbolique de l'ensemble de l'Ancien Testament et de l'Évangile. Pour lui, un tournant radical s'est produit dans la religion chrétienne aux environs de la fin du IIIe et le début du IVe siècle, qui a conduit à une lecture littérale et purement historique de la Bible. L'interprétation ésotérique* (intérieure et cachée) et allégorique (symbolique et mythique) des textes sacrés a été remplacée par une approche littéraliste et exotérique (extérieure et historique). Cela constitue, à ses yeux, une grave imposture, présentant effectivement comme historique une histoire qui n'a généralement pas vraiment eu lieu et comme réels des personnages qui sont souvent essentiellement des symboles mythologiques.

> « La plus grande imposture de tous les temps : comment un christianisme spirituel est devenu un christianisme littéraliste. [...] La méthode d'interprétation mystico-allégorique des textes sacrés, utilisée au début par Paul et d'éminents érudits comme Clément d'Alexandrie et Origène, fut remplacée par une approche complètement littéraliste et historique. »
>
> Tom Harpur, *Le Christ païen*

La relecture, dépassant le sens littéral des textes sacrés, consiste donc à interpréter à nouveau personnages et événements comme des symboles archétypiques de notre propre cheminement intérieur vers Dieu. La grande mythologie judéo-chrétienne possède, comme toute grande mythologie, ce pouvoir de transformer notre conscience, en nous transmettant des vérités essentielles sur nous-mêmes et qui resteraient autrement inaccessibles.

Les mythes judéo-chrétiens sont des récits symboliques de notre propre vérité intérieure et originelle qu'il importe de recevoir comme tels. Associés à des rituels appropriés, ils nous renvoient au mystère de notre propre divinité intérieure. Ce qui compte en eux, c'est donc la vérité profonde et intemporelle qu'ils nous transmettent pour notre voyage spirituel vers Dieu. En ce sens, le personnage du Christ lui-même devient, en ses miracles, sa mort, sa résurrection, son ascension, le symbole archétypal de la christicité ou de la divinité qui réside en nous.

Il en va de même, par exemple, pour Abraham, Moïse, l'Exode ou le roi David. Ce sont des récits et des héros symboliques et mythiques qui nous livrent des vérités éternelles sur le cheminement et les stades qu'emprunte notre âme dans son évolution vers Dieu. Il nous faut donc redécouvrir la dimension symbolique essentielle des textes sacrés pour en pénétrer la signification spirituelle. L'Évangile, comme l'ensemble de la Bible, n'est vraiment pas une biographie ou une histoire à interpréter littéralement; c'est essentiellement un récit mythique et symbolique.

> «Le personnage de Jésus est la figure symbolique, dramatisée et ritualisée de notre nature divine. [...] Comprendre que Jésus était et demeure le symbole dramatique suprême de la divinité qui réside en chacun de nous, comprendre que le Christ est l'essence divine de notre nature et que son histoire est la représentation dramatique d'un élément profond de la conscience humaine, saisir la qualité symbolique de toutes les Écritures... »

TOM HARPUR, *Le Christ païen*

Les racines égyptiennes du judéo-christianisme

Tom Harpur pousse encore un peu plus loin sa relecture de la Bible en affirmant que ses symboles et ses mythes répètent pour une grande part des motifs plus anciens des religions «païennes» et notamment de l'antique religion égyptienne. De nombreux parallèles existent entre des héros et des événements des textes sacrés égyptiens et ceux de la Bible. Il y a manifestement des racines de l'antique religion égyptienne dans le judaïsme et le christianisme.

> «Les religions juive et chrétienne ont essentiellement des origines égyptiennes. »

TOM HARPUR, *Le Christ païen*

Beaucoup de mythes judéo-chrétiens sont déjà préfigurés en Égypte, sans d'ailleurs qu'on leur ait donné à cette époque une connotation historique et littérale. Par exemple, Râ, le Dieu solaire, est le symbole du Dieu unique, dont les autres divinités sont des incarnations. Isis est comme le prototype de la Vierge Marie qui a enfanté de manière identique son fils Horus, lui-même une sorte de prototype du Christ: il est le Christ païen. Comme le Christ, il s'est «levé dans un nouveau corps de lumière le troisième jour». Les rituels liés aux mystères égyptiens ont en outre largement influencé la liturgie chrétienne. N'est-il pas écrit, d'ailleurs, dans les Actes des Apôtres, que «Moïse fut instruit dans toute la sagesse des Égyptiens»?

« Massey [Gerald Massey, 1828-1907] découvrit près de deux cents cas de correspondance immédiate entre les récits égyptiens mythiques et les écrits chrétiens sensément historiques sur Jésus. Horus est, en effet, l'archétype du Christ païen. »

TOM HARPUR, *Le Christ païen*

« C'est en Égypte que les Grecs et les peuples de tout le Moyen-Orient apprirent la doctrine de Dieu présent en l'homme – l'Incarnation. »

TOM HARPUR, *Le Christ païen*

Dans *Moïse l'Égyptien*, Jan Assmann montre que Moïse, reconnu comme le père du monothéisme judéo-chrétien, a eu un précurseur en la personne d'Aménophis IV, roi égyptien du XIVe siècle avant notre ère, qui se donna lui-même le nom d'Akhénaton. Il fonda une religion monothéiste axée sur le culte d'Aton, seul Dieu de la lumière, créateur et père de tout ce qui existe, et en lequel on retrouve quelque chose du Dieu cosmique et de la religion naturelle que véhiculent la religion des mystères et sa théologie secrète accessible aux seuls initiés.

« Moïse a eu un précurseur en la personne d'Aménophis IV, un roi égyptien qui se donna lui-même le nom d'Akhénaton et fonda au XIVe siècle avant J.-C. une religion monothéiste. »

JAN ASSMANN, *Moïse l'Égyptien*

Dans les hymnes d'Akhénaton, Aton dit : « Il n'existe pas d'autre Dieu excepté moi. » Akhénaton détruisit les images des dieux, ferma des temples dédiés aux diverses divinités et supprima des fêtes. Sa religion de l'Être divin unique et transcendant s'opposa, avec intolérance, au polythéisme et aux formes d'idolâtrie répandues en Égypte. Akhénaton a donc fait quelque chose de comparable à ce que fit par la suite Moïse, sorti d'Égypte pour fonder à son tour un royaume, où la vénération exclusive du Dieu unique fera loi et en lequel la lutte contre l'idolâtrie (pensons à l'adoration du « Veau d'or ») sera primordiale. On peut penser que le monothéisme judéo-chrétien est, pour une part significative, l'héritier de ce monothéisme égyptien.

Une religiosité cosmique

Pour Tom Harpur, il importe de retrouver les vieilles racines cosmiques du christianisme. Le Christ cosmique est le Logos universel répandu en tout le cosmos comme en chacun des êtres. Il y a, en somme, une essence christique de tout ce qui existe ou un esprit christique, qui est un véritable principe cosmique. Toutes les grandes fêtes et tous les grands symboles chrétiens — par exemple, Noël, Pâques, la Pentecôte, la croix, l'eucharistie — ont une profondeur cosmique qu'il faut retrouver.

> « Le christianisme a besoin d'un Christ cosmique et en même temps intérieur. »
>
> Tom Harpur, *Le Christ païen*

La foi chrétienne est une foi en l'Esprit à l'œuvre dans l'univers. Dans une lecture symbolique et ésotérique de l'Écriture, l'incarnation ne doit donc pas être interprétée comme la descente de Dieu en un seul être ; elle est plutôt la bonne nouvelle de la présence du divin en tout être. Le Christ n'est pas une simple personne historique ; c'est plutôt l'Âme collective de l'humanité et du cosmos. Et le Christ n'est pas mort et ressuscité un jour en un seul individu ; il meurt pour renaître dans l'âme de chacun, en son périple vers la vie éternelle.

> « La seule voie d'avenir : le christianisme cosmique. [...] Pour la première fois, ce que j'ai cherché toute ma vie adulte — à savoir le fondement d'un christianisme cosmique universel — est devenu une possibilité. »
>
> Tom Harpur, *Le Christ païen*

Pour Matthew Fox, également, il faut retrouver les racines cosmiques du christianisme. Et c'est par l'entremise de ce concept du Christ cosmique, déjà évoqué par Teilhard de Chardin, qu'on peut aujourd'hui réaffirmer cette dimension cosmique. Ses racines évangéliques et traditionnelles sont profondes : pensons, par exemple, aux écrits sapientiaux de l'Ancien Testament, aux hymnes cosmiques pauliniennes, au prologue de l'Évangile de Jean, ainsi qu'aux commentaires de Pères de l'Église et de grands théologiens.

« *Les génies religieux de tous les temps se sont distingués par une religiosité face au cosmos.* »

ALBERT EINSTEIN

Matthew Fox affirme qu'il s'avère aujourd'hui important de dépasser l'approche purement anthropocentrique et individualiste du salut chrétien, tout comme il est tout aussi important de remplacer la théologie et la spiritualité fondées sur le péché originel par une théologie et une spiritualité de l'ensemble de la création envisagée comme grâce originelle.

Selon Matthew Fox, la notion de Christ cosmique ramène au premier plan une cosmologie chrétienne, en laquelle le Christ devient l'archétype de l'effusion de l'Esprit universel et la structure qui relie tout ce qui existe, des atomes aux galaxies. En ce sens, le caractère christique de tout être est l'affirmation de son interconnexion avec le reste des autres êtres. Ce caractère est aussi ce qui fait de chaque créature un miroir étincelant de tout le cosmos comme de la Divinité elle-même. Chaque créature est habitée par le Logos divin, elle le révèle à sa manière et elle participe à la grande rédemption cosmique actuellement en cours de réalisation jusqu'à l'avènement du « Dieu tout en tout » dont parlait l'apôtre Paul.

> « La mission (d'un concile œcuménique) consisterait entre autres à réaffirmer une doctrine très ancienne et très oubliée : celle du Christ cosmique en tant que structure qui relie tous les atomes et toutes les galaxies de l'univers, un tissu d'amour et de justice divine unissant toutes les créatures et tous les êtres humains. [...] Comme Maître Eckhart, Nicolas de Cues montre que chaque créature est une parole de Dieu et un livre sur Dieu. [...] Le Christ cosmique existe sous la forme du miroir étincelant et resplendissant de la Divinité (selon l'expression de Hildegarde) à l'intérieur de chaque créature. »
>
> MATTHEW FOX, *Le Christ cosmique*

Et, qui plus est, la spiritualité du Christ cosmique constitue par excellence le réceptacle archétypique de ce sentiment religieux cosmique, que vivent et dont parlent plusieurs savants et philosophes. Elle permet, écrit Matthew Fox, d'unir science, philosophie, art et mystique. Elle fait de la liturgie une action de grâces du microcosme envers le macrocosme et de la méditation une participation à l'inspiration et à l'expiration du souffle cosmique. Car en ce souffle de l'univers comme en celui de chaque créature, Dieu, l'Être, le Christ cosmique ou le « Je suis » divin est présent.

Jan Assmann rappelle, pour sa part, que le monothéisme judéochrétien a porté en lui de façon latente, pendant des siècles, le cosmothéisme de l'antique religion hermétique égyptienne. Cette théologie secrète des mystères de l'Égypte ancienne qu'a tout de même recueilli le judéo-christianisme était, en fait, proche d'une forme de panthéisme, ce qui troublera toujours par ailleurs le monothéisme chrétien qui affirme haut et fort, comme le font aussi le judaïsme et l'islam, la transcendance du Dieu unique.

> « Pour les Égyptiens, l'Un (To Hen), l'origine invisible de tout, se manifeste ou se dissimule dans le Tout (To Pan). [...] Il y a un fond égypto-hermétique du *Hen kai Pan* grec. [...] Le panthéon polythéiste n'est qu'une illusion, indispensable au peuple et à l'État. [...] Il n'existe qu'un Dieu unique et sans nom, l'Être même, qui produit tout, englobe tout, est en tout. »
>
> JAN ASSMANN, *Moïse l'Égyptien*

La Divinité universelle des mystères égyptiens était conçue comme l'Un se dissimulant et se manifestant à la fois dans le Tout cosmique. Le culte des mystères était une célébration ésotérique du grand tout cosmique pour initiés. En ce sens, la religion égyptienne liée à la théologie secrète des mystères ressemblait fortement à un panthéisme ésotérique. Pour elle, par exemple, Osiris aurait été l'équivalent de ce que Spinoza appelait la Nature créatrice (*Natura naturans*) et Isis, l'image de la Nature créée (*Natura naturata*). En somme, pour la théologie secrète, n'existe qu'un Dieu unique qui englobe tout et qui est en tout. Le polythéisme, à la fois religion officielle et religion populaire, demeure pour elle une illusion.

> « Une hymne célèbre Ammon, Dieu cosmique dont le corps est le monde et qui l'anime dans la lumière, l'air et l'eau comme l'âme anime le corps. »
>
> JAN ASSMANN, *Moïse l'Égyptien*

Le Dieu des mystères est le Dieu du cosmos ou de la nature. Il fonde déjà en quelque façon cette religiosité naturelle ou ce sentiment religieux cosmique, basé sur la contemplation de Dieu en la nature, dont parlent plusieurs savants et philosophes modernes et que le christianisme a conservé en latence dans sa propre tradition spirituelle. C'est aussi ce fond hermétique égyptien et ce cosmothéisme, placé sous le haut patronage d'Hermès Trismégiste, qu'on retrouve en Grèce dans la religiosité et la philosophie liées au *Hen kai Pan* : l'Un « et » le Tout, l'Un qui « est dans » le Tout, et même l'Un qui « est » le Tout. Le monde visible n'y devient en somme, bien souvent, qu'une métaphore du Dieu qui se cache en lui. On peut comprendre, dès lors, la résistance du monothéisme chrétien à ce qu'il perçoit comme un panthéisme. Et pourtant, un Dieu immanent et un Christ cosmique font aussi partie de son héritage essentiel.

> « On serait tenté de dire que le monothéisme occidental n'a cessé de porter en lui de façon latente le cosmothéisme égyptien, jusqu'à ce qu'on parvienne avec la Renaissance et les Lumières à un retour du refoulé. »

> JAN ASSMANN, *Moïse l'Égyptien*

Une religiosité intérieure

Le paradigme du Christ cosmique renvoie aussi, selon Tom Harpur, à un christianisme spirituel et à une religiosité intérieure. Plus précisément, il s'agit de la foi au Christ intérieur, clé de la transformation personnelle et collective. C'est là la grande vérité de l'Incarnation : non pas la descente du Divin en un seul homme, mais son immanence en l'être humain. Le principe christique réside en chacun, comme son plus profond potentiel spirituel dont il est appelé à prendre conscience. Et chacun des initiés dans la foi peut vraiment faire cette expérience de l'Esprit du Christ, qui est l'Esprit cosmique, à l'œuvre en lui-même.

> « La grande vérité (du christianisme primitif), qui est que le Christ devait s'incarner en l'homme, que le principe christique pouvait se trouver en chacun de nous, devint l'affirmation irréfragable que le Christ s'était incarné en un homme… »

> TOM HARPUR, *Le Christ païen*

Ce qu'on appelle ici le Christ cosmique, d'autres traditions spirituelles le nomment, comme l'hindouisme, «Atman» ou, comme le bouddhisme, «Bouddhéité», ou encore, comme le taoïsme, «Chi». Toujours, c'est la même essence spirituelle, la même étincelle divine, le même principe éternel et universel, incarné en chaque être humain et l'appelant à vivre sa vie comme un périple intérieur vers le Divin.

La révélation chrétienne retrouve ici son aspect profondément ésotérique, c'est-à-dire sa dimension intérieure et cachée, renouant de la sorte avec la vérité païenne, maintenant non occultée et non refoulée, des anciennes religions à mystères. Le Christ intérieur, c'est l'archétype de l'être humain accompli selon sa vraie nature ou, pour mieux dire, selon la vérité divine qu'il porte en lui-même. Selon Tom Harpur, le récit mythique de l'Évangile est l'histoire de l'âme en chemin vers le Divin en elle et dans l'univers.

> «Le seul grand thème (en fait, l'enseignement central) de toute religion est en effet l'incarnation du divin en l'homme.»

> TOM HARPUR, *Le Christ païen*

Avec un point de vue moins radical, qui fait tout de même encore appel au personnage historique du Christ, Matthew Fox développe sensiblement la même perspective. Le Christ cosmique est, pour lui aussi, un principe universel présent en tout homme : c'est sa participation à la filiation divine. Le Christ cosmique est le vrai moi, l'homme intérieur, l'essence humaine en son lien profond avec le Divin. C'est l'immanence en chacun de nous de la Réalité ultime.

> «Nous sommes tous des Christs cosmiques. [...] Chacun est un soleil de Dieu en même temps qu'un fils de Dieu. [...] Nous sommes tous appelés, comme le Christ cosmique, à rayonner la présence divine l'un vers l'autre, l'un avec l'autre, l'un par l'autre. [...] Le Christ cosmique est le réceptacle archétype du sentiment religieux cosmique.»

> MATTHEW FOX, *Le Christ cosmique*

＊　＊　＊

Le paradigme du Christ cosmique apporte un regard renouvelé sur la foi chrétienne. Jumelé à un renouveau de la théologie de la création et de la cosmologie chrétienne dont on a parlé au chapitre précédent, il fait appel à une relecture symbolique et ésotérique de l'Évangile, en même temps qu'à une démarche religieuse profondément intérieure. Cela lui permet de s'ouvrir plus facilement, d'un côté, à la part de vérité que possédaient les anciennes religions et philosophies cosmiques et, de l'autre, aux approches déistes, théistes, panthéistes, cosmothéistes et même spiritualistes athées des savants et des philosophes de la modernité.

Une religiosité chrétienne, qui intégrerait ainsi davantage qu'elle le fait présentement un sentiment religieux cosmique intérieur et un Dieu cosmique immanent, retrouverait ses racines les plus naturelles et ses sources les plus universelles. Elle témoignerait, par le fait même, d'un indispensable dialogue avec les scientifiques et les philosophes modernes ouverts à la dimension spirituelle et d'un œcuménisme invitant à la fin des fanatismes religieux et des guerres de religions.

Chapitre 25

Le Dieu cosmique des sagesses orientales

La vision de la Divinité présente dans les grandes traditions spirituelles orientales est-elle capable de s'ouvrir à la représentation d'un Dieu cosmique véhiculée par de nombreux scientifiques et philosophes issus de la modernité occidentale? Cette question a déjà trouvé des éléments de réponse positive dans quelques chapitres antérieurs, mais nous voulons ici en traiter un peu plus à fond.

Nous rappellerons d'abord brièvement quelques aspects fondamentaux du taoïsme, du bouddhisme et de l'hindouisme qui montrent, à l'évidence, la présence d'une vision cosmique de la Divinité. Puis, nous développerons ce qui nous apparaît comme des recoupements significatifs existant entre des concepts fondamentaux de la physique moderne et des concepts liés au sentiment religieux cosmique oriental.

Une Divinité cosmique : Tao

Le Tao est la réalité ultime sous-jacente aux phénomènes. Tout ce qui existe le manifeste, mais il n'est rien de ce qui existe. Lui qui est innommable, on le nomme tout de même l'Un en mouvement dans le tout et principe intrinsèque à l'univers, créant dynamiquement l'ordre cosmique. On le nomme aussi le Vide, car il n'est aucune existence particulière. Il est le Tout, mais rien de particulier. Et ce Vide impersonnel et silencieux est une plénitude d'être et une énergie divine infinie répandue dans tout l'univers.

> « Le Tao est la Forme sans formes et l'Image sans images. [...] Il est fuyant et insaisissable. Le regardant, on ne le voit pas : on le nomme l'invisible. L'écoutant, on ne l'entend pas : on le nomme l'inaudible. Le touchant, on ne le sent pas : on le nomme l'impalpable. [...] Silencieux et vide, il circule partout sans se lasser jamais. On peut le considérer comme la Mère du monde entier. [...] Tout ce qui existe le manifeste, mais rien de ce qui existe n'est lui. »
>
> LAO-TSEU, *Tao te King*

Mère du monde entier, n'étant ni ceci ni cela, Tao est pourtant en toutes choses. Tous les êtres sont nés en lui. Maître de l'univers et serviteur de tous les êtres, il est la force de vie immanente et le Souffle (Chi) qui anime la nature entière. Pénétrant jusqu'à la racine des choses, il accomplit ses œuvres. Son énergie cosmique s'affirme toujours selon deux pôles contraires, mais complémentaires : le yin et le yang. Dans le mouvement incessant et le rythme universel du Tao, ces contraires sont solidaires et unis, dans un équilibre dynamique. Car au terme de l'affirmation d'un pôle, le mouvement se renverse en son contraire, selon une symétrie de rotation et un cycle d'alternance semblable à une grande respiration cosmique. Tao : une Divinité cosmique dont l'immanence ne fait aucun doute.

> « Le Souffle indifférencié (Chi) crée l'harmonie du Yin et du Yang. [...] Le Souffle de vie se cache en un seul grain. »
>
> LAO-TSEU, *Tao te King*

Une Divinité cosmique : Brahman

Dans l'hindouisme, Brahman est l'Être absolu, l'Un éternel sans second, la pure Existence suprapersonnelle. Lui qui voit sans être vu, il est au-delà de toute dualité. Il n'est rien de particulier, ni ceci ni cela (*neti neti*). Les dieux de la mythologie, qui donnent une allure polythéiste à la religion populaire hindoue, ne sont que divers aspects de l'Être unique. «Tous les dieux sont un seul Être sous divers noms», est-il écrit dans le Rig-Veda. Brahman est la puissance créatrice éternelle du cosmos et son ultime principe d'unité. Il est à la source de tout ce qui existe.

> «Comment pouvons-nous parler de Brahman, sinon en disant qu'Il est.»

> KATHA UPANISHAD

Brahman se rend immanent à l'univers en tant qu'Atman. Il est ainsi la grande Âme de l'univers, l'Esprit cosmique, l'Être profond de tout le cosmos, la Puissance intérieure à la nature. Âme du tout cosmique, il est aussi le Soi de chaque être particulier et le Moi profond de l'être humain, la Vie de toute vie et la Conscience de toute conscience. Dans les Upanishad, on le nomme «le tout pénétrant». Ce Dieu Un qui habite le Tout est aussi Trinité. Il est «Sat-Chid-Ananda», c'est-à-dire «Être-Conscience-Béatitude amoureuse». Ce sont là les trois visages de son être. Le Soi ou l'être profond de tout être particulier est une participation à Sat-Chid-Ananda.

> «C'est moi qui suis, de l'univers entier, et l'origine et le terme. Au-delà de moi, rien n'existe, Arjuna. Tout l'univers est suspendu en moi comme sur un fil des myriades de perles. [...] Je suis la saveur dans les eaux, Arjuna. Je suis la lumière et du soleil et de la lune, je suis dans les Veda le mantra Om, je suis le son dans l'éther et je suis la vitalité dans l'homme. [...] Je suis le parfum sacré de la terre et je suis l'éclat dans le feu, je suis la vie dans ce qui existe, je suis l'ardeur chez les ascètes. [...] Je suis en toute chose le désir en harmonie avec l'ordre cosmique, Arjuna.»

> *Bhagavad-gītā*

L'univers est le fruit de l'acte créateur de Brahman. Il en est la grande manifestation. Tout brille dans le cosmos comme reflet de la brillance divine. Il y a donc une révélation cosmique de Brahman. Tout l'univers resplendit de sa présence. Le monde est son jeu (*Līlā*) de poète créateur, puisqu'il est le jeu de l'Être dans le devenir de tout existant et le jeu de la Mère-Énergie (*Shakti*) se matérialisant dans l'ensemble des formes qu'elle se donne. De même que d'un feu ardent sortent par milliers des étincelles, ainsi naissent de l'Être immuable toutes sortes d'êtres en qui il demeure immanent et que, par la profondeur ou le centre de leur être, il attire à lui. Ainsi peut-on dire à tout être : « Tu es Cela. » Transcendance et immanence du Divin !

> « Dans la mythologie hindoue, il y a la création du monde par le sacrifice de Dieu [...] par lequel Dieu devient le monde qui, à la fin, redevient Dieu. Cette activité créatrice de la Divinité est nommée *Līlā*. »
>
> FRITJOF CAPRA, *Le Tao de la physique*

Une Divinité cosmique : Sunyata

Les bouddhistes ne nomment généralement pas Dieu, mais ils parlent de la Réalité ultime. Or, cette Réalité ultime peut recevoir le nom de Sunyata, c'est-à-dire le nom de Vacuité. La Vacuité n'est pas le néant ; elle est le Vide sans formes afin de les faire exister toutes et d'être en elles toutes. Dans le flux incessant du devenir et dans le grand cycle des existences, elle est la nature ultime de tout ce qui est, l'essence profonde de tout ce qui apparaît. En temps opportun, toute forme émerge de la Vacuité, se meut en elle et est réabsorbée en elle. Car aucune forme n'a d'autonomie, de solidité ou d'existence propre.

> « Sunyata désigne le Vide créatif duquel tout naît, un Vide plein. Nous avons ici un parallèle étroit avec la science moderne. »
>
> RENÉE WEBER, *Dialogue avec des scientifiques et des sages*
> (Propos de Lama Govinda)

> « À chaque moment infinitésimal, tout ce qui semble exister se transforme (Matthieu). [...] La notion bouddhique d'interdépendance est synonyme de Vacuité qui, à son tour, est synonyme d'impermanence. Le monde est comme un vaste flux d'événements et de courants dynamiques tous connectés les uns aux autres et interagissant continuellement. Ce

concept de changement perpétuel et omniprésent rejoint ce que dit la cosmologie moderne (Thuan). »

MATTHIEU RICARD ET TRINH XUAN THUAN,
L'infini dans la paume de la main

La Vacuité silencieuse et mystérieuse donne éternellement naissance et mortalité à l'espace et au temps, en lesquels naissent et meurent à leur tour tous les êtres qui n'en sont qu'une manifestation transitoire. La Vacuité est la plénitude d'être, la source vivante et le potentiel infini de l'univers. Tous les êtres ne sont que des nœuds appelés à se défaire sur la corde de l'impermanence universelle, qui est sa loi, et d'éphémères condensations de son énergie, dans la ronde incessante des morts et des renaissances, des repliements et des dépliements.

« Sunyata, c'est le Vide et en même temps le Fondement de toute chose. [...] Le bouddhisme parle de la formation d'un système de monde, de l'existence d'un système de monde, de la destruction d'un état de monde, puis d'un état de Vide. Ces quatre phases se répètent en permanence. Il n'est pas d'explication de quelque commencement original. »

RENÉE WEBER, *Dialogue avec des scientifiques et des sages*
(Propos du Dalaï Lama)

La Vacuité est l'énergie immatérielle et le champ de force insaisissable ; mais elle est aussi l'ordre profond qui se déploie dans l'univers. Elle promulgue sans mots la loi cosmique (*Karma*) de l'action et de la réaction, de la cause et de l'effet. En elle, seule et unique énergie, tout se tient et rien n'est isolé. En elle, seule et unique source de la loi cosmique, tout est interdépendant et interconnecté. En elle, terre pure de l'Être, tout est transparent et lumineux.

« La Vacuité est le potentiel qui permet aux phénomènes de se déployer à l'infini. [...] L'interdépendance est aussi intimement liée à l'impermanence des phénomènes (Matthieu). [...] Il y a une similarité de la notion de Vide plein en science et dans le bouddhisme (Thuan). »

MATTHIEU RICARD ET TRINH XUAN THUAN,
L'infini dans la paume de la main

« Les physiciens ne parlent pas de Dieu, mais plutôt de lois physiques. Et ces lois possèdent des propriétés qui rappellent étrangement celles généralement attribuées à Dieu. Elles sont universelles [...], intemporelles [...], absolues [...], omnipotentes [...] et omniscientes. (Thuan). »

MATTHIEU RICARD ET TRINH XUAN THUAN,
L'infini dans la paume de la main

Des parallèles entre la physique moderne et la mystique orientale

L'Un et le Tout

Le premier de ces parallèles entre physique moderne et mystique orientale a trait à la profonde vision de l'Un qui est présent dans le Tout. Dans cette vision holistique qu'elles partagent toutes deux, le Tout cosmique est perçu dans son unité primordiale et comme un grand tout insécable. En lui, tout est en interrelation et en interdépendance. Le cosmos, comme une sorte de Grand Vivant, est vu comme un tissu complexe d'événements organiquement interconnectés.

« J'appelle religion cosmique la religion d'un ultime degré, rarement accessible en sa pureté totale. »
ALBERT EINSTEIN

De l'infiniment petit des particules à l'infiniment grand des galaxies existe une interpénétration de l'espace et du temps, voire une transparence qu'exprime bien la résille de perles du dieu Indra dans l'hindouisme : regardant l'une d'elles, on y voit toutes les autres. Aucune entité n'est isolée et même les pôles contraires (comme le yin et le yang dans le taoïsme et la particule et l'onde dans la mécanique quantique) sont profondément unis dans leur complémentarité. Tout interagit avec tout, car tout est un. Une fois encore, on retrouve, dans la physique moderne comme dans la mystique orientale, le *Hen kai Pan* des anciennes religions à mystères, de la philosophie mystique de la Grèce antique et des philosophes panthéistes et cosmothéistes modernes.

« L'unité fondamentale de l'univers n'est pas seulement la caractéristique centrale de l'expérience mystique orientale, elle est aussi l'une des révélations les plus importantes de la physique moderne. [...] Il y a la conscience d'une interconnexion universelle des phénomènes en physique et en mystique. »

FRITJOF CAPRA, *Le Tao de la physique*

Le dynamisme créateur de l'unique Énergie cosmique

Physique moderne et mystique orientale ont aussi une vision commune d'un univers où l'Un crée le multiple, en s'y involuant, et où le multiple remonte dynamiquement vers l'Un, en évoluant. Toute la dynamique du cosmos réside en ces deux mouvements de descente et de remontée de l'Énergie fondamentale.

Si, pour la physique, l'Énergie primordiale est descendue et s'est matérialisée dans des particules, les particules à leur tour sont montées et se sont spiritualisées dans des structures de plus en plus complexes. Si, pour la mystique orientale, l'Un est descendu et s'est manifesté dans le multiple, le multiple à son tour est appelé à remonter vers l'Un et à s'unifier en lui. Tel est donc le dynamisme créateur du cosmos, qui prend ici le nom d'Énergie primordiale ou de Champ unifié et là, celui de Tao, de Brahman ou de Dharmakaya.

> « La réalité ultime est perçue comme l'essence de l'univers, sous-jacente et unifiant la multitude des phénomènes et des événements que nous observons. Les hindous la nomment Brahman (Conscience absolue), les bouddhistes Dharma-kaya (L'Être), les taoïstes Tao (La Voie). [...] Dans son aspect phénoménal, l'Un cosmique est intrinsèquement dynamique... La physique reconnaît, elle aussi, la nature dynamique de l'univers non seulement lorsque nous nous occupons de petites dimensions — du monde des atomes et des noyaux —, mais aussi lorsque nous nous tournons vers les grandes dimensions, le monde des étoiles et des galaxies. »

FRITJOF CAPRA, *Le Tao de la physique*

Le Vide dansant dans les formes

Physique moderne et mystique orientale ont en outre en commun une vision du Vide comme énergie créatrice engendrant toutes les formes

de l'univers. Ce Vide sans formes contient, en quelque sorte, les semences de tout ce qui peut exister. Ce Vide, reconnu comme la réalité
ultime, est à la fois toute chose et rien de particulier, présence et absence, claire manifestation et secrète obscurité.

Pour la physique, c'est le champ énergétique cosmique, ce Champ
unifié suprême qu'on cherche à mettre en équation et dont les vibra-
tions oscillent dans toutes les forces connues de ce monde. Pour la
pensée mystique, c'est le fondement de l'Être, l'Esprit cosmique, le
Dieu immanent, source de toutes les formes, replié en elles et cherchant à s'y déplier.

La théorie de la relativité montre, dans l'infiniment grand, que les
objets massifs sont indissociables d'un environnement, qui se présente
comme le champ énergétique et organisateur en lequel ils baignent.
La physique quantique parle du Vide quantique comme d'un milieu
continu en lequel naissent, vivent et meurent les particules, ces der-
nières n'étant que des concentrations de l'énergie du Vide ou des
condensations temporaires de ce champ primordial.

Pour la mystique orientale, le Vide est l'essence des formes
passagères, le potentiel créatif infini à l'œuvre dans l'univers.
L'hindouisme affirme que Brahman est Vide, le bouddhisme appelle la réalité ultime Sunyata ou Vacuité et le taoïsme reconnaît
que le Tao est le Vide sans forme. Mais, en toutes ces traditions
spirituelles, ce Vide est une plénitude, une force créatrice infinie
agissant dans le cosmos.

> « Le Vide des mystiques orientaux, qui possède un potentiel
> créatif infini et qui est à la source de toutes les formes, peut
> être comparé au Champ fondamental unique dont parlent les
> physiciens. Einstein a consacré les dernières années de sa vie
> à chercher un tel champ unique. Le Brahman des hindous
> comme le Dharmakaya des bouddhistes et le Tao des taoïstes
> peuvent être considérés, peut-être, comme le Champ unifié
> suprême. »
>
> Fritjof Capra, *Le Tao de la physique*

*   *   *

Il semble donc possible de rapprocher la spiritualité que véhicule
une part significative de la science occidentale, notamment celle de

la physique moderne, et la vision d'une Divinité cosmique, telle qu'on l'entrevoit dans la pensée mystique orientale. On peut penser cependant que l'Orient, étant donné son insistance sur l'immanence de la Divinité dans le cosmos, s'avère ici plus près des représentations d'allure panthéistes et cosmothéistes de plusieurs savants et philosophes modernes.

« Les religions qui garderont leur sens premier, celui de messagères du Divin, devront de toute évidence épurer leurs doctrines pour en dégager l'essentiel. »

GEORGES CHARPAK ET ROLAND OMNÈS,
Soyez savants, devenez prophètes

Épilogue

Les quelques grands scientifiques et philosophes de la modernité, que nous avons considérés dans le cours de notre recherche du Dieu d'Einstein, étaient généralement ouverts à une forme ou l'autre de la religion naturelle. Et le Dieu auquel ils se référaient empruntait également l'un ou l'autre des visages de ce que nous avons appelé le Dieu cosmique. Il nous semble pertinent, en terminant, de dégager certaines constantes de cette compréhension de Dieu et de la religion, qui interpellent autant chaque personne soucieuse de l'authenticité de sa relation au Divin que les religions institutionnelles elles-mêmes dans leurs croyances fondamentales.

De fait, aucune personne engagée dans une quête spirituelle réfléchie ne peut faire l'économie d'une écoute attentive de la pensée de ces savants et philosophes, à travers lesquels s'exprime la substance même d'une modernité ouverte à la spiritualité. De même, toutes les Églises et toutes les grandes traditions spirituelles peuvent saisir là l'opportunité d'une mise à jour critique de leurs croyances et, qui sait, peut-être même l'occasion d'une redécouverte d'une partie enfouie de leur propre héritage. Car ce que ces penseurs modernes ont retrouvé nous semble être comme l'une des bases ou l'une des sources de toute religion authentique.

Certes, ils n'ont pas pour autant nommé toute la vérité de l'élan religieux, loin de là. Soucieux d'éviter les superstitions irrationnelles et les formes trop anthropomorphes ou réductrices du Divin, ils ont souvent rejeté du même mouvement des mythes, des symboles et des rituels communautaires chargés de sens pour une authentique démarche spirituelle intérieure. Et on peut trouver que leur Dieu, même lorsqu'il est profondément immanent dans le monde et dans les consciences humaines, n'a pas la chaleur d'une Présence personnelle. Quoi qu'il en soit, il importe d'accueillir, tel un précieux héritage, la part de vérité de leur propos sur la religion et sur Dieu. Ni ces penseurs ni aucune religion institutionnelle, d'ailleurs, n'ont tout dit ou tout exprimé concernant la Divinité et la religiosité qu'elle appelle. La religiosité peut en effet toujours s'enrichir et s'élever un peu plus haut, car la Divinité est elle-même toujours au-delà de toute pensée et de toute pratique et apparaît également toujours dans un horizon qui sans cesse s'éloigne à mesure qu'on croit l'approcher.

Une religion naturelle

Rappelons d'abord que la religion que se sont donnée ces penseurs modernes repose sur la révélation de Dieu dans le cosmos, une révélation qu'ils reconnaissent comme vraiment universelle et accessible à la raison de tous. Spinoza, Newton, Kant, Schelling et Hegel, par exemple, et à leur suite Einstein et des physiciens, comme Jean E. Charon et Paul Davies, et des biologistes, comme John Eccles et Rupert Sheldrake, ont témoigné chacun à sa façon de cette religion première et naturelle, sans révélation historique, sans dogmes précis, sans mythologie, sans rituels et sans Église institutionnelle.

Cette élévation naturelle d'un esprit fini vers l'Infini auquel il se sent appartenir, pour emprunter l'expression de Hegel, a trouvé une expression magistrale dans ce qu'Einstein a appelé «le sentiment religieux cosmique», ce regard sur l'univers mélangeant l'étonnement et l'émerveillement, le sentiment et la raison, la crainte et la fascination, l'intelligibilité et le mystère.

Cette piété naturelle et cosmique, qui émerge de la contemplation de Dieu en ses œuvres, comme l'exprimait simplement la profession de foi du vicaire savoyard inventé par Jean-Jacques Rousseau, n'est-elle point l'une des bases essentielles de tout élan religieux?

Une théologie naturelle

Là réside, en tous cas, l'assise de ce que plusieurs de ces penseurs modernes ont appelé et appellent encore aujourd'hui une théologie naturelle. Pour eux, en effet, dans le cosmos, des signes et des indices pointent en direction de l'existence d'un Dieu créateur doué de raison ou d'intelligence, qui certes a agi à l'origine mais qui, pour plusieurs, continue également à soutenir et à orienter l'évolution cosmique. Ainsi, les théologies naturelles mises en œuvre par nombre de penseurs au cours des siècles qui ont fait la modernité ont toutes, à des degrés divers, cherché à inférer l'existence de Dieu et ses principaux attributs à partir des marques laissées par le Créateur en sa création.

Galilée parlait avec émotion et admiration du «grand Livre de la création» écrit par Dieu, sans nier pour autant la révélation divine qui s'accomplit dans les Saintes Écritures. Tout, dans le cosmos, peut être une fenêtre ouverte sur son Auteur. Selon la théologie naturelle, une parole intelligente, voire un Logos divin, traverse et anime l'univers, et la raison humaine est capable de la déchiffrer, comme l'ont cru et le croient encore aujourd'hui nombre de physiciens et parmi les plus grands. Car, comme il est dit dans l'un des psaumes que certains rappellent, «les cieux racontent la gloire de Dieu».

Il suffit alors à chacun de suivre son étonnement et de chercher à comprendre avec les moyens offerts par la raison scientifique et philosophique; il lui suffit en outre de suivre son émerveillement et de laisser venir en lui-même cette foi qui jaillit spontanément de la raison humaine. Quant aux religions historiques et institutionnelles, tel le judéo-christianisme, ne peuvent-elles pas, dans la fréquentation des scientifiques et philosophes modernes qui évoquent cette théologie naturelle, retrouver leur propre héritage quelque peu oublié, en même temps qu'un fondement qui les rapprocherait de toutes les autres traditions spirituelles? Le sens naturel du Divin (*sensus Divinitatis*) dont parlent ces penseurs n'est-il pas en vérité l'une des bases et peut-être même le socle de toute religion authentique?

Une raison ouverte sur le mystère de l'Être

Ce qui ressort d'une écoute attentive des savants et philosophes modernes en quête d'une religion qui leur convienne, c'est la place centrale qu'y occupe la raison humaine. Non pas que cette raison soit la négation de tout sentiment religieux profond, comme l'exprime si bien Einstein en parlant justement du «sentiment religieux cosmique». Non pas que cette raison se réduise, en outre, à une rationalité analytique ne reconnaissant que le domaine observable et quantifiable : lorsque tel est le cas, en effet, il n'y a ni religion naturelle ni Dieu cosmique.

Les penseurs modernes évoqués précédemment parlent d'une religion rationnelle, bien sûr. Mais, même si cette rationalité se fait critique à l'égard de toutes les superstitions irrationnelles et de toute anthropomorphisation de la Divinité, généralement elle demeure ouverte au mystère qui habite la Nature, comme chez Spinoza ; elle reconnaît une présence immanente de l'Inconditionné dans une âme par ailleurs immortelle, comme chez Kant ; elle parle d'une Âme du monde animant le grand tout cosmique, comme chez Schelling ; et elle saisit la présence dynamique et dialectique de l'Un dans la totalité, comme chez Hegel.

En somme, la religion naturelle et rationnelle est proche d'une connaissance du troisième genre, pour emprunter l'expression de Spinoza. Il s'agit d'une raison intuitive qui appréhende l'essence des êtres comme expression du Divin en ce monde. À ce palier de connaissance, à la limite, toute chose peut être vue en Dieu et Dieu peut être aperçu en toute chose.

On est donc loin ici d'une raison qui serait réduite à la discursivité, à la déduction ou au raisonnement. Certes, cette raison cherche à comprendre aussi loin qu'elle peut ; mais elle garde le sens du mystère qu'elle sait déceler, ce sens qui devient, dans la religion rationnelle des savants et des philosophes modernes, *sensus Divinitatis*. Einstein l'a si bien exprimé en affirmant que ce qu'il y avait de plus incompréhensible (mystère) dans le monde, c'était que l'on puisse le comprendre (intelligibilité). Le cosmos est en effet un mystère intelligible : il permet ainsi l'existence d'une foi rationnelle et d'un sentiment religieux cosmique.

Il s'agit toujours ici, également, d'une raison autonome, loin de toute hétéronomie et de toute tutelle qu'on voudrait lui imposer, ce qu'ont d'ailleurs défendu avec acharnement les penseurs du Siècle des lumières. La foi ou la religion naturelle et rationnelle pouvait, pour eux, remplacer la foi ou la religion fondée sur une révélation historique ou du moins, comme chez Kant et chez Hegel, l'amener à une relecture de son propre héritage.

Il importe de noter que certains penseurs plus radicaux ont voulu éliminer de cette religion rationnelle toute mythologie ou tout symbolisme ; ils n'ont pas compris qu'un rationalisme aussi réductif est lui-même un mythe naïf qui s'ignore. D'autres ont plutôt reconnu la

valeur profondément éducative et même irremplaçable des mythes
et des symboles religieux, à la condition qu'avec la raison on tente
d'en dégager la vérité essentielle, ainsi que le prônent, par exemple,
Campbell ou Harpur, et ainsi que l'a mis en pratique Hegel en relisant
tous les grands mythes chrétiens.

De l'intériorité à l'universalité

La religion naturelle et rationnelle est également une religion de l'intériorité. Elle s'appuie sur cette « immortelle et céleste voix de la
conscience » dont parlait Jean-Jacques Rousseau. On aura compris
qu'elle s'oppose pour une part significative à une religion institutionnelle pour laquelle la révélation est extérieure et se produit dans des
événements dits historiques. Même si elle s'amorce dans la contemplation du cosmos, cette religion ne s'en accomplit pas moins dans le
laboratoire intérieur d'un profond sentiment personnel du Divin et
d'une raison individuelle saisie par le mystère de l'Être présent en elle-
même.

Dans cette perspective, tous les mythes et tous les symboles de la
religion institutionnelle et historique, s'ils sont reconnus, sont réin-
terprétés comme des archétypes du potentiel spirituel intérieur de
chacun, comme le fait Hegel. On passe donc d'une religiosité extérieure et exotérique à une religiosité intérieure et ésotérique. Vécue de
manière ésotérique et intérieure, la religiosité est proche de sa Source
ultime et apte à unifier tous les êtres ; vécue de façon exotérique et
extérieure, elle se rapproche de ses éléments périphériques distinctifs
et contribue à la séparation des uns et des autres, voire aux guerres de
religions.

Voilà pourquoi cette religion intérieure mène à l'universalité.
Scientifiques et philosophes de la modernité ouverts à une telle spiritualité autonome sont un peu comme les nouveaux « Pères d'une
Église universelle ». Cette Église accueille en son sein, comme le disait
Kant, tous les hommes de bonne volonté accomplissant leur devoir
d'être humain comme une exigence divine venue de l'intérieur d'eux-
mêmes. Et le vrai culte pratiqué en cette Église est de monter, disait
Hegel, vers l'essence de son propre esprit fini pour y rejoindre l'Esprit
cosmique infini.

Tous les penseurs des Lumières – et tous leurs héritiers jusqu'à
aujourd'hui – qui étaient ouverts à cette spiritualité naturelle,

rationnelle et intérieure ont prôné les valeurs liées à la fraternité universelle et à la paix entre les religions institutionnelles et entre les diverses nations. Ils ont cherché à insister sur ce qui unissait davantage que sur ce qui divisait. Ils ont évoqué une communauté œcuménique des religions profondément unies, par-delà leurs différences, leurs rites et les symboles de leur espérance, qui ne sont en définitive que des chemins divers menant à l'unique Dieu cosmique. Ils ont, du même souffle, récusé les dieux guerriers et sanguinaires et proposé des projets de paix perpétuelle.

Une éthique religieuse dont l'horizon est planétaire

L'éthique liée à cette religion cosmique, naturelle, rationnelle et intérieure ne peut donc être qu'une éthique dont l'horizon est planétaire. Ses valeurs sont celles qui sont rattachées à la dignité humaine, telles la justice, l'égalité et la liberté de chacun, valeurs accompagnées de l'affirmation des droits et responsabilités de tous. Une telle éthique universaliste, qui prône les grandes valeurs nous permettant de vivre ensemble humainement, va même jusqu'à inclure la spiritualité athée dont parle Comte-Sponville.

Ce qui donne par ailleurs à cette éthique son fondement religieux, c'est qu'elle remonte de l'impératif catégorique inné, dont parle Kant, jusqu'à son origine divine dans la conscience de chacun. Et cet impératif moral et religieux consiste à reconnaître que la maxime qui fonde notre action doit pouvoir devenir le principe d'une législation universelle, c'est-à-dire qu'elle doit être bonne pour l'humanité en son ensemble. Si ce n'est pas sous cette forme kantienne, la religion naturelle inclut tout de même généralement une éthique de la dignité humaine et même, comme chez certains scientifiques, une éthique nettement écologique.

Il va sans dire que la tolérance apparaît, dans ce contexte, comme une valeur primordiale. Les penseurs du Siècle des lumières y ont insisté, plus que bien d'autres. Les meilleurs d'entre eux ont lutté contre le fanatisme et le sectarisme. Ils ont rappelé que les différences se déploient sur la toile de fond de la commune humanité et de l'universelle dignité humaine.

Cette religion cosmique, naturelle, rationnelle, intérieure et universelle interpelle, par l'une ou l'autre de ses dimensions, les religions institutionnelles. Par son caractère cosmique, elle rappelle aux grandes religions le socle cosmique sur lequel elles sont fondées. Par son caractère naturel, elle indique l'innéité du sens du Divin sur lequel toute religion authentique doit se fonder. Par son caractère rationnel, elle invite ces grandes traditions spirituelles à relire leurs mythes et leurs symboles pour en découvrir les vérités essentielles et à se vider du même coup de leurs superstitions. Par son caractère intérieur, elle les convie à retrouver, par-delà leurs pratiques religieuses extérieures, la religion « en esprit et en vérité » qui doit les inspirer. Par son caractère universel, elle invite ces grands systèmes de croyances à ne jamais absolutiser leurs mythes et leurs symboles et les convoque au grand concile œcuménique de la fraternité universelle en tant que membres de l'unique communauté de l'Esprit cosmique. Toutes les grandes traditions spirituelles semblent avoir ce qu'il faut en leur cœur pour répondre à ces appels et pour, en retour, nourrir et enrichir de leur propre substance plus que millénaire cette religion cosmique, naturelle, rationnelle, intérieure et universelle des scientifiques et des philosophes modernes.

Les deux voies du salut face à la mort

Plusieurs, parmi ces philosophes et scientifiques modernes, ont développé comme l'une des dimensions de leur religion naturelle ce qu'on peut appeler une « sotériologie », c'est-à-dire une conception du salut visant à dépasser en quelque façon la finitude et la mort. On peut reconnaître qu'ont été tracées ici, en dehors de toute religion institutionnelle, deux grandes voies de salut.

La première de ces voies consiste essentiellement en ceci : vaincre, par sa sagesse, la crainte de la mort. Le philosophe Spinoza, à qui l'on a consacré un chapitre de ce livre, en est sans doute l'un des plus dignes représentants. En s'élevant à la liberté du sage, affirme-t-il, on se connaît soi-même et on connaît les êtres comme expressions du Tout qui est Dieu. Et l'on sent alors que, dans l'union à cette Nature éternelle, ici et maintenant, l'on est soi-même éternel. L'homme sage et libre, se connaissant intuitivement comme relié au grand Tout rationnel et à Dieu même, ne craint plus la mort.

Le physicien Schrödinger pourrait, lui aussi, se rapprocher de cette voie de salut. Pour lui, on l'a développé plus haut, le monde n'est qu'un seul Esprit (ou qu'une seule Conscience) auquel chacun de nous participe. La sagesse consiste à prendre conscience, comme l'enseigne le

Vedānta hindou et comme le rappelle la physique quantique, de l'unité et de l'interdépendance de toutes choses ; à faire l'expérience que l'on n'est qu'un aspect de l'Un et que le Tout est en soi-même ; à se savoir en quelque sorte éternel, puisque chaque conscience individuelle est identique à la Conscience unique et universelle. Le salut réside en cette compréhension de l'unité, de l'identité et de la solidarité de son être avec celui de ce monde qui est Esprit.

En cette première figure du salut, la mort est un passage, certes, mais un passage dans le grand Tout dont toutes les consciences humaines ne sont que des manifestations éphémères ou des modes passagers. Les penseurs modernes se rapprochent ici de l'antique philosophie stoïcienne et de certaines traditions spirituelles orientales. Le sage, obéissant à sa raison profonde, est déjà passé de son vivant, ici et maintenant, dans le grand Tout foncièrement harmonieux et il ne craint plus la mort.

Mais dans cette première voie de sagesse rationnelle, c'est surtout la crainte de la mort, davantage que la mort elle-même, qui est dépassée. Une autre voie a été développée où, cette fois, la mort apparaît, pour ainsi dire, vaincue à partir de la raison elle-même. Le philosophe Kant en est ici, sans doute, le représentant le plus illustre. Pour lui, la raison requiert l'union de la vertu (ou de la moralité) et du bonheur (le contentement total et le maximum de bien-être). C'est ce qu'il appelle le souverain bien. Or, l'indispensable progrès infini dans la vertu et la nécessaire union de cette vertu et du bonheur postulent à la fois l'existence de Dieu et l'immortalité de l'âme. Il s'agit ici de ce que Kant appelle « une croyance rationnelle » ou « une foi de la raison ». À la question « Que nous est-il permis d'espérer ? », Kant répond donc : le souverain bien, reconnu comme possible par la foi de la raison, qui postule que Dieu existe et que l'âme est immortelle. La mort elle-même est par conséquent dépassée.

Le scientifique John Eccles aboutit, lui également, à l'affirmation de l'immortalité de l'âme. Pour lui, l'apparition de l'homme marque une rupture radicale dans la ligne de l'évolution biologique. Il s'agit de l'avènement de cet être qui porte la conscience de soi et qui se donne un univers de culture, à travers sa quête de beauté, de vérité et de bonté. Chaque conscience humaine est unique et irremplaçable et elle transcende la matière qui la supporte, y compris son propre cerveau. Certes, elle est en lien et en interaction avec le cerveau, mais un peu à la manière du programmateur par rapport à l'ordinateur ou du fantôme dans la machine. L'âme humaine n'est le fruit ni du hasard ni de la nécessité ; elle est la création immortelle d'un Dieu transcendant et immanent qui dirige l'évolution cosmique et biologique.

En cette seconde figure du salut, la mort est aussi un passage, mais c'est le passage de l'être individuel à un autre niveau d'être en lequel celui-ci poursuit son cheminement en conservant son identité profonde. Cette conception rejoint davantage la pensée platonicienne et s'apparente également à l'espérance chrétienne du salut. Le sage, à l'écoute des appels de sa raison profonde, transcende donc à la fois sa crainte de la mort et la mort elle-même.

Le Dieu cosmique

Les scientifiques et les philosophes modernes en quête d'une religion et d'un Dieu se sont donné, justement, ce que nous avons appelé un Dieu cosmique. Pour eux, ce Dieu devait pouvoir être atteint par la raison humaine, dépasser les représentations anthropomorphiques et personnalistes qu'ils jugeaient naïves et ne commander aucune appartenance à une Église, avec ses croyances, ses dogmes, sa mythologie, ses pratiques et ses rituels particuliers. Ce Dieu, fruit d'une religion naturelle et rationnelle indépendante de toute révélation historique, ne devait être en définitive, d'une façon ou d'une autre, qu'un Dieu cosmique.

Certains ont présenté ce Dieu cosmique comme l'Être suprême, Créateur de l'univers. Pour eux, au commencement, il y eut le grand Horloger (l'image est de Descartes reprise par Voltaire) qui conçut, pour ainsi dire, cette extraordinaire horloge cosmique et qui lui donna les lois de son fonctionnement. Ces scientifiques et philosophes ont généralement partagé l'approche mécaniste de l'univers, dont Newton demeure le symbole par excellence. Plusieurs penseurs, notamment au Siècle des lumières, ont épousé cette vision de l'univers qui les menait à poser l'existence d'un Dieu qui a créé le monde et lui a fourni l'information nécessaire pour fonctionner par la suite de façon autonome. Cette vision de Dieu, qui n'aboutit qu'à la reconnaissance de l'existence d'un Être suprême, cause première de l'univers, Seigneur de la création, caractérise ce qu'on appelle « le déisme ».

D'autres sont allés un peu plus loin et ont affirmé que la religion naturelle et rationnelle permet non seulement de reconnaître l'existence d'un Dieu créateur, mais également de connaître les grands attributs de cet Être suprême, telles sa puissance, son intelligence et sa bonté. En outre, pour ceux-ci dont Kant demeure un éminent représentant, ce Dieu créateur demeure présent et actif dans le monde par sa Providence ; il est aussi le législateur immanent à la conscience morale de l'homme ; et il se porte finalement garant de la réconciliation, dans une âme humaine immortelle, du bonheur et de la vertu. Cette vision du Dieu cosmique, que partagent plusieurs scientifiques et philosophes, caractérise ce qu'on appelle « le théisme ».

Si les deux représentations du Dieu cosmique qui précèdent insistent fortement et parfois même exclusivement (comme dans le déisme) sur la transcendance de l'Être suprême, celle qui suit et que partageront plusieurs scientifiques et philosophes au cours des siècles, y incluant de grands physiciens du xxe siècle dont Einstein, affirme la profonde immanence de Dieu dans le cosmos et même l'identité de Dieu et du monde.

On retrouve ici la philosophie et la mystique du Un qui est le Tout, c'est-à-dire le *Hen kai Pan* des religions à mystères et de l'antique pensée mystique grecque. Dieu est l'Énergie créatrice et l'Intelligence organisatrice qui constituent comme la substance même de l'univers. Il est l'Axe du monde, son Ordre et son Unité. « Dieu ou la Nature », écrivait Spinoza : et ce « ou » n'était nullement un « ou » d'exclusion, mais un « ou » d'identité. Ce Dieu impersonnel ou suprapersonnel est la créativité, l'intelligence et l'unité totale de l'univers, ce que certains ont exprimé dans le concept de « l'Âme du monde ». Ce Dieu « devient dans le monde », disait Hegel. Cette vision du Dieu cosmique, aujourd'hui encore largement répandue, caractérise ce qu'on appelle tantôt « le panthéisme » (l'Un est le Tout), tantôt « le cosmothéisme » (l'Un est dans le Tout).

Le panenthéisme

Nous venons de préciser, au meilleur de notre connaissance, les représentations les plus marquantes d'un Dieu cosmique que se sont données scientifiques et philosophes, au cours des siècles qui ont vu se développer la modernité. Serait-il possible de réconcilier déisme, théisme, cosmothéisme et panthéisme, dans « une grande théorie unifiée », pour emprunter la formule des physiciens, qui recueillerait ce que chacune porte de vérité ?

Il y aurait peut-être là la chance d'un profond dialogue non seulement entre ces visions de Dieu issues d'une religion naturelle, mais également entre la religion naturelle elle-même et les religions fondées sur une révélation divine historique et institutionnalisée. Ce serait là une voie profondément œcuménique – que nous avons d'ailleurs nous-mêmes commencé d'emprunter dans ce livre à la suite d'autres penseurs et théologiens – puisqu'elle permettrait des échanges mutuellement féconds et enrichissants, et donc un rapprochement souhaitable et peut-être même une réconciliation, à cette étape-ci de l'histoire humaine, entre science, philosophie et religion.

Cette théorie unifiée, qui est en réalité plutôt pour nous une «foi de la raison», s'appelle «le panenthéisme». Sa signification étymologique dit bien ce qu'il en est. *Pan*, c'est-à-dire «Tout»; *en*, c'est-à-dire «en»; *Theos*, c'est-à-dire «Dieu». Le panenthéisme affirme: «Tout est en Dieu», ce qui renvoie à la transcendance de Dieu, et donc à l'Être suprême du déisme, du théisme et des grandes religions monothéistes de l'Occident et du Moyen-Orient. Le panenthéisme affirme également de façon inséparable: «Dieu est en Tout», ce qui renvoie à l'immanence de Dieu, et donc au Dieu du panthéisme naturaliste des scientifiques et des philosophes comme au Dieu du cosmothéisme des grandes traditions spirituelles de l'Orient.

Le panenthéisme dit, du même souffle, que le Dieu créateur habite ce monde qu'il a créé et que ce monde créé habite en Dieu son Auteur. C'est donc l'affirmation qui cherche à relier autant que faire se peut l'immanence et la transcendance de Dieu, la religion naturelle et la religion révélée, la spiritualité occidentale et la spiritualité orientale, la vision de Dieu comme Présence immanente au monde du mysticisme et la vision de Dieu comme Exigence de transformation du monde du prophétisme, la représentation de l'Un dans le Tout et du Tout dans l'Un, le Dieu créateur à l'origine du Big Bang et le Champ primordial de l'énergie et de la conscience cosmique.

Le dialogue universel que nous envisageons autour d'une sorte de foi primordiale en un Dieu cosmique transcendant et immanent ne pourrait-il pas contribuer également à lutter contre les formes religieuses intolérantes et contre les dieux guerriers issus de lectures littéralistes des textes sacrés? Quoi qu'il en soit, comme on l'a déjà dit, Dieu est toujours au-delà. Dieu est toujours supérieur à ce qu'on peut en penser ou en dire. Nous croyons, comme Einstein, qu'il y a là un mystère intelligible, ce que refusent de reconnaître plusieurs scientifiques et philosophes dont la pensée réductrice et matérialiste comporte aussi trop souvent ses grandes marges d'intolérance.

« Mystère », car il y a dans l'Être une part d'inaccessible, d'inexplicable et d'incompréhensible, qui requiert respect, humilité et silence, ces vertus qu'affirment si bien les grands mystiques. « Intelligible », car il y a dans l'Être une parole signifiante accessible, explicable et compréhensible pour tous ceux qui veulent bien utiliser leur raison aussi loin qu'il est possible : ce que font si bien plusieurs grands scientifiques et philosophes.

Le temps du dialogue, tel que l'a défini et pratiqué le physicien David Bohm, est arrivé : c'est ce temps où « un libre courant de significations circule entre gens qui communiquent », écrivait-il. Un libre courant qui circule, c'est là l'énergie créatrice ; un courant de significations, c'est là l'intelligence qui produit le sens ; entre gens qui communiquent, c'est là la communication qui peut conduire jusqu'à la communion ou à l'amour. Et pratiquant ainsi le dialogue, on est plongé dans les profondeurs cosmiques et divines, puisque le cosmos, comme le Dieu qui lui a donné naissance et qui le dirige, est lui-même un courant de signification et de communication, c'est-à-dire une Énergie créatrice, intelligente et liante. Quel magnifique dialogue que celui qui existerait entre gens « raisonnables » et « de bonne foi » (on retrouve ici « la foi de la raison »), autour de ce mystère intelligible qu'est le Dieu cosmique...

Einstein : une grande âme

Puisque nous étions partis à la recherche du Dieu d'Einstein, il nous paraît justifié de dire en terminant qu'Einstein a réalisé en son propre esprit le dialogue dont nous venons de parler. En sa pensée, en effet, physique, métaphysique et mystique se sont côtoyées. Ajoutons que son « sentiment religieux cosmique » était la religion naturelle d'un scientifique. Il lisait dans le cosmos les signes d'un Dieu créateur. Il voyait cependant ce Dieu comme profondément immanent en sa création, comme le philosophe panthéiste Spinoza, disait-il : c'était là son Dieu cosmique.

S'il en est un dont la raison était polarisée par le mystère intelligible de l'Être, c'était bien lui. Il a contemplé le cosmos avec l'œil du scientifique, bien sûr, mais aussi avec celui du métaphysicien et avec celui du mystique. Son évidente préoccupation éthique, fondée sur sa religion rationnelle et sur son Dieu cosmique, était axée sur des valeurs de fraternité universelle et de paix entre les hommes. Il aurait peut-être accepté l'étiquette « panenthéiste », lui qui avait un grand sens du mystère et qui reconnaissait son Dieu immanent comme un Dieu créateur de l'univers et donc doté d'une certaine transcendance. Et bien qu'il refusât toujours la personnalisation et l'anthropomorphisation de son Dieu cosmique, il l'appelait tout de même « le Vieux ».

Ce grand homme que nous avons pris pour symbole, dans notre recherche du Dieu des scientifiques et des philosophes, était pourtant bien réel. Il éveille encore aujourd'hui notre étonnement et, surtout, il suscite notre admiration. On pourrait peut-être lui appliquer le surnom qu'on donnait à Gandhi, cet autre grand personnage du XXe siècle : Mahatma, c'est-à-dire « la grande âme ».

Glossaire

Âme du monde : conception plutôt cosmothéiste ou panthéiste de la tradition néoplatonicienne selon laquelle le cosmos est animé par une Âme divine ; aujourd'hui, l'Âme du monde est le Dieu immanent d'un cosmos vivant et évolutif.

***Amor fati* :** principe de sagesse stoïcienne qui invite à accepter sereinement le destin que l'univers nous réserve ; principe qui appelle à aimer son destin où se mélangent souffrance et joie, mort et vie, car il ne peut en être autrement.

Animisme : attitude religieuse archaïque ou traditionnelle consistant à voir des esprits surnaturels bons ou mauvais liés aux êtres de l'univers ; on peut les conjurer ou les appeler par des rituels ; certaines formes d'animisme donnent une âme à la Terre-Mère ou reconnaissent un Grand Esprit à l'œuvre dans l'univers ; elles constituent alors une sorte de panthéisme naïf.

Anthropomorphisme : littéralement, tendance à concevoir la Divinité à l'image de l'homme ou de la personne humaine ; représentation, considérée par les scientifiques et les philosophes comme inadéquate et réductrice, selon laquelle la manière d'être, les pensées, les attitudes et les comportements de la Divinité ressemblent trop à ceux de l'homme ; pensons, par exemple, aux dieux à figure humaine des anciens Grecs.

Athéisme : au sens strict, c'est croire que Dieu n'existe pas ; généralement, c'est parce qu'on considère que l'idée de Dieu est une illusion produite par le désir humain ou encore c'est en raison de la présence du mal dans l'univers qu'on juge inconciliable avec l'existence d'un Dieu puissant et bon.

Aton : Dieu égyptien de la Lumière, créateur et père de tout ce qui existe.

Big Bang : théorie cosmologique selon laquelle l'univers aurait commencé son existence il y a environ quatorze milliards d'années dans l'explosion d'un point (singularité) infiniment petit, chaud et dense.

Brahman : dans l'hindouisme, c'est l'Être absolu, la pure Existence, qui est «ni ceci ni cela», immanent à l'univers en tant qu'Âme universelle et en chaque être en tant que Soi (Atman). On le nomme aussi Sat-Chid-Ananda, c'est-à-dire Être-Conscience-Béatitude amoureuse.

Champ unifié : concept fondamental de la physique moderne ; le champ unifié est l'unique énergie créatrice et organisatrice des entités que contient l'univers, de l'infiniment petit (où se déploient les sous-champs nucléaire et électromagnétique) à l'infiniment grand (où se déploie le sous-champ de la gravité) ; concept apparenté au Vide primordial qui a donné naissance à l'univers dans le Big Bang.

Conatus : mot employé par Spinoza et exprimant le désir et l'effort de tout être pour accomplir son être propre ; c'est une force intérieure à chaque être et en même temps un lieu d'expression de la créativité divine.

Concrescence : du latin *cum* («avec») et *crescere* («croître»), ou croître ensemble ; concept créé par le scientifique et philosophe Whitehead pour signifier que, dans l'évolution, l'émergence de formes nouvelles se produit par la synthèse de plusieurs éléments.

Cosmothéisme : vision qui insiste sur une profonde immanence du Divin dans le cosmos, pouvant même aller jusqu'à l'identification du Divin et du cosmos, ce qui serait le panthéisme ; vision de l'univers selon laquelle «l'Un est dans le Tout» ; c'est une forme du *Hen kai Pan* de l'Antiquité, repris par plusieurs scientifiques et philosophes au cours des siècles ; les religions orientales ont une connotation assez nettement cosmothéiste.

Créationnisme : mouvement né dans les milieux fondamentalistes américains et qui a essaimé par la suite en Occident ; ses protagonistes sont antidarwiniens et même antiévolutionnistes, au nom de leur croyance en la lettre même (littéralisme) de tout ce qui est écrit dans la Bible concernant la création ou la naissance de l'univers.

Darwinisme : conception de l'évolution de la vie que Darwin s'est donnée et qui a été reprise et enrichie (grâce notamment à la génétique et à la microbiologie) par ceux qu'on appelle aujourd'hui néodarwinistes ; le cœur de cette conception réside dans le transformisme, les variations au hasard et la sélection naturelle.

Déisme : vision rationnelle que la science ou la philosophie se donne de Dieu comme Être suprême et transcendant qui a créé l'univers, en lui donnant les lois de son fonctionnement autonome ; on peut penser au Dieu grand Monarque et grand Seigneur de Newton.

Dialectique : concept hégélien selon lequel la pensée, l'Histoire humaine et l'Esprit cosmique se développent selon la loi de la contradiction, dont les trois moments sont la thèse, l'antithèse et la synthèse.

Ésotérisme : mot d'origine grec, *esôterikos*, signifiant « caché » et « intérieur » ; c'est la doctrine cachée transmise aux initiés, pour leur cheminement intérieur ; s'oppose à « exotérique », signifiant « ce qui est pour le profane » et « extérieur ».

Finalistes : scientifiques et philosophes qui adhèrent à la thèse d'une évolution dirigée, en se basant sur l'analyse de phénomènes révélateurs d'une intention, d'un dessein intelligent et d'une finalité dans l'univers ; Teilhard de Chardin, par exemple.

Foi de la raison : ni un pur savoir rationnel ni une croyance en une révélation divine historique ; plutôt la croyance de la raison en l'intelligibilité de l'Être, en le sens de la vie humaine et, ultimement, en l'existence de Dieu ; chez Kant, c'est la croyance rationnelle en la liberté, l'immortalité de l'âme et l'existence de Dieu.

Harmonie préétablie : dans la pensée de Leibniz, il s'agit du lien que Dieu établit entre toutes les monades ou substances individuelles selon un ordre universel, ordre en lequel le mal est toujours en rapport avec un bien supérieur.

Héliocentrisme: théorie de Copernic selon laquelle il y a un double mouvement des planètes sur elles-mêmes et autour du soleil; la terre n'est donc plus le centre du monde, comme on croyait auparavant; c'est ce qu'on a appelé la révolution copernicienne, confirmée plus tard par Kepler et Galilée.

Holomouvement: mouvement fondamental du Champ primordial de l'univers, selon le physicien David Bohm; ce mouvement est un flux universel dont les deux temps inversés sont l'impliement, dans l'ordre implicite et invisible, et le dépliement, dans l'ordre explicite et visible.

Holon: toute entité de l'univers, qui est simultanément un tout en soi et partie d'un tout plus vaste; par exemple, un atome est un tout en soi et partie d'une molécule; une cellule est un tout en soi et partie d'un organisme; la Terre est un tout en soi et partie du système solaire.

Hylémorphisme: du grec *hulê*, la matière, et *morphê*, la forme; doctrine qui explique les êtres, selon la conception d'Aristote et des scolastiques, par l'union de la matière et de la forme; la forme est l'essence ou l'idée intérieure à un être.

Lumières: vaste mouvement culturel du XVIIIe siècle, d'ailleurs appelé le Siècle des lumières; l'âme des Lumières réside en quelques grandes idées: raison autonome, fraternité universelle, tolérance, progrès et laïcité; plusieurs penseurs des Lumières ont professé une religion naturelle et rationnelle qu'on a appelée déiste ou théiste; Kant a résumé les Lumières en cette expression: *sapere aude*, ose penser par toi-même, utilise ta raison.

Mécanique quantique: théorie physique du XXe siècle concernant l'infiniment petit; les particules (quanta ou paquets d'énergie) y sont aussi des ondes, le principe d'incertitude gouverne leurs mouvements, là règnent les forces électromagnétique et nucléaire et tout y est inter-relié en un vaste réseau.

Modernité: période qui s'ouvre avec la Renaissance et la Réforme protestante (XVe et XVIe siècles), d'une part, et avec l'essor de la science, de la technique et des valeurs liées à la démocratie et aux droits humains, d'autre part, période qui se poursuit encore aujourd'hui non seulement en Occident, mais partout dans le monde; les religions institutionnelles sont actuellement confrontées aux valeurs de la modernité.

Monade: chez Leibniz, la substance individuelle, véritable microcosme spirituel et miroir de l'univers; elle possède une place dans la hiérarchie de l'univers.

Monde-machine: selon cette conception, l'univers est un énorme système mécanique fonctionnant d'après des lois mathématiques exactes et immuables que l'homme découvre par la méthode scientifique rationnelle; Bacon, Kepler, Galilée, Newton et les penseurs du Siècle des lumières partagent cette vision; chez Descartes, elle aboutit à un profond dualisme entre l'esprit et la matière ou la pensée et l'étendue.

Mystère intelligible: dans ce concept paradoxal, l'Être (chaque être particulier, le cosmos et Dieu) est un mystère, c'est-à-dire comportant une part d'incompréhensible, d'inaccessible et d'ineffable; l'Être est aussi intelligible, c'est-à-dire pouvant être pour une part compris à l'aide des concepts de la raison humaine.

Mythe religieux: récit symbolique dont les héros et les événements qu'ils vivent expriment une vérité originelle et essentielle concernant notre cheminement intérieur vers le Divin.

Noosphère: de *noûs* signifiant en grec «esprit»; selon Teilhard de Chardin, c'est le monde ou la sphère des consciences réflexives ou des esprits humains; en ce monde pensant, il y a noogenèse, c'est-à-dire évolution par la convergence des esprits, contribuant à édifier l'Esprit unique de l'humanité.

Œcuménisme: du grec *oikos*, signifiant «maison» et *monos*, signifiant «seul», c'est-à-dire «une seule maison»; d'abord mouvement de rapprochement entre les grandes traditions chrétiennes; au sens plus large, mouvement de réunion de toutes les religions, voire de toutes les civilisations.

Ontologie: partie de la philosophie qui s'interroge sur l'Être lui-même; «Qu'est-ce que l'Être? Quelle est sa structure ou son essence? Que dit-on quand on dit que quelque chose est?»; on parle également de «métaphysique»; la question la plus radicale qu'elle pose est la suivante, telle que l'a formulée Leibniz: «Pourquoi y a-t-il de l'Être et non pas rien?», question qui ouvre elle-même sur la question de l'existence de Dieu et de ses attributs.

Optimisme métaphysique : chez Leibniz, partie de sa théodicée, selon laquelle Dieu ne peut que créer le meilleur des mondes possibles.

Orthogenèse : théorie selon laquelle l'évolution des organismes vivants possède une orientation qui, d'après plusieurs scientifiques et penseurs, se manifeste comme la montée de la complexité et de la conscience ; c'est dire que l'évolution de la vie peut ici et là vagabonder au hasard, mais que sur le long terme elle possède un sens, une direction ou une finalité qui émerge et vainc le hasard ; le principe anthropique auquel adhèrent certains physiciens se prolonge ici dans la marche en avant de la vie.

Panenthéisme : conception de savants, de philosophes et de religions institutionnelles, selon laquelle Dieu est à la fois immanent (Dieu est en tout) et transcendant (tout est en Dieu) ; Dieu qui a créé le monde habite le monde et le monde que Dieu a créé habite en Dieu.

Panthéisme : sous sa forme archaïque, le panthéisme est proche de l'animisme ; sous sa forme rationnelle, scientifique et philosophique, c'est la divinisation de l'univers et, inversement, c'est la naturalisation de Dieu ; l'Un est le Tout et le Tout est l'Un (*Hen kai Pan*) ; ce Dieu n'est ni anthropomorphisé ni personnalisé, il est plutôt la Raison universelle répandue dans le cosmos ; on emploie aussi aujourd'hui le concept « cosmothéisme », bien que celui-ci insiste plutôt sur une profonde immanence de Dieu dans le cosmos, sans nier automatiquement une certaine transcendance divine.

Principe anthropique : principe affirmé en physique et repris en biologie ; sa formulation faible est la suivante : « Puisqu'il y a un observateur conscient dans l'univers, ce dernier doit posséder les propriétés qui en permettent l'existence » ; sa formulation forte dit ceci : « L'univers est constitué de telle façon qu'il ne manque pas de produire un jour un observateur conscient » ; cette seconde formulation, indiquant une intention ou un dessein cosmique, est clairement finaliste.

Principe de raison suffisante : principe d'inspiration mathématique présent dans la philosophie de Leibniz selon lequel « de toute chose il y a une raison pour laquelle elle est ainsi plutôt qu'autrement » ; tout ce qui est ou arrive a donc une raison suffisante.

Réforme : mouvement religieux protestant du XVIᵉ siècle dont le grand initiateur est Luther ; protestation contre la décadence de l'Église médiévale, dont le trafic des indulgences et le commerce des reliques sont des symboles ; mais surtout mouvement d'émancipation de la papauté, affirmation de la conscience individuelle et retour aux sources bibliques.

Relativité : théorie entièrement mise au point par Einstein en deux temps ; d'abord, la relativité restreinte, portant sur l'existence des atomes, la lumière comme onde et particule à la vitesse constante et ultime dans l'univers, la relativité de l'espace et du temps, la convertibilité de la masse et de l'énergie ; la relativité générale, portant essentiellement sur une nouvelle interprétation de la gravité newtonienne, une gravité courbant le continuum espace-temps.

Religion historique et institutionnelle : système de croyances en Dieu, de récits historiques et mythiques, de principes éthiques et de pratiques rituelles, se référant généralement à un fondateur charismatique reconnu comme Envoyé de Dieu (ou prophète).

Religion naturelle : religion de la raison que se donnent les scientifiques et les philosophes modernes ; religion fondée sur la révélation de Dieu dans le cosmos et dans la conscience humaine ; religion intérieure et universelle, sans révélation historique, sans dogmes, sans mythologie, sans rituels et sans Église institutionnelle.

Renaissance : mouvement culturel européen des xve et xvie siècles visant à faire renaître les valeurs et les modèles de l'Antiquité gréco-romaine.

Romantisme : courant littéraire, artistique et philosophique de la fin du xviiie et du début du xixe siècle, s'opposant au rationalisme des Lumières, insistant sur l'individualité et réhabilitant le sentiment, l'imaginaire et un retour à la Nature vue de façon organique et non mécanique ; grands philosophes : Fichte et Schelling.

Sentiment religieux cosmique : expression employée par Einstein pour parler de sa religiosité, celle d'un savant ouvert au mystère de l'univers ; cette religiosité cosmique était pour lui l'ultime degré de la religion ; ce sentiment accompagne la raison, il est fait de crainte et de fascination, de mystère et d'intelligibilité ; plusieurs savants reconnaissent en ce sentiment religieux cosmique leur propre religion naturelle et rationnelle.

Shekinah : dans la kabbale juive, c'est la Présence du Dieu infini, descendu habiter parmi les hommes en ce monde fini ; vision de l'immanence de Dieu.

Spiritualité : démarche fondée sur l'expérience et la quête personnelle de l'Être (qu'on appelle l'Infini, l'Absolu, l'Éternel ou Dieu), qui donne un sens ultime et englobant à l'existence, qui fonde une éthique ou un ordre de valeurs et qui incite à des pratiques spirituelles telles que la méditation.

Sunyata : le Vide ou la Vacuité bouddhiste, qui constitue la réalité ultime et le fondement de toute chose ; ce Vide n'est pas le néant, c'est plutôt la grande Énergie cosmique en laquelle naissent et à laquelle retournent les formes transitoires et impermanentes du monde.

Tao : dans la pensée spirituelle chinoise, c'est le Principe divin de l'harmonie des contraires (le yin et le yang) en mouvement incessant ; on le nomme aussi le Vide, la Forme sans formes, l'énergie divine répandue dans le cosmos ; vision plutôt cosmothéiste et immanentiste du Divin.

Téléonomie : concept néodarwinien mis de l'avant par Jacques Monod ; c'est le projet des êtres biologiques de se conserver et de se développer et surtout de se transmettre d'une génération à l'autre le contenu de l'information concernant l'invariance de l'espèce.

Théisme : conception d'un Dieu transcendant dont la raison humaine peut reconnaître l'existence et les attributs ; ce Dieu est l'Être suprême, le créateur de l'univers, prenant une part active aux événements cosmiques et humains (Providence) ; approche rationnelle de Dieu en dehors d'une révélation historique institutionnalisée ; un grand théiste : Kant.

Théodicée : de *theos* ou Dieu et *dikê* ou justice ; entreprise rationnelle de «justification» de Dieu, consistant à tenter de concilier son existence, sa bonté et sa puissance avec la présence du mal dans le monde ; Leibniz a inventé le terme et a développé une théodicée.

Théologie naturelle : démarche rationnelle visant à inférer l'existence et les attributs de Dieu à partir du grand livre de la Nature ; connaissance naturelle et rationnelle de Dieu à partir de sa révélation cosmique.

Tsimtsoum : concept théologique de la kabbale juive et récupéré dans le concept de « kénose » chrétien, selon lequel Dieu accepte de s'effacer et de s'autolimiter et même d'abandonner sa toute-puissance pour que la création puisse exister ; concept qui explique aussi un certain silence de Dieu devant le mal ; concept utilisé par les philosophes Nicolas de Cues, Simone Weil et Hans Jonas notamment.

Vide : dans la pensée mystique traditionnelle, nom donné au Divin ; le Vide n'est pas le néant, mais signifie une plénitude d'être et d'énergie ; le Vide est la Réalité ultime indéfinissable, illimitée et sans formes, créatrice de toutes les formes de l'univers ; Tao, Brahman et Sunyata sont le Vide ; plusieurs mystiques chrétiens et soufis ont aussi parlé de Dieu comme le Vide ; concept aussi utilisé par les physiciens et apparenté au Champ primordial qui donne naissance à toute particule, entité ou force dans le cosmos.

Index

Bibliographie

ALAIN. *Spinoza*, Paris, Gallimard, coll. Idées, n° 82. (Ce livre, dont l'édition est épuisée, est rendu disponible et peut être téléchargé dans la section Les classiques des sciences sociales de l'Université du Québec à Chicoutimi.)

ALLÈGRE, Claude. *Dictionnaire amoureux de la science*, Paris, Plon/Fayard, 2005.

ALLÈGRE, Claude. *Dieu face à la science*, Paris, Fayard, 1997.

ARNOULD, Jacques. *Dieu versus Darwin*, Paris, Albin Michel, 2007.

ASSMANN, Jan. *Moïse l'Égyptien*, Paris, Flammarion, coll. Champs, 2003.

BACON, Francis. *Novum organum*, Paris, PUF, 1986.

BARIL, Daniel. *La grande illusion. Comment la sélection naturelle a créé l'idée de Dieu*, Montréal, Éditions Multimondes, 2006.

BARNETT, Lincoln. *Einstein et l'univers*, Paris, Gallimard, coll. Idées, n° 15, 1951.

BARREAU, Jean-Claude. *Y a-t-il un Dieu?*, Paris, Fayard, 2006.

BEAUCHAMP, André. *Devant la création*, Montréal, Fides, 1997.

BERTRAND, Guy-Marie. *La révélation cosmique dans la pensée occidentale*, Montréal, Bellarmin, 1993.

BLOCH, Ernst. *La philosophie de la Renaissance*, Paris, Petite bibliothèque Payot, n° 241, 1974.

BOGDANOV, Igor, et Grichka BOGDANOV. *Avant le big bang. La création du monde*, Paris, Grasset, 2004.

BOHM, David. *La danse de l'esprit*, La Varenne-Saint-Hilaire, Les Éditions Séveyrat, 1988.

BOHM, David, et F.D. PEAT. *La conscience et l'univers*, Paris, Éditions du Rocher, 1990.

BOHR, Niels. *Physique atomique et connaissance humaine*, Paris, Gonthier, coll. Bibliothèque Médiations, 1961.

BRIAN, Denis. *Einstein: le génie, l'homme*, Paris, Robert Laffont, 1997.

BRUNO, Giordano. *Œuvres complètes*, Paris, Belles Lettres, 1996.

CALVIN, Jean. *L'institution chrétienne*, Paris, Farel, 1996.

CAMPBELL, Joseph. *Puissance du mythe*, Paris, Éditions J'ai lu, coll. Aventure secrète, n° 3095, 1997.

CAPRA, Fritjof. *Le temps du changement*, Monaco, Éditions du Rocher, 1983.

CAPRA, Fritjof. *Le tao de la physique*, Paris, Tchou, 1979.

CARRIÈRE, Jean-Claude. *Einstein s'il vous plaît*, Paris, Odile Jacob, 2005.

CASSÉ, Michel. *Du vide et de la création*, Paris, Éditions Odile Jacob, 1995.

CHARON, Jean E. *Cent mille soleils par seconde*, Paris, Albin Michel, 1991.

CHARON, Jean E. *Lumières de l'invisible*, Paris, Albin Michel, 1985.

CHARPAK, Georges, et Roland OMNÈS. *Soyez savants, devenez prophètes*, Paris, Odile Jacob, 2004.

COMTE-SPONVILLE, André. *L'esprit de l'athéisme. Introduction à une spiritualité sans Dieu*, Paris, Albin Michel, 2007.

CONDORCET. *Cinq mémoires sur l'instruction publique*, Paris, Mille et une nuits, 2002.

CONDORCET. *Esquisse d'un tableau historique des progrès de l'esprit humain*, Paris, Flammarion, 1999.

DAMASIO, Antonio R. *Spinoza avait raison. Joie et tristesse, le cerveau des émotions*, Paris, Odile Jacob, 2003.

DAMOUR, Thibault. *Si Einstein m'était conté*, Paris, Le cherche midi, 2005.

DARWIN, Charles. *De l'origine des espèces*, Paris, Flammarion, 1999.

DAVIES, Paul. *L'Esprit de Dieu*, Paris, Hachette, coll. Pluriel, n° 859, 2001.

DE CLOSETS, François. *Ne dites pas à Dieu ce qu'il doit faire*, Paris, Seuil, 2004.

DE CUES, Nicolas. *De la docte ignorance*, Paris, Éditions de la Maisnie, 1979.

DE DUVE, Christian. *À l'écoute du vivant*, Paris, Odile Jacob, 2002.

DENTON, Derek. *L'émergence de la conscience*, Paris, Flammarion, coll. Champs, 1995.

DENTON, Michael. *L'évolution a-t-elle un sens ?*, Paris, Fayard, 1997.

DIDEROT, Denis, et Jean le Rond D'ALEMBERT. *L'Encyclopédie ou Dictionnaire raisonné des sciences, des arts et des métiers*, Paris, Nathan, 2002.

DROUOT, Patrick. *Nous sommes immortels. La réincarnation face à la nouvelle physique*, Éditions Garancière, 1987.

DUPUIS, Jean-Pierre. *Petite métaphysique des tsunamis*, Paris, Seuil, 2005.

ECCLES, John. *Évolution du cerveau et création de la conscience*, Paris, Flammarion, coll. Champs, n° 294, 1994.

EINSTEIN, Albert. *Comment je vois le monde*, Paris, Flammarion, coll. Champs, n° 183, 1989.

EINSTEIN, Albert, et Sigmund FREUD. *Pourquoi la guerre ?*, Paris, Payot & Rivages, coll. Petite bibliothèque, 2005.

FEUER, Lewis S. *Einstein et le conflit des générations*, Bruxelles, Éditions Complexe, 1978, 2005.

FICIN, Marsile. *Théologie platonicienne*, Paris, Belles Lettres, 1982.

FOX, Matthew. *La grâce originelle*, Montréal, Bellarmin, 1995.

FOX, Matthew. *Le Christ cosmique*, Paris, Albin Michel, coll. Paroles vives, 1995.

FREUD, Sigmund. *Moïse et le monothéisme*, Paris, Gallimard, 1993.

GALILÉE. *Lettre à Christine de Lorraine*, Paris, LGF, 2004.

GALILÉE. *Dialogue sur les deux grands systèmes du monde*, Paris, Seuil, 2000.

GOULD, Stephen J. *La vie est belle*, Paris, Seuil, 1998.

GUILLEBAUD, Jean-Claude. *La trahison des Lumières*, Paris, Seuil, 1995.

GUITTON, Jean, *Une recherche de Dieu. Entretiens avec Francesca Pini*, Paris, Éditions du Félin, 1996.

GUITTON, Jean et Igor et Grichka BOGDANOV. *Dieu et la science*, Paris, Grasset, coll. Le livre de poche, nº 4366, 2004.

HARPUR, Tom. *Le Christ païen*, Montréal, Boréal, 2005.

HAWKING, Stephen. *Une belle histoire du temps*, Paris, Flammarion, 2005.

HAWKING, Stephen. *Une brève histoire du temps*, Paris, Flammarion, 1988.

HEGEL, Friedrich. *Leçons sur la logique*, Paris, Vrin, 2007.

HEGEL, Friedrich. *Leçons sur l'histoire de la philosophie*, Paris, Vrin, 2007.

HEGEL, Friedrich. *Leçons sur la philosophie de la religion*, Paris, PUF, 2004.

HEGEL, Friedrich. *Encyclopédie*, Paris, Vrin, 2004.

HEGEL, Friedrich. *La Raison dans l'histoire*, Paris, 10/18, 2003.

HEGEL, Friedrich. *L'esprit du christianisme et son destin*, Paris, Vrin, 2003.

HEGEL, Friedrich. *Phénoménologie de l'esprit*, Paris, PUF, 1999.

HOFFMANN, Banesh. *Albert Einstein, créateur et rebelle*, Paris, Seuil, 1975.

JACOBY, Edmund. *Philosophes. Les plus grands philosophes de notre temps*, Paris, Éditions de la Martinière, 2005.

JAMES, William. *Les formes multiples de l'expérience religieuse. Essai de psychologie descriptive*, Chambéry, Éditions Exergue, coll. Les Essentiels de la Métapsychique, 2001.

JAY GOULD, Stephen. *Et Dieu dit : «Que Darwin soit !»*, Paris, Seuil, 2000.

JONAS, Hans. *Le concept de Dieu après Auschwitz*, Paris, Petite Bibliothèque, coll. Rivages, 1994.

KANT, Emmanuel. *Projet de paix perpétuelle*, Paris, Nathan, 2006.

KANT, Emmanuel. *Fondement de la métaphysique des mœurs*, Paris, Nathan, 2004.

KANT, Emmanuel. *Critique de la raison pratique*, Paris, PUF, 2003.

KANT, Emmanuel. *Réponse à la question : «Qu'est-ce que les Lumières ?»*, Paris, Hatier, 1999.

KANT, Emmanuel. *La religion dans les limites de la simple raison*, Paris, Vrin, 1996.

KANT, Emmanuel. *Considérations sur l'optimisme*, Paris, Vrin, 1974.

KANT, Emmanuel. *Sur l'insuccès de tous les essais de théodicée*, Paris, Vrin, 1963.

KLEIN, Étienne. *Il était sept fois la révolution. Einstein et les autres*, Paris, Flammarion, 2005.

KOESTLER, Arthur. *Les racines du hasard*, Calmann-Lévy, 1972.

KOUZNETSOV, Boris. *Einstein : sa vie / sa pensée / ses théories*, Verviers, Gérard, coll. Marabout, 1967.

LAVELLE, Louis. *Introduction à l'ontologie*, Paris, PUF, 1950.

LEIBNIZ, G.W. *Essais de théodicée*, Paris, Flammarion, 1999.

LEIBNIZ, G.W. *Monadologie*, Paris, Flammarion, 1996.

LENOIR, Frédéric. *Les métamorphoses de Dieu. La nouvelle spiritualité occidentale*, Paris, Plon, 2003.

LENOIR, Frédéric. *La rencontre du bouddhisme et de l'Occident*, Paris, Albin Michel, 2001.

LESTER-SMITH, E. *Antériorité de l'intelligence*, Paris, Adyar, 1982.

LINSSEN, Robert. *L'univers, corps d'un seul vivant*, Montréal, Libre Expression, 1990.

LINSSEN, Robert. *Spiritualité de la matière*, Paris, Planète, 1966.

LOCKE, John. *Essai sur l'entendement humain*, Paris, Vrin, 2006.

LUTHER, Martin. *Du serf-arbitre*, Paris, Gallimard, 2001.

LUTHER, Martin. *Œuvres choisies*, Genève, Labor et Fides, 1993.

MAÎTRE ECKHART. *Traités et sermons*, Paris, Garnier Flammarion, 1995.

MALHERBE, Michel, et Philippe GAUDIN. *Les philosophies de l'humanité*, Paris, Bartillat, 1999.

MARC-AURÈLE. *Pensées pour moi-même*, Paris, Garnier Flammarion, 1964.

MARITAIN, Jacques. *Sept leçons sur l'Être*, Paris, Chez Pierre Tequi, 1955.

MERLEAU-PONTY, Jacques. *Einstein*, Paris, Flammarion, coll. Figures de la science, 1993.

MISRAHI, Robert. *100 mots sur l'Éthique de Spinoza*, Paris, Les empêcheurs de tourner en rond, 2005.

MOLTMANN, Jürgen. *Dieu dans la création*, Paris, Éditions du Cerf, 1988.

MONOD, Jacques. *Le hasard et la nécessité. Essai de philosophie naturelle de la biologie moderne*, Paris, Seuil, coll. Points, n° 43, 1970.

MONTESQUIEU. *Lettres persanes*, Paris, Pocket, 1998.

NEYROLLES, Olivier. *Comme une danseuse de flamenco. La vie*, Paris, Seuil, coll. Philo, 1996.

NEWBERG, Andrew, et Eugene D'AQUILI. *Pourquoi «Dieu» ne disparaîtra pas*, Vannes, Sully, 2003.

NEWTON, Isaac. *Principes mathématiques de philosophie naturelle*, Paris, Dunod, 2005.

NEWTON, Isaac. *Écrits sur la religion*, Paris, Gallimard, 1996.

NEWTON, Isaac. *Optique*, Paris, Bourgeois, 1989.

PIC DE LA MIRANDOLE, Jean. *De la dignité de l'homme*, Paris, Éclat, 1993.

PIOTTE, Jean-Marc. *Les grands penseurs du monde occidental. L'éthique et la politique de Platon à nos jours*, Montréal, Fides, 1997.

PLATON. *Phédon*, Paris, Garnier Flammarion, 1999.

PLOTIN. *Ennéades*, Paris, Éditions du Cerf, coll. Le livre de poche, 1987.

PROULX, Jean. *La chorégraphie divine*, Montréal, Fides, 1999.

RABOUIN, David. «Einstein ne jouait pas avec Dieu», *La Recherche*, hors série n° 14, «Dieu, la science et la religion», janvier-mars 2004.

RICARD, Matthieu, et Thuan TRINH XUAN. *L'infini dans la paume de la main. Du Big Bang à l'Éveil*, Paris, Fayard, coll. Pocket, n° 11 171, 2002.

ROUSSEAU, Jean-Jacques. *Du contrat social*, Paris, Garnier Flammarion, 2007.

RUEF, Jacques. *Les Dieux et les Rois. Regards sur le pouvoir créateur*, Paris, Hachette, 1968.

RUSSELL, Bertrand. *Science et religion*, Gallimard, coll. Folio/Essais, 1971.

RUYER, Raymond. *La gnose de Princeton*, Paris, Fayard, coll. Pluriel, Livre de poche, n° 8303, 1977.

RUYER, Raymond. *Dieu des religions, Dieu de la science*, Paris, Flammarion, coll. Science de l'homme, 1970.

SCHELLING, F.W. *Idées pour une philosophie de la nature*, Paris, PUF, 1992.

SCHELLING, F.W. *Les âges du monde*, Paris, PUF, 1992.

SCHELLING, F.W. *L'Âme du monde*, Paris, PUF, 1992.

SCHRÖDINGER, Erwin. *Physique quantique et représentation du monde*, Paris, Seuil, coll. Points, n° S78, 1992.

SCHRÖDINGER, Erwin. *L'esprit et la matière*, Paris, Seuil, 1990.

SCHRÖDINGER, Erwin. *Ma conception du monde, le Veda d'un physicien*, Paris, Mercure de France, 1982.

SCRUTON, Roger. *Spinoza*, Paris, Seuil, coll. Points «essais», 2000.

SERROR, Frédéric, et Béatrice DECOSSAS. *Quand les philosophes ont dit… Dieu existe*, Paris, Éd. Le Pommier/Fayard, 2000.

SHELDRAKE, Rupert. *L'Âme de la nature*, Paris, Albin Michel, coll. Espaces libres, n° 110, 2001.

SHELDRAKE, Rupert, Ralph ABRAHAM et Terence MCKENNA. *Trialogues aux confins de l'Occident. Chaos, créativité et resacralisation du monde*, Saint-Michel de Boulogne, Éditions Saint-Michel, coll. Science et conscience, 1993.

SHELDRAKE, Rupert. *La mémoire de l'univers*, Paris, Éditions du Rocher, 1988.

SIEGWALT, Gérard. *Dogmatique pour la catholicité évangélique. Théologie de la création*, Labor et Fides-Cerf, Genève-Paris, 2000.

SPINOZA, Baruch. *Lettres sur le mal. Correspondance avec Blyenbergh*, Paris, coll. Folio plus «Philosophie», 2006.

SPINOZA, Baruch. *Éthique*, Paris, Garnier Flammarion, 1965.

SRI AUROBINDO. *Renaissance et karma*, Pondichéry, Éditions du Rocher, 1983.

SRI AUROBINDO. *La vie divine*, Paris, Albin Michel, coll. Spiritualités vivantes, 1973.

SWIMME, Brian. *Voyage au cœur du cosmos*, Moncton, Les Éditions de la francophonie, 2003.

TALBOT, Michael. *L'univers : Dieu ou hasard*, Paris, J'ai lu, 1989.

TEILHARD DE CHARDIN, Pierre. *Le phénomène humain*, Paris, Seuil, coll. Points, 2007.

TEILHARD DE CHARDIN, Pierre. *L'énergie humaine*, Paris, Seuil, 2002.

TEILHARD DE CHARDIN, Pierre. *Le milieu divin*, Paris, Seuil, 1998.

TEILHARD DE CHARDIN, Pierre. *Sur l'Amour*, Paris, Seuil, 1967.

THOMAS D'AQUIN. *Somme théologique*, Paris, Cerf, 2004.

TILLICH, Paul. *Religion biblique et ontologie*, Paris, PUF, 1970.

TILLICH, Paul. *Théologie systématique. L'être et Dieu*, Paris, Éditions Planète, 1970.

TODOROV, Tzvetan. *L'esprit des Lumières*, Paris, Robert Laffont, 2006.

TRINH XUAN, Thuan. *Origines. La nostalgie des commencements*, Gallimard, coll. Folio/Essais, 2003.

TRINH XUAN, Thuan. *Le chaos et l'harmonie. La fabrication du réel*, Gallimard, coll. Folio/Essais, 2000.

TRINH XUAN, Thuan. *Un astrophysicien*, Paris, Flammarion, coll. Champs, n° 317, 1995.

TRINH XUAN, Thuan. *La mélodie secrète*, Paris, Fayard, coll. Le temps des sciences, 1988.

VALLET, Odon. *L'évangile des païens. Une lecture laïque de l'évangile de Luc*, Paris, Albin Michel, 2003.

VOLTAIRE. *Lettres philosophiques*, Paris, Flammarion, 2006.

VON BOEHM, Gero. *Qui était Albert Einstein ?*, Paris, Assouline, 2005.

WEBER, Renée. *Dialogues avec des scientifiques et des sages*, Paris, Éditions Durocher, 1996.

WEINBERG, Steven. *Le rêve d'une théorie ultime*, Paris, Odile Jacob, 1997.

WEINBERG, Steven. *Les trois premières minutes de l'univers*, Paris, Seuil, 1988.

WHITEHEAD, Alfred North. *Procès et réalité. Essai de cosmologie*, Paris, Gallimard, 1995.

WILBER, Ken. *Une brève histoire de tout*, Montréal, Éditions de Mortagne, 1997.

ZUKAV, Gary. *La danse des éléments*, Paris, Robert Laffont, 1982.

Les penseurs grecs avant Socrate, Paris, Garnier Flammarion, n° 31, 1966. (Extraits de Parménide et d'Héraclite d'Éphèse.)

Paroles indiennes, textes recueillis par PIQUEMAL, Michel, Paris, Albin Michel, coll. Carnets de sagesse, 1993.

Philosophes taoïstes, Lao-tseu, Tchouang-tseu, Lie-tseu, Paris, Gallimard, Bibliothèque de la Pléiade, 1980.

Science et conscience, Actes du Colloque de Cordoue, Paris, Stock, 1979.

Voix indiennes, Paris, Les formes du secret, 1979.

Principales revues consultées

Ciel et Espace
«Astronomes et philosophes : 3000 ans de luttes fécondes», hors série, n° 5, 2005.
«Einstein, l'homme qui a inventé l'univers», hors série, n° 2, septembre 2004.

Le Nouvel Observateur, «La Bible contre Darwin», hors série, n° 83, décembre 2005.

L'Histoire, «Les Lumières», n° 307, mars 2006.

Magazine littéraire, «Les Lumières», n° 450, février 2006.

Pour la Science
«L'ère Einstein», spécial, n° 326, décembre 2004.
«Les génies de la science : Einstein», n° 11, mai-août 2002.

La Recherche
«Dieu contre Darwin», n° 396, avril 2006.
«Dieu, la science et la religion», hors série, n° 14, janvier-mars 2004.

Sciences et Avenir

« La révolution de l'espace-temps », n° 704, octobre 2005.

« Les trois constantes de l'univers », n° 141, décembre 2004.

« Le Dieu des savants », hors série, n° 137, décembre 2003.

Science et Vie

« Albert Einstein, un homme d'exception », hors série, 2005.

« Pourquoi Dieu ne disparaîtra jamais », n° 1055, août 2005.

« Le monde existe-t-il vraiment ? », n° 1057, octobre 2005.

« L'évolution a-t-elle un sens ? », n° 1059, décembre 2005.

« Relativité, Big Bang, physique quantique », n° 1031, août 2003.

Remerciements

Les auteurs remercient leurs collaboratrices Caroline Fortin et Stéphanie Adam pour la tâche minutieuse de transcription de l'oral à l'écrit et pour le montage des différentes versions et de la bibliographie. Ils remercient, à l'édition, Linda Nantel pour son accompagnement inconditionnel et constant.

Jacques Languirand remercie la direction générale de la radio de la Société Radio-Canada qui lui a commandé la série radiophonique *À la recherche du Dieu d'Einstein*, diffusée pendant la saison 2005-2006 sur les ondes de la Première Chaîne et sur l'ensemble des réseaux nationaux et internationaux de la Société. Cette série trouve son complément dans ce livre. Il remercie également ses collaborateurs à la radio, Nicole Dumais et Marc Fortin.

Jean Proulx remercie sa compagne, Camille, pour son soutien dans tous ses projets d'écriture.

Des mêmes auteurs

Jacques Languirand

Essais

Les Voyages de Languirand ou le Journal de Prospéro, Éditions Alain Stanké, 1998.

Par 4 chemins n° 3 (adaptation des textes tirés de la série radiophonique), Éditions de Mortagne, 1991.

Par 4 chemins n° 2 (adaptation des textes tirés de la série radiophonique), Éditions de Mortagne, 1990.

Par 4 chemins n° 1 (adaptation des textes tirés de la série radiophonique), Éditions de Mortagne, 1989.

A comme aubergine : 108 recettes sans viande (en collaboration avec Yolande Languirand), Éditions de Mortagne, 1989.

Vaincre le mal-être (édition française de *Prévenir le burn-out*), Albin Michel, 1989.

Prévenir le burn-out (coffret livre et cassette), Éditions Héritage, 1987.

Réincarnation et karma (en collaboration avec Placide Gaboury), Productions Minos, 1984.

De McLuhan à Pythagore, R. Ferron éditeur (1972) et Éditions de Mortagne et Productions Minos, 1982.

Vivre ici maintenant (adaptation des textes tirés de la série télévisée), Productions Minos et Société Radio-Canada, 1981.

La voie initiatique : le sens caché de la vie, René Ferron éditeur (1978) et Productions Minos, 1981.

Mater Materia, Productions Minos, 1980.

Vivre sa vie (adaptation des textes tirés de la série télévisée), Éditions de Mortagne et Productions Minos, 1979.
Dictionnaire insolite, Éditions du jour, 1962.
J'ai découvert Tahiti et les îles du bonheur, Éditions de l'Homme, 1961.

Pièces de théâtre

Presque tout Languirand - Théâtre, Éditions Alain Stanké, 2001.
Faust et les radicaux libres, 1999.
Man inc., 1966-1970.
Klondyke, 1963.
Les Cloisons, 1962.
Les Violons de l'automne, 1960.
L'École du rire, 1958.
Diogène, 1958.
Le Gibet, 1957.
Les Grands Départs, 1957.
Le Roi ivre, 1956.
Les Insolites, 1956.

Roman

Tout compte fait, Denoël, 1963, et Stanké, 1984.

Opéra

Louis Riel, collaboration au livret avec Mavor Moore, opéra d'Harry Sommers, 1966.

Jean Proulx

La chorégraphie divine. Essai sur le cosmos, Québec, Éditions du Septentrion, automne 2008.
Doigts de lumière, Québec, Éditions du Septentrion, 2007.
Dans l'éclaircie de l'Être. Essai sur la quête spirituelle, Québec, Éditions du Septentrion, 2004.
Artisans de la beauté du monde, Québec, Éditions du Septentrion, 2002.
La chorégraphie divine, Montréal, Fides, 1999 (épuisé).
Au matin des trois soleils. Récit poétique, Québec, Éditions du Septentrion, 1992 (épuisé).

Table des matières